파이어스톤
도서관에서
길을 잃다

파이어스톤 도서관에서 길을 잃다

류대영 지음

나리와 둘리에게
그리고
나에게 길을 물었던 모든 젊은이에게

1. 이 책에 인용된 모든 외국어 저술은 원문 혹은 영어 번역본에서 저자가 직접 번역했다.
2. 이 책에 언급된 모든 사람과 사물은 모두 실제 존재하거나 존재했다. 그러나 그들에 대한 묘사는 전적으로 저자의 기억에 기초하고 있다.
3. 단행본, 장편시, 장편소설, 소설집, 희곡집, 잡지 등 책으로 볼 수 있는 것은 《 》로, 인쇄물 또는 책이 되기 어려운 작품(중편소설, 단편소설), 논문, 영화, 노래, 미술품 등은 〈 〉로 구분했다.

|

굳이 변명을 하자면

그동안 몇 권의 책을 내었다. 모두 먹고살기 위해서 낸, 소위 학술 서적들이다. 그런 책을 자발적으로 사는 사람은 드물고, 사더라도 읽는 사람은 더욱 드물다. 나는 그런 책들을 수업 교재로 사용했다. 학생들은 어쩔 수 없이 책을 사야 했고, 읽어야 했다. 억지로 내 책을 사서 읽은 학생들에게 몹쓸 짓을 했다. 그들에게 진심으로 미안하다. 그런 책을 학생들이 산다고 해서 나에게 무슨 큰 이익이 있는 것도 아니다. 나름대로 괜찮은 책이고, 수업과 관련된 책이라고 생각했기에 읽게 했다. 그러나 그런 책을 사느라 지불한 돈, 읽느라 사용한 시간, 그리고 서평을 쓰느라 들인 노력에 값하는 것인지 모르겠다. 진심으로 모르겠다.

　내 자식들은 내가 쓴 책을 단 한 권도 읽지 않았다. 정확하게 말해서, 그 아이들은 내가 무슨 책을 썼는지 모른다. 더 정확하게 말하자면, 내가 무얼 공부하는지도 잘 모른다. 아들은 가끔 나에게 읽을 만한 책을 추천해달라고 했다. 나는 주로 소설을 권했다. 내가 권한 소설들이 좋았는지, 아들은 다른 책들도 추천해달라고 했다. 나는 내 책 가운데, 그나마 읽을 만하다고 생각한 것 하나를, 다른 책들 속에 섞어서 권했다. 아들은 내가 그런 책을 썼다는 사실은 신기하게 여겼지만, 읽지는 않았다.

이제 공부도 힘겹다. 학술적인 글 쓰는 일에 예전처럼 큰 의미부여가 되지 않는다. 지금보다 젊었을 때는 학문이 뭐 대단한 것인 양 생각했다. 그래서 글 한 편을 쓰더라도 가능하면 제대로 된 논문을 쓰기 위해 노력했고, 신문이나 잡지 기고문 같은 소위 "잡문"은 무슨 핑계를 대서라도 사절했다. 그래서일까. 능력에 비하여 많은 논문과 학술서를 냈다. 학자로서 게으름을 피우지는 않았다는 정도의 의미는 있지 않을까 싶다. 그러나 세월이 흘러 초로의 나이에 접어드니, 삶에서 진정으로 중요한 것이 무엇인지 다시 생각하게 된다. 학문이라는 것의 의미, 내 자식들도 읽지 않을 글을 쓰는 의미를 다시 묻는다.

이번에는 아예 처음부터 자식들에게 읽힐 목적으로 글을 썼다. 아비가 글을 읽고 쓰는 사람인데, 무엇을 읽고 무슨 생각을 하는지, 그 단서라도 제공하고 싶었던 것이다. 삶과 죽음, 시간과 영원, 문학과 역사, 현상과 본질, 기억과 인식 등 평소 내 관심사들을, 일상 속에서 생각나는 대로 썼다. 이삼 년 전부터 조금씩 쓰기 시작했다.

글을 쓰면서 느낀 것은, 이렇게 나와 내 주위를 둘러보는 글이 논문보다 더 쓰기 어렵다는 사실이다. 시간의 지층 밑에 퇴적되어 있는 오래된 과거를 다시 불러오는 일은 괴롭기까지 했다. 수십 년이 흐른 후 되돌아가 보아도 여전히 감당하기 힘든 일들은 이번에도 그냥 덮어두었다. 쓰다 보니 말이 길어지고 두서없어졌다. 이런 글을 책으로 내야 하나 싶은 생각이 들어 출간을 망설였다. 그러나 아이들은 이제 20대다. 두 아이 모두 곧 학업을 마치게 된다. 책을 낸다면 아이들이 학교에 있는 동안 그리해야 한다는 생각이 들었다. 그래서 갑자기 서둘러서 책을 출간하게 되었다.

내 몸으로 낳은 자식은 아니지만, 내가 가르친 제자들은 내 정신적 자식들이다. 그들은 내 몸으로 낳은 아이들보다 내 정신세계를 더 많이 접했다. 내 수업을 듣고, 아마 강제로 내 글을 읽어야 했기 때문일 것이다. 그들 가운데 일부는 나에게 와서 삶의 길을 물었다. 내가 말이나 글로 잘난 척한 만큼 뭐 대단히 아는 것이라도 있으리라 생각했을 터다. 그러나 그때는 물론이고 지금도 나는 그런 질문에 답할 준비가 되어 있지 않다. 다만 이 책을 읽고 내가 왜 그런 질문에 답하지 못하는지 조금이라도 이해해주기 바랄 뿐이다.

이번에도 아내가 원고를 꼼꼼히 읽어주었다. 학술서적을 낼 때와는 달리 아내는 원고를 여러 차례 읽고 어법뿐 아니라 내용에 대해서도 이런저런 조언을 하였다. 거의 검열에 가까운 수준의 지적이었다. 아내의 지적에 따라 수없이 많은 부분을 수정하거나 삭제하였다. 검열을 통과하지 못해 써놓고 포함하지 못한 글도 몇 편 있다. 내 생각과 아내의 의견이 충돌할 경우 아내 판단을 따랐다. 아내와 같이 30년을 살면서, 나는 그것이 현명하다는 사실을 배웠다. 아내 덕분에 좀 더 나은 글이 될 수 있었다고 믿는다. 그럼에도 불구하고 글이 신통치 않다면, 그것은 전적으로 내 탓이다.

이 책을 제자 손성실 군이 내어주니 고맙고 미안하다. 학생 시절부터 인문학 서적 출간에 대한 뜻이 확고했는데, 지금까지 그 길을 묵묵히 가고 있는 모습이 장하다. 선생의 글이라 거절하지도 못하고 출간했을 터인데, 큰 부담이 되지 않기를 바랄 뿐이다.

차례

해는 먼 먼 저 세상에 있다.
빛만 오는
헤아릴 수 없이 먼 나라.

지금 내게 와서 닿는
이 따순 입김은
거기서 오는 마음만의 손길.
어루만지고
때로는 태울 듯 홧홧 다는......

멀리 있어 보고픈 아이,
가버려서 슬픈 어머니.
아득한 먼 곳에서
애타게 더듬어 나를 만져 주시는가.

따가운 볕에
얼굴 내맡기고
마음 흐뭇다 못해
눈이 젖어 온다.

— 이원수, 〈햇볕〉(전문)

외할머니의 등

내가 어렸을 적, 어머니는 서부 경남 일대에서 초등학교 교편을 잡고 있었다. 두 살 터울의 동생이 태어나자 교사로 일하면서 갓난아이에 어린 사내아이까지 둘 다 키우기가 어려워진 어머니는 친정에 나를 데려다 놓았다. 어머니 친정은 경남 사천군 정동면 소곡리, 삭령朔寧 최씨들이 모여 사는 곳이었다. 당시 3살이었던 나는, 엄마가 몇 밤 자고 올 테니 그때까지 할머니 집에 있으라, 며 떠나는 어머니를 잡지 않았다고 한다. 그리고 여러 밤이 지난 후에도 엄마를 찾지 않으면서, 외할머니 집에서 1년 넘도록 살았다. 도중에 어머니가 와서 같이 가자고 해도 따라가지 않았다고 들었다. 할머니와 할아버지의 지극한 사랑이 어린 내가 엄마 없이도 살 수 있게 만들었을 것이다.

외할아버지는 자식들 가운데 우리 어머니를 무척 사랑하셨다. 외할아버지에게 각별했던 그 따님은 당시로써는 혼기가 넘어도 한참 넘은 29세까지 결혼을 하지 않다가 5살 어린 동료 교사와 결혼했다. 그렇게 해서 얻은 외손자이기에 외할아버지는 나를 또한 사랑하셨다. 나는 외갓집에서 외할머니의 손에 태어났다. 그래서 친가에서는 나를 "외갑이"라고 불렀다.

내가 태어날 때가 되자 외할아버지는 산에 올라가 치성을 드리면서 좋은 시時에 태어나도록 빌었다고 한다. 내가 태어난 소식을 전하자, 할아버지는 우리 집에 대통령이 났다고 하면서, 그 근엄한 어른이 춤을 덩실덩실 추며 산에서 내려왔다고 어머니는 말씀하시곤 했다. 아마도 내가 태어난 시가 좋았던 것 같은데, 정작 나는 그 시를 알지 못한다. 나는 인간의 운명이 태어난 시간과 관계된다고 생각하지 않는다. 그러나 인간의 삶을 우주적 질서 속에서 이해하고자 했던 옛 어른들의 자세는 외경畏敬스럽다. 결정론이나 운명론에 빠지지만 않는다면, 인간개체의 삶을 우주와 연결하는 것보다 더 소중하게 대접하는 방법이 어디 있겠는가. 나는 대통령이 되기는커녕 대통령 근처에도 가보지 못하고 살아왔다. 그러나 하늘을 향해 합장했던 외할아버지의 간절한 정성 때문에 어머니가 순산했고, 나는 그럭저럭 잘 자라 큰 죄 짓지 않으며 이만큼이라도 살고 있는지 모른다. 아마 그럴 것이다.

외할아버지에 대한 나의 기억은, 내 기억의 제일 끝자락에서, 거의 망각과 잇닿아 있다. 다만 한 가지 뚜렷하게 기억나는 것은, 가끔 닭을 잡던 할아버지의 모습이다. 닭장에서 잡아와 칼로 멱을 따 죽인 닭에 뜨거운 물을 붓고, 쪼그려 앉아 털을 뽑으시던 할아버지. 나는 그 옆에 같이 쪼그리고 앉아 한 생명을 살리기 위해 또 한 생명을 죽이는 모습을 지켜보고 있었을 것이다. 나는 할머니가 삶아 주던 닭고기를 무척 좋아했다. 아마도 외할아버지는 사랑하는 한 어린 목숨을 위해 필요 이상으로 많은 목숨을 끊었을 것이다.

나는 외할아버지의 용모를 지금도 상당히 또렷하게 기억하고 있다. 그러나 그것은 내 유년의 기억이 아니라 할아버지가 돌아가신 후 큰외삼촌 댁에서 제사를 모실 때 보곤 했던 영정사진 속의 모습이다. 검은 두루마기 차림의 그 사진 속 외할아버지는 머리카락을 짧게 잘라 가르마 양쪽으로 넘기고 콧수염을 기른 모습인데, 그 눈빛이 근엄하면서도 자애로웠다. 무엇보다 사진 속 외할아버지는 그 용모가 준수하기 이를 데 없어, 티브이 속 잘생긴 배우들을 보면서, 저 얼굴을 어떻게 우리 아버지한테 대냐, 하시던 어머니의 말이 과장이 아님을 알 수 있었다. 나는 그 근엄하게 잘생긴 외할아버지가 내 출생을 기뻐하여 춤을 추며 산을 내려오는 광경을 상상해보곤 했다.

외할아버지는 내가 당신 슬하膝下를 떠나 다시 어머니에게 돌아간 지 얼마 되지 않아 돌아가셨던 것 같다. 어머니와 여러 이모, 외삼촌들이 상복을 입고 청죽靑竹을 짚은 채 아이고, 아이고 서럽게 곡하던 모습이 지금도 생생하게 기억난다. 머리를 풀고 누런 상복을 입어 낯설어 보였던 어머니. 하늘이 무너진 듯 애달프게 우시던 어머니. 그리고 곡을 하고 있는 어머니 치마에 달라붙어 할머니가 숨겨놓은 곶감을 하나 달라고 떼쓰던 철없던 나. 니가 아무리 어려도 이기 무슨 짓이고, 하며 꾸짖던 어느 이모의 노기 어린 눈. 그리고 그 와중에도 내 손을 잡고 부엌으로 가서 곶감을 하나 쥐여주던 할머니.

할아버지는 화려하게 장식된 커다란 꽃상여를 타고 가셨다. 상여꾼들의 소리와 펄럭이던 만장들은 도무지 이 세상 같지 않았다. 가다가 멈추고, 가다가 멈추곤 하던 상여. 어머니와 이모들은 묘지에까지 따라가지 못한 채 도중에 할아버지와 영별永別하고 집으로 돌아와야 했다. 따님들이 너무 애절하게 울며 따라오면 할아버지가 저세상으로 편히 가실 수 없다는 이유는 나중에야 알게 되었다. 멀어져가는 상여를 바라보며 어머니가 창자가 끊어진 듯 허리를 꺾고 주저앉아 괴로워하는 모습을 지켜보며 나는 어쩔 줄 몰라 했다. 주위 어른들의 성화에 못 이겨 할 수 없이 돌아서는 어머니의 손을 잡고 어린 나는 문득, 그것이 할아버지와의 영원한 작별이라는 것을 직감했다. 꽃상여를 타고 내가 살아서는 가볼 수 없는 세상으로 길 가시던 할아버지. 할아버지가 돌아가신 이후 처음으로 나는 그때 울었을 것이다.

외갓집 식구들은 외할머니가 모든 손자녀들 가운데 장손과 나만 위한다고 자주 말했다. 외할머니 시대의 어른들에게 장손이 귀한 것이야 더 설명이 필요 없는 관습이었다. 그러니 6남매 가운데 셋째 따님의 아들인 내가 받은 사랑은 특별했다. 외할머니가 나를 유독 사랑하신 까닭은 무엇보다 어린 나를 한동안 손수 키웠기 때문일 것이다. 외할머니 댁에서 살던 것이 내가 서너 살 때이므로 그 기억은 짙은 안갯속처럼 흐릿하다. 그러나 50년도 훨씬 넘게 지난 오늘날까지 내 뇌리에 또렷하게 남아 있는 그림이 몇 개 있다.

지금도 생생하게 기억나는 장면 가운데 하나는 지붕에서 낙숫물이 떨어지는 광경이다. 비가 올 때면 나는 외할머니 집 마루 끝에 앉아 낙숫물 떨어지는 것을 유심히 구경하곤 했다. 낙숫물이 떨어져 처마 밑에 물구멍을 만들면서 내는 소리, 물방울이 튀어 오르며 흩어지는 모습, 그리고 낙숫물이 모여 작은 냇물을 만들며 흐르는 모습은 참으로 신기했다. 낙숫물은 비가 내리지 않는 집 안과 비가 내리는 바깥을 구별하는 경계선처럼 보였다. 그것은 점선으로 느슨하게, 이리저리 흔들리며 그어지는 경계였다. 그 바깥에 내리는 비를 완전히 차단하여 들어오지 못하게 하는 그런 불통의 경계가 아니라, 손 내밀면 비를 맞을 수도 있으되 나로 하여금 적당한 거리에 머물러 있게 해주는 그런 경계였다. 어쩌면 그것은 사찰 입구의 불이문不二門과 같은 것이었는지 모르겠다. 그 문 안은 부처의 세계요 밖은 중생의 세계이되, 둘이 하나라는 그 문. 안과 밖이 자유롭게 통하는, 낙숫물이 만든 경계. 마루 끝에 앉아 비 구경을 하고 있으면 바람에 날려오는 빗방울에 옷이 젖었다. 외할머니는 아마도, 야야, 비 젖는다, 그만치 바앗시모 이자 고마 들어가자, 하시며 나를 안아 따뜻하게 불 땐 방 안으로 데려갔을 것이다.

나는 요즘도 비를 무척 좋아한다. 비가 오면 하늘과 땅이 연결된 것 같고, 생명이 살아나는 것 같으며, 세상이 정화되고 풍성해지는 느낌이 든다. 그런데 내가 사는 아파트에서는 비 오는 소리를 잘 들을 수 없을뿐더러 낙숫물은 아예 볼 수도 없다. 커다란 베란다 유리창은 투명하여 안과 밖이 통하는 듯 보이지만, 실제로는 안팎을 완전히 차단하고 있어 빗방울 하나가 안으로 들어오지 못한다. 베란다 유리 창문을 닫으면 바깥의 소리조차 들리지 않아 바깥세상으로부터 갑자기 멀어진 느낌이 든다. 낙숫물처럼 안과 밖을 한편으로는 구분하고 또 한편으로는 통하게 하는 경계가 아닌 것이다. 그렇게 배타적인 내 영역을 만들어야 살 수 있는 것인지. 콘크리트 벽을 쌓아 서로의 영역을 나누는 대신, 낙숫물처럼 있으나 마나 하되 적절한 거리를 유지하게 해주는 점선 정도나 그어놓은 채, 여기부터는 내 땅입니다, 라는 이정표조차 세우지 않고 살 수는 없는 것일까.

나의 어린 눈에 외갓집 마당은 무척 넓어 보였다. 그 넓은 마당에 감나무가 여러 그루 있었는데, 특히 집 오른편의 부엌 옆 후미진 곳의 감나무들은 크고 가지가 무성하여 가을이면 이루 셀 수도 없이 많은 감이 가지가 휘어지도록 달리곤 했다. 나는 봄에 감꽃이 떨어져 마당이 하얗던 광경과 그 감꽃의 달짝지근한 맛을 기억한다. 할머니는 설익은 감을 따서 단지에 넣어 익힌 후 나에게 주시곤 했다. 한 입 베어 물면 온 입안을 마비시키듯 떫던 감을 익혀 달게 만들어내던 할머니는 그 시절 내가 이해하지 못하던 많은 신비로운 일의 근원이었다.

넓은 마당 한편에는 커다란 닭장이 있었다. 어른들이 닭을 마당에 풀어놓으면, 신이 난 닭들이 땅을 발로 헤치며 지렁이를 잡고, 마당을 헤집고 다니면서 서로 쫓고 쫓기며 놀던 광경이 기억난다. 닭장 너머에는 어린 내가 올려다보면 한없이 높아 보이던 탱자나무 울타리가 있었다. 탱자나무는 가지가 촘촘하여 잎이 떨어진 후에도 그 너머에 있는 것이 잘 보이지 않았다. 그러나 탱자나무 울타리는 돌담이나 흙담처럼 완전히 시선을 차단하지 않아 그 너머의 것이 살짝살짝 보였고, 그것이 어린 호기심을 더 자극했다. 그런데 탱자나무에는 단단하고 날카로운 가시가 무수히 달려 있어, 어린 나로서는 가까이 가기 어려운 두려움의 대상이기도 했다. 외할머니 동네에는 탱자나무 울타리가 일반화되어 있어 탱자나무 울타리로 둘러싸인 채 살고 있다고 해도 과언이 아니었다. 마을에서 제일 큰 건물과 마당을 가진 정동국민학교는 학교 전체가 탱자나무 울타리로 둘러싸여 있었는데, 그 광경은 내 두려움을 빼앗을 만치 아름다웠다.

탱자나무 울타리는 조금씩 비춰주어 무엇인가 뒤에 신비한 것을 가린 듯하면서도 접근을 허락하지 않는, 참으로 묘한 것이었다. 내 주위의 세상이 온통 탱자나무 울타리 같은 것으로 둘러싸여 있다는 사실을 알게 된 것은 그로부터 수십 년이 지난 후였다. 나는 학자가 되어 사람과 사물을 가리고 있는 울타리 너머를 볼 수 있기 바랐지만, 내가 아무리 애를 써도 그 울타리를 넘어가기는커녕 그 너머를 분명하게 볼 수도 없다는 사실을 깨달았을 뿐이다. 따라서 울타리를 넘어 사람과 사물을 분명하게 볼 수 없다는 점에서는 세 살 적의 나와 50년 후의 내가 전혀 다르지 않은 셈이다.

수년 전 가을, 아내와 함께 통영을 가다가 정동초등학교에 들른 적이 있다. 물론 동네의 모습은 내 유년의 기억을 혼란스럽게 할 정도로 변해 있었다. 기억이란 현실 앞에서 무력한 것이다. 무엇보다 아쉬운 것은 학교를 둘러싸고 있던 탱자나무 울타리가 없어진 것이었다. 마을 입구에서 단감을 팔고 있는 할머니에게 물었더니, 아이들이 자꾸 가시에 찔려 다치게 되자 동창회에서 탱자나무 울타리를 완전히 베어버렸다는 것이다. 탱자나무 울타리 자리에는 튼튼해 보이는 벽돌담이 서 있었다. 벽돌담은 완전한 차단과 단절 이외에 어떤 기능도 하지 않는 듯 보였다. 50년 후의 내 속에 있던 50년 전의 나는, 자신을 완강하게 가로막고 있는 벽돌담 앞에 서서, 무섭고도 아름다웠으며 신비하기도 했던 탱자나무 울타리를 그리워했다.

나는 가끔 정동국민학교에 가서 놀곤 했는데, 어린 내 눈에 학교가 얼마나 큰지, 그야말로 끝이 보이지 않을 정도로 넓은 땅이었다. 교사校舍 앞에는 조회 때 사용하는 강단이 있었다. 그곳에 올라가면 밑에서 보는 것과는 전혀 다른 풍광이 펼쳐졌다. 단상과 단하의 차이를 그때 처음으로 실감했다. 최근 내가 강의하던 교실을 수리하느라 한동안 강단을 치운 적이 있었다. 강단 위에만 서다가 그 아래, 학생들과 같은 높이에 섰을 때의 불편함과 어색함이란. 20센티미터나 될까 싶은 강단 하나 위에 있는 것이 그럴지언정, 권력, 돈, 명예로 높이 쌓은 곳에서 아래를 보면 어떨까 하는 생각이 들었다. 높은 단상에서 볼수록 풍경은 멋지고 단하는 낮아 보일 것이니, 높은 지위에 있는 사람일수록 거기서 내려오는 일이 어려울 것이다.

20

내가 커갈수록 세상의 지평은 정동국민학교 운동장을 넘어 한없이 넓어졌지만, 세상 어디에나 단상과 단하가 구별되어 있기는 마찬가지였다. 누가 나에게 그런 가치관을 심었는지는 모르겠으나 나도 단상의 삶을 흠모하며 그 위에 올라가기 위해 애쓰며 살았던 것 같다. 정동국민학교부터 지금까지 내 삶의 궤적을 되돌아보면, 그것이 단상을 향한 길고 숨 가쁜 길이었음을 금방 알 수 있다. 지금 내가 단상에 올라서기나 한 것인지, 올라섰다면 그 단상이 얼마나 높기나 한 것인지, 나는 알지 못한다. 그러나 정동국민학교 운동장의 강단은 잠시 위에 올라가서 감탄하다가 곧 내려와야 하는 곳이었다. 그곳은 내가 계속 놀 수 있는 곳이 아니었다. 지금의 나도 아마 그럴 것이다. 단상은 잠시 올라가서 구경하는 곳일 뿐, 내가 살아가야 할 곳은 단 아래다. 세상의 단상이 아니라 단하에서 조용히 살기를 바란다. 그렇게 살고 있는지 모르지만, 그런 마음이나마 있으니 다행이다.

　외할머니 댁에서의 삶을 추억할 때 떠오르는 가장 강한 인상은 할머니의 등이다. 50년도 넘도록 내가 이토록 생생하게 기억하는 것으로 보아, 할머니는 나를 자주 업고 다녔던 것 같다. 할머니는 나를 업고 둥가둥가 하시며 얼러주곤 했는데, 나는 그때마다 신이 나서 까르륵거리며 엉덩이를 위아래로 말을 타듯 흔들어댔다. 그러면 할머니는 정말 내 말이 된 것처럼 발걸음을 재촉하며 마을 여기저기를 다녔다. 할머니의 둥가둥가 소리에 맞추어 엉덩이를 들썩거리던 그 기분을 나는 지금도 생생하게 기억한다. 그때 할머니의 등

은 우는 나를 달랬고, 보채는 나를 재웠으며, 피곤한 나를 쉬게 해
주었을 것이다. 아마도 할머니는 나를 업은 채 밥을 짓고, 밭을 매
고, 바느질을 하곤 했을 것이다. 엄마와 떨어져 있는 어린 외손자를
할머니는 등으로 키웠다. 나는 국민학교 시절을 넘어가면서 할머니
가 무척 작은 분이라는 사실을 알게 되었다. 외할머니는 그 세대의
할머니 가운데서도 작은 편에 속했다. 그 왜소한 할머니의 굽은 등
은 너무도 작아서, 거기에 내가 업혀서 1년을 살았다는 사실을 믿
기 어려웠다.

　외갓집과 우리 집이 모두 서울로 온 후 나는 할머니가 계신 큰외
삼촌 댁에 가곤 했다. 국민학생 때는 꽤 자주 갔고, 중고등학생 시
절에는 차츰 덜 갔으며, 어머니가 돌아가신 이후에는 거의 발을 끊
었다. 아파트였던 큰외삼촌 집에서 가장 편한 곳은 할머니 방이었
다. 할머니의 방은 내게 익숙한 할머니의 물건이 있고, 할머니의 냄
새가 나는, 시간이 느리게 흘러 여전히 과거인 것 같은 공간이었다.
곱게 늙으신 할머니는 항상 단정하게 쪽 찐 머리에 한복을 단정하
게 입고 계셨다. 머리를 감은 후 긴 머리카락을 참빗으로 빗고 다시
쪽을 찔 때나 주무실 때를 제외하면 할머니는 언제나 저고리와 치
마를 갖추어 입고 있었다. 나는 할머니가 어디 기대거나 흐트러진
자세로 앉은 것을 단 한 번도 본 적이 없다. 언제나 한쪽 무릎을 올
린 자세로 꼿꼿하게 앉아 계셨다. 내가 가면 할머니는 내 머리와 얼
굴을 쓰다듬어주시곤 했다. 할머니의 손은 늙어 마르고 거칠었지
만, 따뜻하고 자애로웠다. 세상 모든 사람의 마음이 할머니의 손처

럼 자애롭다면, 치유하지 못할 상처가 어디 있고 용서하지 못할 잘못이 어디 있겠는가, 싶다.

할머니는 식사할 때나 화장실을 다녀오실 때 등 꼭 필요한 경우가 아니면 당신 방에서 좀처럼 나가지 않았다. 그곳만이 당신의 세계라고 여기는 모양이었다. 어머니가 돌아가신 후 내가 찾아뵈어도 할머니는 눈물 머금은 눈으로 나를 쳐다보며 말없이 내 얼굴과 머리를 쓰다듬을 뿐, 단 한 번도 눈물을 흘리지 않았다. 다만 할머니는, 내가 니한테 해줄 수 있는 기라곤 여어서 재워주는 것밖에 없다, 말씀하시곤 했다. 내가 할머니께 해드릴 수 있는 것도 할머니 옆에서 하룻밤 같이 자는 것밖에 없었다. 어머니가 사라진 후 나는 더욱 외할머니가 그리웠지만, 그럴수록 뵙는 것은 더욱 슬프고도 괴로웠다. 세상에서 가장 슬픈 일이 어머니를 여의는 것이요, 세상에서 가장 고통스러운 일이 딸을 먼저 보내는 일 아니겠는가. 나는 불가피할 때가 아니면 외할머니를 뵈러 가지 않았다.

외할머니의 세계는 아파트의 작은 방 한 칸에 불과했다. 그러나 그곳은 그 바깥의 외삼촌과 외숙모의 세계와는 완전히 딴 세상으로서, 탱자나무 울타리로 둘러싸이고, 마당에는 닭들이 뛰놀며, 아름드리 감나무들이 그늘을 드리우던 곳이었다. 그 방에서라면 나는 그 옛날 사천 정동의 할머니 집에서처럼 편하게 잘 수 있었다. 그러나 어머니가 돌아가신 후로는 할머니 방에 앉아 있어도 마음이 괴로워 하룻밤 자지도 못하고 돌아오곤 했다. 그때마다 할머니는, 와?, 안 자고 그냥 갈라꼬?, 하셨지만, 억지로 붙잡아 앉히지는 않왔다.

외할머니는 내가 미국에서 유학하는 도중 돌아가셨다. 그렇지만 할머니는 지금도 가끔 나를 찾아오신다. 수년 전 학생들을 데리고 어느 사찰에 답사여행을 갔을 때였다. 오후가 되면서 검은 구름이 몰려오더니 비가 내리기 시작했다. 왔다 갔다 하던 비는 점점 거세게 내리기 시작했다. 비가 오리라고 예상을 못 한 탓에 아무 대책이 없던 나는 일행 몇몇과 더불어 명부전으로 기억되는 기와집 처마 밑에서 비를 피하였다. 암키와 골을 따라 내려오던 빗물이 낙숫물이 되어 떨어지며 바닥에 홈을 내는 모습을 무심하게 바라보고 있었다. 갑자기, 수십 년 시간이 역류하더니, 세 살짜리 어린아이가 된 내가 떨어지는 낙숫물을 구경하며 거기 서 있는 것이 아닌가. 탱자나무 울타리는 비에 가려 흐릿한데, 갑자기 내린 비에 마당에서 놀던 닭들이 처마 밑으로 숨어들고, 비 맞은 감꽃들이 무게를 이기지 못하고 떨어져 마당에 가득한데, 지붕에는 비 떨어지는 소리가 요란하여, 이자 고마 들어가자, 하시는 할머니의 목소리가 들릴락 말락 했다.

사람은 떠나도 그가 주고 간 사랑은 사라지지 않는다. 나를 먹이고, 업어주고, 쓰다듬어주던 할머니의 사랑은 지금도 나를 살리고 있다. 나뿐 아니라 모든 인간이 누군가가 남기고 간 사랑에 기대어 살지 않겠는가.

할머니의 등은 우는 나를 달랬고, 보채는 나를 재웠으며, 피곤한 나를 쉬게 해주었을 것이다. 아마도 할머니는 나를 업은 채 밥을 짓고, 밭을 매고, 바느질을 하곤 했을 것이다. 엄마와 떨어져 있는 어린 외손자를 할머니는 등으로 키웠다. […] 할머니의 손은 늙어 마르고 거칠었지만, 따뜻하고 자애로웠다. 세상 모든 사람의 마음이 할머니의 손처럼 자애롭다면, 치유하지 못할 상처가 어디 있고 용서하지 못할 잘못이 어디 있겠는가, 싶다.

사람에게는 사람의 길이 있고
개에게는 개의 길이 있고
구름에게는 구름의 길이 있다
사람 같은 개도 있고
개 같은 사람도 있다
사람 같은 구름도 있고
구름 같은 사람도 있다
사람이 구름의 길을 가기도 하고
구름이 사람의 길을 가기도 한다
사람이 개의 길을 가기도 하고
개가 사람의 길을 가기도 한다
나는 구름인가 사람인가 개인가
무엇으로서 무엇의 길을 가고 있는가

— 한승원, 〈길〉(전문)

유년의 바다

내가 근무하는 학교는 포항시 북구 남송리 산중에 자리하고 있다. 몇 년 전까지만 해도 학교 주위 몇 킬로미터 내에 수십 가구 규모의 작은 농촌 마을 두어 개를 제외하면 사람 사는 건물이라곤 없었다. 지금 학교 앞에는 4차선 고속도로가 생겼다. 학교에서 가까운 곳에 포항신항만이라는 거대한 부두가 만들어졌고, 대구-포항 고속도로와 그곳을 연결하는 신호등 없는 국도가 학교 앞을 지나게 된 것이다. 이명박 정부 동안 포항에는 유난히 대규모 토목공사가 잦았는데, 그 가운데서도 가장 규모가 큰 것이 학교 주변에서 벌어졌다. 학교 인근 수십만 평 넓은 산지를 깎아 그 흙으로 바다를 메워 거대한 항만을 만들었고, 평지가 된 산지에 신항만배후단지라는 산업단지가 들어선 것이다.

나는 신항만배후 산업단지가 몇 년에 걸쳐 만들어지는 과정을 매일 출퇴근하며 지켜볼 수 있었다. 제일 먼저 사람들은 산의 모든 나무를 제거했다. 한꺼번에 모든 나무를 그렇게 없애버리기 위해서는 모든 나무를 죽여 없애는 수밖에 없는 모양이었다. 사람들은 전기톱으로 베고, 굴착기로 파고, 불도저로 밀어 나무를 순식간에 제거했다. 그 많은 나무에게 붙어 있는 목숨과, 그 수많은 나이테에 육화肉化되어 있는 시간을 어떻게 그렇게 간단히 없애버릴 수 있는지. 소나무를 중심으로 나무가 빽빽하게 들어차 있던 산들이 순식간에 벌거숭이가 되었다. 나는 산을 신령하게 여긴다든지, 아니면 하나의 인격체로 대해본 적이 없다. 그런데, 참으로 이상한 것이, 모든 나무를 베어버린 산을 바라보는 것은 벌거벗은 사람을 보는 것만큼이나 민망했다. 나무 한 그루 없이 맨몸으로 웅크리고 있는 산 주변을 매일 오가며, 산의 나무를 그렇게 베어버리는 일이 강제로 머리를 깎거나 옷을 벗기는 일처럼 폭력적인 짓이라는 사실을 처음으로 깨달았다. 산에는 나무만 사는 것이 아니다. 나무를 삶의 터전으로 삼고 살아가던 수많은 크고 작은 생명은 다 어떻게 되었을까.

산을 벌거숭이로 만든 후, 사람들은 산을 조금씩 허물었다. 굴착기와 불도저들이 여기저기 달라붙어 산을 파고 허물어뜨리는 모습은 마치 인간의 살을 파먹는 독한 세균을 보는 것 같았다. 인간이 만든 기계와 기술이란 무엇인지. 굴착기와 불도저 앞에 벌거벗은 산은 무력했고, 산은 하루가 다르게 평지로 변해갔다. 얼마 후, 산이 있던 자리는 거대한 산업단지가 되어 공장들이 들어섰다. 나는 거기에 놓인 신작로를 통해 출퇴근했다. 허물어진 산은 25톤짜리 트럭들에 실려 인근 바다에 뿌려졌다. 산을 깎아 바다를 메운 것이다. 그 위에 신항만이 만들어졌다. 누군가에게 그것은 정치였을 것이고, 누군가에게 그것은 사업이었을 것이다. 그러나 산에서 살던 수많은 생명에게 그것이 죽음 이외에 무엇이었겠는가. 인간의 죄업이 바벨탑이고 수미산이다.

학교 앞에 난 고속도로는 멀리서 학교로 오가는 일을 편리하게 해주었다. 그러나 다른 고속도로와 마찬가지로 그 길은 주변 사람들의 삶과 연결되어 있지 않다. 과거 영덕에서 삼척까지의 7번국도는 구불구불한 2차선 시골길이었다. 그 길은 마을과 마을을 이어주었다. 그 길은 학교 옆을 지나고, 다방을 지나고, 농협을 지나고, 시장을 지나고, 논과 밭과 과수원을 지났다. 그 옛 7번국도를 가다 보면 수없이 많은 빨간불 앞에 서야 했고, 길 건너는 할머니와 자전거와 경운기를 비켜가야 했다. 그러나 그 길을 가다 보면 사람 사는 것이 보이고, 벼 자라는 것이 보이고, 길가에 핀 꽃이 보였다. 배고프면 언제든지 길가에 차를 세우고 짜장면 한 그릇 먹고 갈 수 있었고, 도로변에서 파는 복숭아를 살 수 있었다. 그런데 몇 년 전 영덕부터 삼척까지 최고시속 80킬로미터의 4차선 국도가 완성되었다. 이제 그것이 7번국도다. 새로 건설된 7번국도는 우리나라 대부분의 고속도로와 마찬가지로 지표면을 달리는 길이 아니고 지표면 저 위 고가^{高架}로 달린다. 그 길의 유일한 목적은 영덕에서 삼척까지 최대한 빨리 가는 데 있다. 그 길을 달리면서 볼 수 있는 것은 차선과 도로분리대와 산과 나무밖에 없다. 인근에 사는 사람들의 삶과는 완전히 단절된 길이다.

학교가 사람 사는 곳에서 멀리 떨어져 산중에 있으니 점심 한 끼를 먹더라도 차를 타고 몇 킬로미터 나가야 한다. 나는 학교에서 점심 먹는 일이 별로 없다. 학교에는 교직원 식당이 따로 없어서 어디를 가나 학생들로 북적인다. 점심이라도 조용히 먹고 싶으니 할 수 없이 밖으로 나갈 수밖에 없다. 나는 같은 학부 김 선생과 같이 두세 군데 식당을 정해놓고 그날 기분에 따라 골라서 간다. 그중에서 우리가 제일 자주 가는 곳은 신항만 인근에 있는 밥집이다. 우리가 그 신항만 인근의 밥집에 자주 가는 것은 그 집이 상대적으로 가깝고 음식이 먹을 만하기 때문이다. 그 밥집은 신항만 공사가 시작된 후 노동자들을 대상으로 우후죽순 격으로 생겨난 많은 밥집 가운데 하나다. 6천 원에 백반정식을 먹을 수 있는데, 매일 바뀌는 반찬이 좀 짜기는 해도 맛깔나고 푸짐하다. 그리고 또 한 가지, 그 밥집에서 식사하면 돌아오는 길에 동해바다를 구경하고 올 수 있다.

점심을 먹고 신항만 쪽으로 가면 신항만에서 배후단지로 이어지는 왕복 6차선 대로를 따라 동해를 볼 수 있다. 우리는 바다를 조망할 수 있도록 마련된 공영주차장에 차를 세우고 동해를 구경하곤 한다. 주차장 정면 쪽 동해는 섬은 물론이고 해안가에 갯바위 하나 없이 그야말로 망망대해다. 주차장은 해안가 백사장 뒤쪽에 쌓아놓은 계단식 콘크리트 옹벽 위에 있다. 옹벽의 높이가 수십 미터 되어

주차장은 인근 해안에서 가장 높은 곳이다. 거기서 바라보면 앞으로는 수평선까지 이어지는 큰 바다고, 왼쪽으로는 끝없이 이어지는 백사장이다. 신항만 방파제부터 이어지는 백사장은 북쪽으로 칠포와 월포까지 수십 킬로미터 끊이지 않고 이어진다. 그 위쪽으로 아스라이 보이는 해안을 따라 올라가면 강구, 영덕에 도착할 것이다. 신항만만 없으면 백사장이 남쪽으로도 길게 이어질 텐데, 신항만이 건설되면서 단절되었다.

　주차장에 서서 바라보는 동해는 단 하루도 똑같은 모습일 때가 없다. 우선 가서 볼 때마다 바다색이 다르다. 짙은 코발트색일 때가 있는가 하면 초록빛이 감도는 옅은 푸른빛일 때가 있고 황토색이 섞여 무채색에 가까울 때도 있다. 계절에 따라, 날씨에 따라, 구름의 양과 종류에 따라, 바람에 따라, 파도에 따라, 공기 중 습도에 따라 바다색이 다르다. 또한 바다색은 바닷속 지형과 수초와 수온과 흘러든 민물의 양에 따라 달라진다. 그리고 바닷속 고기의 종류와 양에 따라서도 달라진다고 한다. '바다색'이라는 것은 사물을 단순화하는 인간의 관습이 만들어낸, 관념의 색이다. 매일 바다에 나가 보면 '바다색'이라는 하나의 색은 존재하지 않는다는 사실을 금방 알 수 있다. 그리고 파도의 모양도 매일 다르다. 바람의 방향과 세기에 따라 파도는 달라지며, 먼바다에서 부는 바람이냐 연안에서 부는 바람이냐, 밀물이냐 썰물이냐에 따라서도 파도가 다르다. 그리고 그런 모든 복잡한 요소가 합해져서 그때그때 독특한 바다의 색깔과 질감을 만들어내는 것이다.

주차장 앞바다는 장애물 하나 없이 수평선까지 펼쳐진 망망대해이므로 바람 센 날에는 파도가 거세다. 특히 겨울이면 차갑고 거센 북동풍이 자주 분다. 그런 바람이 불면 먼바다에서 너울이 일고, 해안가로 달려온 파도는 줄줄이 일어서서 하얀 머리를 처박으며 백사장에 상륙한다. 수십 킬로미터에 이르는 해안으로 높은 파도가 으르렁 쏴아 굉음을 일으키며 줄줄이 밀어닥치는 모습은 그야말로 장관이다. 김 선생과 나는 들이치는 파도의 규모에 따라, 오늘은 인천 상륙작전이군, 오늘은 노르망디 상륙작전이군, 하는 식으로 나름대로 명명해보곤 한다.

동쪽 망망대해에서 거센 파도가 몰려와 백사장에 부딪치는 모습은 볼 때마다 감탄을 자아낸다. 그러나 파도 흉용(洶湧)한 바다는 잠시 감탄할 대상일지언정 찬찬히 감상할 수 있는 대상은 아니다. 높은 파도가 노르망디에 상륙하는 연합군같이 거세게 몰려오는 날, 우리는 감탄사를 연발하며 그 장관을 바라보지만, 그리 오래 머물지 않고 학교로 향한다. 그런데 잔잔한 파도가 규칙적으로 치는 날이 있다. 파도소리는 자장가같이 편안하고, 햇빛을 부드럽게 튕기는 바다는 반짝이는 비늘에 뒤덮인 한 마리의 거대한 생명체 같다. 그런 날은 오래도록 바다를 바라보고 있어도 싫증 나지 않는다.

과학자들은 바다를 생명의 근원이라 하고 시인들은 바다를 모성(母性)의 근원이라 부른다. 나에게 바다는 유년으로 연결된 기억의 통로다. 서울로 올라오기 직전 몇 년 동안 어머니와 나, 그리고 동생 세 식구는 가덕도에서 살았다. 가덕도는 지금 행정구역상 부산시의

32

일부이고, 부산부터 거제도까지 연결되는 거가대교의 중간지점이다. 그러나 그때 가덕도는 창원시에 속한 섬이었을 것이다. 어머니가 그곳의 대항국민학교에서 근무할 때 우리는 아마 창원에서 국민학교 교사로 근무했을 아버지와 떨어져 지냈다. 나는 주변 사람들로부터 '선생님 아들' 대접을 톡톡히 받으면서 살았다. 당시 시골학교 교사는 박봉의 고된 직업이었지만, 존경을 받았다. 더구나 섬 학교 교사는 특별했다. 50여 년 세월이 흘러 이제 기억조차 가물가물하지만, 동네 어른들이 나를 절대 함부로 대하지 않았고, 아이들도 왠지 조심스럽게 나를 대했던 것만은 또렷이 기억하고 있다.

유년의 기억이 다 그렇겠지만, 가덕도의 기억은 놀이의 기억이다. 봄꽃이 피기 시작하면 나는 아이들과 같이 국민학교 화단에 가서 꿀벌을 잡아먹었다. 잘 가꾸어진 학교 화단에는 봄부터 가을까지 언제나 꽃이 만발했다. 꿀벌 잡기에 그보다 더 좋은 곳은 없었다. 꿀벌은 순해서 공격적이지 않을뿐더러 꽃에 앉아 있는 놈을 엄지와 검지로 위에서 덮쳐 잡으면 꼼짝하지 못했다. 간혹 쏘이기도 했지만, 꿀벌 독은 그렇게 강하지 않아 호박꽃을 짓이겨 바르거나 오줌을 바르면 따끔거리던 것이 금세 누그러졌다. 꿀벌의 몸통과 꼬리가 연결된 부분을 양손으로 잡고 잡아당기면 몸통과 꼬리가 분리되면서 긴 점액질 실이 나오는데 그 가운데에 꿀방울이 맺혀 있었다. 그 꿀의 양이라고 해야 정말 눈곱만큼밖에 되지 않았다. 그러나 그것이 아무리 적은 양이라고 해도 신선한 꿀이었고, 꽃향기가 섞인 강렬한 벌꿀 맛이 났다. 나는 활명수 병에 꿀벌을 가득 채우도록 잡아넣은 후 가지고 다니면서 한 마리씩 꺼내 먹곤 했다. 학교에 입학할 나이가 되지 않았던 나는 또래의 아이들과 같이 몰려다니며 온종일 꿀벌을 잡았다.

꿀 한 방울을 먹기 위해 꿀벌을 잡아 몸을 뜯는 그 엽기적인 행각을 어른들이 좋아했을 리 만무하다. 먹다 남은 꿀벌이 가득 찬 활명수 병을 집에 가지고 들어가면, 어머니는 아연실색하며, 작은 벌레라꼬 함부로 죽이모 안 된다, 다시는 그런 짓 하지 마라, 하며 엄하게 꾸중하셨다. 그러나 그 나이의 아이들에게는 이상하게 잔인한 구석이 있었다. 지렁이에게 소금을 뿌려 그 고통스러워하는 모습을 보면서 낄낄거리고, 보이는 족족 개미를 발로 짓밟아 죽이고, 개구리를 잡아 바위나 땅바닥에 패대기쳤던 것이다. 아마 인간의 본성 속에 있는 잔인함이 아직 교육이나 체면 같은 제동장치에 걸러지지 않고 표출되는 나이이기 때문이리라. 나는 어머니의 걱정과 꾸중에 아랑곳하지 않은 채, 늦가을이 되어 꽃이 지고 꿀벌이 사라질 때까지 그 짓을 해댔다. '꿀벌 죽여서 꿀 먹기'는 살생의 묘한 즐거움과 꿀의 달콤함이 결합된 잔인한 놀이였다. 그런데 생각해보면 육식이라는 것이 다 그렇지 않은가. 짐승을 덜 잔인하게, 덜 고통스럽게 죽인다는 것으로 육식을 정당화하지만, 죽임을 당하고 먹임을 당하는 짐승의 입장에서 볼 때 그것이 무슨 상관인지 모르겠다. 산목숨을 끊어 잡아먹는 잔인함을, 죽이는 방법에 약간의 윤리성을 부여하여 인간들이 스스로 위로하는 행위에 지나지 않아 보인다.

나는 아마 부지기수의 꿀벌을 잡아먹었을 것이다. 어느 날 꿀벌을 잡으러 돌아다니다 말벌에 손목을 쏘였다. 말벌 독은 꿀벌과 비교할 바 없이 독해서, 민감한 사람은 말벌 침 단 한 방에 사망할 수도 있다. 손이 퉁퉁 부어 울면서 귀가한 나를 보고 어머니는 깜짝 놀랐다. 급히 암모니아수를 발라주면서 어머니는, 니가 천벌을 받은 기다, 또 벌 잡아먹을 기가, 하며 크게 나무라셨다. 나는 그때 꿀벌을 잡아먹었기 때문에 천벌을 받은 것이 아니라, 어머니의 말을 듣지 않았기 때문에 천벌을 받았다고 생각했다. 한순간의 즐거움을 위해 무수한 생명을 죽인 것이나 그 짓을 금하는 어머니의 말씀을 듣지 않은 것이나 천벌 받을 짓인 것은 마찬가지였다. 그 후로 다시는 꿀벌에 손대지 않았다.

어머니는 돌아가시기 직전까지 종교를 갖지 않았다. 그러나 나에게 항상 착하게 살라고 말씀하셨다. 아니, 어머니는 나를 잉태했을 때부터 착한 사람이 되라고 태교하였다고 하셨다. 돈 많이 벌어라, 건강해라, 행복해라가 아니라 착한 사람이 되라고 늘 가르치고 기원하신 것이 고맙고 고맙다. 인간이란 태어날 때부터 탐욕의 덩어리다. 그 탐욕을 채우기 위해 어릴 때나, 젊을 때나 나는 무수한 죄를 짓고 살았을 것이다. 그리고 초로에 접어든 지금도 그 버릇에서 벗어나지 못했다. 그러나 자식이 착하게 살기를 바랐던 어머니의 소원이 하늘에 닿아, 나도 모르는 사이에 나로 하여금 조금씩 선과 악을 구별하고 악행의 길에서 벗어나도록 했으리라. 천벌이란 그렇게 어머니들의 간절함이 모여서 내리는 모성의 벌인지도 모르겠다.

5월이면 노란 감꽃이 무수히 떨어졌다. 연노랑색의 감꽃은 약간 떫으면서도 달착지근한 맛이 나서 먹을 만했다. 우리는 소쿠리 가득 감꽃을 담아놓고 먹기도 했고, 잘 끊어지지 않는 하얀 무명실에 감꽃을 끼워 목걸이처럼 만들어 가지고 다니면서 하나씩 빼내 먹기도 했다. 감꽃이 다 지고 초여름이 되면 멸치 철이 시작되었을 것이다. 멸치 철이 되면 해안가 자갈밭에는 멸치 말리는 비린내가 진동했다. 멸치는 잡아오자마자 해안가에 마련된 큰 솥에 넣고 끓인 후 바닷가 자갈밭에 펼쳐 말렸다. 마르기 전의 멸치는 심한 비린내를 풍겼지만, 마를수록 비린내는 사라지고 구수한 냄새가 났다. 멸치 말리는 곳 근처에 가면 말리고, 걷고, 운반하고 하는 사이에 자갈밭으로 떨어진 멸치를 어렵지 않게 발견할 수 있었다. 아이들은 자갈 사이사이를 뒤져서 그런 멸치를 찾아 먹었다. 적당히 마른 멸치는 약간의 비린내와 함께 짭짤하고 고소한 맛이 났다.

어른들은 멸치 삶아 말리는 것이 일이었고, 아이들은 자갈밭에 펼쳐진 멸치를 몰래 먹는 것이 일이었다. 우리는 어른들이 있을 때는 자갈밭에서 하릴없이 시간을 보냈다. 그러다가 어른들이 사라지면 잽싸게 뛰어가서 한 움큼씩 멸치를 훔쳐 달아났다. 적당히 따뜻하게 달궈진 자갈밭에 누워 훔쳐온 멸치를 한 마리씩 아껴가며 먹던 맛을 어디에 비하랴. 멸치서리를 하다가 가끔 어른들에게 들켜 혼쭐나기도 했다. 그러나 어른들이 선생님 아들인 나를 혼내는 일은 없었다.

우리가 살던 가덕도 대항 해안은 백사장이 아니라 넓은 자갈밭이었다. 자갈밭은 섬 아이들의 놀이터였다. 우리는 해안가 자갈밭으로 떠밀려와 말라붙은 미역 등 해초를 뜯어 먹고, 거기에 무수히 흩어져 있던 크고 작은 조개와 고둥 껍데기, 마른 불가사리, 예쁜 돌을 줍고, 돌을 쌓고, 쌓은 돌을 다른 돌로 맞혀 넘어뜨리고, 돌에 돌을 던져 깨뜨리고, 바다에 돌을 던지면서 놀았다. 늦봄에서 초여름으로 접어들어 햇볕이 강해지기 시작하면 자갈밭은 뜨거워지기 시작했다. 바닷물은 한여름이나 되어야 물놀이를 할 정도로 따뜻해졌다. 그러나 성급한 아이들은 초여름부터 바다에 뛰어들어 놀았다. 속옷 하나 걸치지 않고 차가운 물에서 놀다 보면 금세 몸에 한기가 돌았다. 입술이 파래지고 몸이 덜덜 떨려 윗니 아랫니가 서로 다다다닥 부딪칠 정도가 되면 우리는 따뜻하게 데워진 자갈밭 위에 누웠다. 덜덜 떨리는 몸을 더운 자갈 위에 눕혔을 때의 그 따뜻하고 아늑한 감촉을 나는 잊지 못한다. 나신裸身으로 바닷가 자갈밭에 누워 자장가 같은 파도소리를 들으며 구름이 흐르고 변해가는 모습을 넋 놓고 바라보다 보면, 나도 모르게 잠이 들곤 했다.

그 아늑한 잠에서 깨어보니, 어느덧 반세기가 흘렀다. 어머니는 계시지 않고, 소년은 초로에 접어들었다. 온 세상의 바다는, 인간과는 다른 차원의 시간을 사는 하나의 거대한 생명체다. 포항신항만 진입로 옆 주차장 위에 서서 내려다보는 바다는 여전히 50년 전의 바로 그 바다다. 인간의 시간은 흘러 유년은 장년이 되었건만 바다는 변함이 없어 보인다. 여전히 오직 하늘만을 마주한 채 도도하다. 상대할 만한 것이라곤 하늘밖에 없다는 듯. 여전히 육지로 밀려오되, 슬며시 다시 돌아간다. 절제의 미덕이 일상이 되어 숨 쉬는 것마냥 자연스러운 듯. 그리고 여전히 반짝이는 빛비늘을 퉁기면서 그 빛비늘보다 많은 온갖 생명을 품고 있다. 생명이란 눈에 띄는 곳보다 보이지 않는 곳에 더 풍성하다는 것을 가르치기라도 하듯.

초로의 소년은 더 이상 꿀벌을 잡아먹지도, 멸치서리를 하지도, 자갈돌을 가지고 놀지도, 옷 벗고 바다에 뛰어들지도 않는다. 그는 인간의 시간에 따라 나이 들고, 인간의 질서에 따라 산다. 그리고 인간의 길에 따라 사멸할 것이다. 그러나 언제든지 바닷가에 서면, 50년 인간의 시간이 찰나가 되어 과거의 문이 열리고, 소년은 따뜻한 자갈밭에 누워 구름 같은 자기 생을 바라보고 있는 것이다.

인간이란 태어날 때부터 탐욕의 덩어리다. 그 탐욕을 채우기 위해 어릴 때나, 젊을 때나 나는 무수한 죄를 짓고 살았을 것이다. 그리고 초로에 접어든 지금도 그 버릇에서 벗어나지 못했다. 그러나 자식이 착하게 살기를 바랐던 어머니의 소원이 하늘에 닿아, 나도 모르는 사이에 나로 하여금 조금씩 선과 악을 구별하고 악행의 길에서 벗어나도록 했으리라. 천벌이란 그렇게 어머니들의 간절함이 모여서 내리는 모성의 벌인지도 모르겠다.

아니, 그것은 불가능하다. 누군가가 삶의 어느 시기에 가졌을 삶의 느낌을 전하는 것은 불가능하다. 무엇을 진실이라고 여겼는지, 무엇을 의미라고 생각했는지, 무엇이 그 삶을 꿰뚫는 미묘한 본질이었는지. 그것은 불가능하다. 우리는, 꿈을 꿀 때와 마찬가지로, 혼자서 산다.

— 조셉 콘래드Joseph Conrad, 《암흑의 심장Heart of Darkness》에서

1979년 겨울 어느 날

1979년에서 1980년으로 이어지는 겨울 어느 날 저녁, 교회 친구 몇 명이 종로1가 술집으로 향했다. 1979년 10월 26일 대통령 박정희가 그의 심복인 중앙정보부장 김재규의 총에 맞아 죽고, 12월 12일 보안사령관 전두환을 중심으로 신군부 세력이 쿠데타를 일으킨 직후였다. 10·26 이후 선포되었던 계엄령이 더욱 강화되어 통금이 10시로 앞당겨진 때였다. 우리가 그 혼란과 공포가 극에 달하던 때에 술 먹으러 시내까지 간 것은 한 친구가 입대를 앞두고 있기 때문이었다. 당시는 군복무기간이 33개월이었는데, 휴가도 자주 없어서, 일부러 면회를 가지 않는다면 그야말로 제대한 후에나 다시 볼 수 있을 때였다. 더구나 입대를 앞둔 친구 동현은 고등학교를 졸업하자마자 지원하여 입대하게 되었으니, 대학에서 교련과목을 이수하고 받던

복무단축 혜택도 없이 꼬박 33개월 동안 복무해야 할 터였다.

교회 친구들 가운데 처음 입대하는 녀석인지라, 우리로서는 그냥 보낼 수 없었다. 더구나 대통령이 죽고 계엄령이 선포되면서, 당장 전쟁이라도 날 것 같은 살벌한 분위기였다. 당시에는 전쟁이 발발하면 전투경찰들이 제일 먼저 최전선으로 가서 총알받이가 된다는 말이 있었다. 그래서 하필 그 시점에 전투경찰로 입대하게 된 친구를 위해, 가깝게 지내는 친구 몇 명이 의기투합, 쿠데타가 일어나고 계엄으로 사방에 장갑차와 군인이 진주해 있던 종로로 나섰던 것이다. 무교동 낙지골목이었던 것으로 기억한다. 통금이 10시인지라 우리는 5시쯤 모였을 것이다. 좁은 방에 몰려 앉은 우리는 저녁밥도 거의 먹지 않고 초저녁부터 소주를 들이켜기 시작했다. 이제 갓 스무 살, 대학 1학년이거나 재수 중인 청소년들이었다. 술이라고는 가끔 재미 삼아 친구 방에 모여 한두 잔씩 홀짝거리는 것이 고작인 녀석들이었다. 울적해서 그랬는지, 젊어서 그랬는지, 아니면 술을 마실 줄 몰라서 그랬는지, 대부분 주량을 훨씬 넘기면서 마셔댔다.

역사와 연결되지 않은 개인의 삶은 없다. 우리가 태어난 다음 해에 5·16 군사쿠데타가 일어났으니, 우리는 그때까지 평생을 박정희 체제 속에서 살았다. 우리가 국민학교에 입학하던 1967년 박정희는 두 번째로 대통령에 당선되었으며, 6학년 때인 1972년 유신개헌이 있었다. 그 이후 우리는 중고교 시절 전체를 유신체제 속에서 보냈다. 우리는 유신의 해악이 무엇인지 합리적으로 인식하지도 못한 채, 해마다 반공 포스터, 반공 표어, 반공 웅변 대회에 참석했다. 교련시간이면 얼룩무늬 교련복을 입고 플라스틱 M16으로 총검술을 배웠으며, 1년에 한 번씩 현역 군인 장교 앞에 전교생이 모여 열병과 분열을 하며 전투태세를 평가받았다. 또 체육시간에는 플라스틱으로 만든 묵직한 수류탄을 공 대신 던져 체력을 측정했다. 그런 시절이었다. 우리는 유신체제가 탁월한 한국적 민주주의이며, 그것을 반대하는 사람들은 빨갱이라고 배웠기에 그런 줄 알았다. 박정희와 대통령은 이음동의어인 줄 알며 평생을 살았기에, 대통령 박정희의 죽음은 우리가 이해하고 감당하기에는 너무 큰 사건이었다.

입대를 앞둔 동현이는 전쟁 나면 자기는 바로 전선으로 배치되어 총알받이가 된다는 말을 되풀이하였다. 그럴 때마다 우리는 전쟁은 절대 나지 않으니 걱정하지 말라는 말을 되풀이했다. 물론 자신 있게 한 말은 아니었다. 시위대와 진압 경찰로 만나면 서로 봐주자는 말도 했던 것 같다. 그런 분위기였다. 그러니 우리의 모임에는 입대라는 피할 수 없는 통과의례를 넘어서서 무언가 비장한 것이 있었다. 그 시절 그런 모임에서 부르곤 했던 최백호의 〈입영전야〉를 같이 불렀을 것이다. 그리고 "자 우리의 젊음을 위하여 잔을 들어라"를 반복하며, 많이 마셨을 것이다. 객기였고 폭음이었다.

그날 제일 먼저, 가장 많이 취한 것은 명구였다. 교회 사찰집사의 아들인 그는 평소 술을 잘 먹는 친구도 아닌데, 그날따라 소주잔을 계속 비워댔다. 우리는 그가 상 위의 맥주잔을 소주잔이라고 계속 우기기 시작할 때, 많이 취한 것을 알았다. 초저녁부터 낙지골목에서 취한 우리는 근처 다방에 들어갔다. 명구는 이번에는 커피잔을 가지고 소주잔이라고 우겨댔다. 맞은편에 앉아 있던 동환이가 그 말에 꼬박꼬박 답하며, 아니야 커피잔이야, 그건 소주잔이 아니라 커피잔이라고, 이 새끼야!, 하는 것으로 보아 그도 많이 취한 것이 분명했다. 폭음의 결과는 다방을 나서면서 더 분명하게 나타났다. 몇 명은 몸을 가누지 못했다. 도심의 날씨는 귀를 에는 듯 추웠고, 통금시간이 다가왔다. 그나마 덜 취한 친구들이 더 취한 친구들을 부축해서 버스를 탔는데, 나는 덜 취한 편에 속했다. 버스 안에서 취기는 더 심해지는 듯했다. 명구는 거의 인사불성에 빠졌고, 동원, 순일, 건형 등도 심하게 횡설수설하기 시작했다. 다리가 풀리기는 다 마찬가지였다.

종암동에 도착했다. 인사불성이 된 명구를 둘러업고 동환이가 자기 집 방향으로 달렸다. 순일이는 동환이도 취했는데 그냥 두면 안 된다면서 갑자기 뛰기 시작했다. 동환이네 집과 반대 방향이었다. 몇몇이 순일이를 다급히 불러서 붙잡고 방향을 돌려주었다. 그만큼 순일도 취한 상태였다. 덜 취한 친구들이 더 취한 친구들을 집까지 데려다주기로 하여, 나와 시현이가 동원이를 맡았다. 동원이는 많이 취했지만 걷지 못할 정도는 아니었다. 비틀거리는 동원을 양편에서 끼고 장위동 초입에 있던 그의 집까지 걸어갔다. 기역자 모양의 동원네 집에서 그의 방은 대문 바로 옆 문간방이어서 어른들 눈치 보지 않고 들락거릴 수 있었다. 그래서 우리는 평소에도 가끔 그 방에 가서 놀았다. 통금은 다가오는데 놈은 중간중간에 버티고 서서, 자기 혼자 갈 수 있으니 이제 그만 가라고 고집을 부렸다. 물론 그럴수록, 그냥 두고 가서는 안 된다는 것이 더욱 분명했다. 우리는 억지로 억지로 놈을 끌고 그의 집으로 갔다.

　동원의 집에 도착한 후 나는 평생 잊을 수 없는 장면을 목격했다. 대문 앞에서 작별을 하고 막 돌아가려는데, 놈이 갑자기 실성한 것처럼 소리를 지르기 시작한 것이다. 기독교는 사기다, 다 거짓말이다, 하나님이 있는 줄 아느냐, 그런 것 없다, 너네들도 다 속고 있는 거다. 정확하게 기억하지는 못하지만, 그런 내용이었다. 동원이는 점점 더 목청을 높여 부르짖었다. 통금이 가까운 한밤중에 놈이 워낙 크게 소리를 지르는 데다 내뱉는 말의 내용도 충격적이어서 시현이와 나는 어찌할 바를 모르며 얼어붙은 듯 서 있었다. 가정 형편이 넉넉하지 않아 공고에 진학했던 동원이는 온순하고 착했다. 나는 그가 그렇게 큰 소리로 말하는 것은 물론이고, 화내는 것조차 한 번도 보지 못했다. 그는 교회에서 늘 임원을 하며 학생회를 주도해온 친구였고, 성실하고 예의 바르고 신앙이 좋아 교회 어른들로부터 늘 칭찬받는 친구였다. 그런 놈이 한밤중, 집 앞에서 고래고래 소리 지르며 기독교를 욕하고 신을 부정하고 교회를 저주하기 시작한 것이다.

　혼이 나간 시현이와 나는 동원이를 진정시키며 일단 집 안으로 들여보내려 하였다. 물론 동원은 막무가내였다. 이내 그의 누나가 나왔다. 우리보다 여러 살 많아 당시로써는 과년하다 했을 그 누나는 이전에 동원의 집에 놀러 갔을 때 몇 번 본 적이 있었다. 그 누나

는 동원과 마찬가지로 성품이 온화하여, 우리를 늘 따뜻하게 맞아
주곤 했다. 누나는 소리소리 지르는 동원이를 나무라기도 하고 달
래기도 하며 집으로 데려가려 했다. 한동안 실랑이를 하던 동원이
는 누나의 말을 듣는 듯, 집으로 들어갔다. 그런데 우리가 누나에게
인사를 하고 막 돌아서려는데, 놈이 다시 나왔다. 이번에는 손에 무
언가 들려 있었다. 성경이었다. 동원이는, 이런 게 무슨 진리의 말
씀인 줄 아느냐, 내가 우리 엄마 낫게 해달라고 이걸 읽으며 얼마나
기도했는지 아느냐, 자궁암에 걸려 죽어가는 엄마의 모습이 얼마나
비참한지 아느냐, 목사들은 다 사기꾼들이다, 라며 미친 듯이 소리
쳤다.

　동원의 어머니가 돌아가신 것을 내가 알게 된 것은 고등부 예배
시간이었다. 고등학교 2학년 때였다. 그때 나는 막 교회에 다니기
시작했고, 고등부 학생들 가운데 아는 사람이 별로 없었다. 동원이
는 그때 고등부 총무인가를 했고, 무슨 행사든지 빠지는 일이 없었
기 때문에 나는 그의 얼굴은 알고 있었다. 그날 거의 모든 예배순서
가 끝나고 광고시간이 되었을 때 담당 전도사가 동원의 어머니 소
식을 알려주면서 그를 일어서게 했다. 나는 그때 예배당 제일 뒷줄
에 일어서서 고개를 떨구고 있던 그의 모습을 지금도 생생하게 기
억하고 있다. 그날도 그는 언제나처럼 교복을 단정하게 입고 있었
는데, 얼굴이 흙빛처럼 어두웠다.

　성경을 들고 소리를 지르던 동원이는 성경을 갈기갈기 찢어 땅바
닥에 내동댕이쳤다. 다시 밖으로 나온 누나가, 이게 무슨 짓이냐, 너

미쳤냐, 고 소리치며 놈을 억지로 끌고 집 안으로 들어갔다. 성경책 조각들이 바닥에 널브러져 있었다. 혼이 나간 시현과 나는 그것을 치울 생각도 못한 채 어쩔 줄 모르고 서 있을 뿐이었다. 그러다가 정신이 든 우리는 통금이 가깝다는 사실을 떠올리고 발길을 돌렸다.

시현이와 나의 집은 채 100미터도 되지 않을 정도로 가까웠다. 동원이 집에서 우리들 집으로 가는 약 20여 분 동안 우리는 단 한마디도 하지 않았다. 아마 할 수 없었을 것이다. 동원이는 그날 이후 교회에 모습을 드러내지 않았다. 우리는 여전히 허물없는 친구로 어울렸다. 사연을 모르는 친구가 가끔 동원에게 요즘은 왜 교회에 나오지 않느냐고 물으면 그는 그냥 공허한 웃음을 웃을 뿐이었고, 누군가 교회에 나오라고 하면, 내가 거길 왜 가냐, 며 간단하고 단호하게 답할 뿐이었다. 시현과 나는 그 일 이후 교회에 관한 이야기는 동원이 앞에서 일절 꺼내지 않았다. 성경을 찢으며 동원이가 울부짖던 말은 그의 취중진담이었다. 술기운에 담긴 진심의 무게와 그 진심에 담긴 고통의 무게가 너무도 무거워, 갓 스무 살의 우리로서는 도저히 감당할 수 없었다. 그런데 세월이 흘러 초로의 나이에 접어든 이후에도 그것이 감당되지 않기는 마찬가지다. 그 후 35년 동안 시현과 나는 단 한 번도 그때 일을 입 밖에 내지 않았다.

내가 그날 밤 동원이가 보였던 행동을 얼마라도 이해하게 된 것은 내 어머니가 돌아가셨을 때였다. 동원이는 그날 이전은 물론이고 이후에도 자기 어머니의 죽음에 대해 단 한마디도 말한 적 없었다. 그런데 그날의 일이 있고 얼마 후, 우리 어머니가 돌아가셨다.

그때 그는 장례를 마친 나에게 딱 한마디, 임종은 지켰느냐고 물었다. 내가 그렇다고 하자, 잘했다며 자기 일처럼 기뻐했다. 그리고 그는 어머니 시신을 직접 자기가 닦고 염을 해드렸다고 했다. 우리 어머니는 유방암으로 돌아가셨다. 그래서 나는 말기암으로 사망한 사람의 육체가 어떤 형편인지 안다. 나는 내 어머니의 흉측한 시신을 차마 볼 수 없어 입관에 참관하지도 못했다. 그런데 고등학교 2학년의 그는 자궁암을 앓다 돌아가신 자기 어머니의 흉측한 시신을 깨끗하게 닦아 수의를 입혀드렸던 것이다. 나는 그때 그가 나와 비교할 바 없는 효자일 뿐 아니라, 성숙한 인간임을 알았다.

동원을 내가 마지막으로 본 것은 우리가 사십 중반쯤 되었을 때였다. 나는 유학을 마치고 와서 작은 시골학교에서 가르치고 있었고, 시현이는 감리교 목사가 되어 경기도 어느 시골 마을에서 자그마한 교회를 맡고 있었다. 그때 동원은 작은 사업을 하고 있었다. 부스러기 돼지고기를 가공하여 납품하는 것으로 들었다. 사업이 잘되어, 돈을 꽤 벌었다고 했다. 우리는 경기도 장호원에서 목회하는 어느 선배의 집에 놀러 갔는데, 마침 동원이가 멀지 않은 곳에 산다고 하여 연락했다. 동원은 자기 공장에서 만든 냉동 돼지고기를 몇 상자 들고 나타났다. 내가 유학 가기 전에 보고 처음 만나는 것이니, 약 20년 만이었다. 중년에 접어들면서 약간 살이 붙은 동원은 혈색도 좋았고, 사업이 잘되어 그런지 자신감 있고 여유 있는 모습이었다. 그러면서 어딘지 쓸쓸한 기색이 느껴졌다. 우리는 여느 중년들처럼 서로의 안부를 묻고, 자식과 건강과 옛 친구들에 대해 이런저런 이야기를 나누었다. 그런데 느닷없이, 동행했던 선배 한 사람이 교회는 다니느냐고 동원에게 물었다. 그러자 그는 무척 어색해하면서, 다니지 않는다고 답했다. 헤어질 때 동원이는 자기가 좋은 낚시터를 많이 알고 있으니 꼭 한 번 연락하라고 했다. 그것이 마지막이었다.

그로부터 얼마 지나지 않아 동원이 죽었다는 연락이 시현으로부터 왔다. 자기도 뒤늦게 알게 되어 가보지 못했다고 하면서, 갑자기 간암이 발병하여 그리되었다는 것이다. 그의 부음을 듣고 한동안 일이 손에 잡히지 않았다. 죽은 그는 기억의 밀물이 되어 나를 찾아왔다. 자기 집에 놀러 가면 감자를 직접 갈아 부침개를 해주던 모습, 성경을 찢고 미친 듯이 울부짖으며 신을 저주하던 모습, 일찌감치 생업의 현장에 뛰어들어 호텔 종업원, 자동차 외판원부터 시작하여 살기 위해 무진 애쓰던 모습, 그리고 마지막으로 헤어질 때 섭섭해 하며 뒤돌아서던 모습….

그 겨울 종로1가에 모였던 친구들 가운데 동원이는 두 번째로 세상을 떠난 친구였다. 제일 먼저 우리 곁을 떠난 것은 건형이었다. 그는 내가 미국에 있는 동안, 30대 중반의 나이로 교통사고를 당했다. 회사 동료들과 함께 회식한 후 동료가 모는 차를 타고 고속도로를 달리다가 사고가 났다. 다른 사람들은 모두 멀쩡했는데 그 친구만 크게 다쳤다고 한다. 뒷좌석에 앉아서 졸고 있었기 때문에 사고가 났을 때 자기방어를 전혀 하지 못하고 충격을 그대로 받았기 때문일 것이다. 그가 응급실에서 치료를 받고 있을 때 제일 먼저 병원에 도착한 것은 그 겨울날 입대했던 동현이였다. 병원 관계자가 건형의 수첩에 있는 전화번호로 이리저리 연락을 했는데, 마침 동현에게 연락이 닿았던 것이다. 동현이가 병원에 도착했을 때 건형이는 이미 뇌사상태였다. 담당의사는 그 사실을 가족에게 통보하고 연명치료의 의미 없음을 알렸다. 그러나 건형의 아내는 너무 큰 충격을 받아서 울기만 할 뿐 어떤 결정도 내릴 수 없는 상태였다. 의사는 동현에게 관계가 어떻게 되는지 물으며 연명치료를 할 것인지 결정해달라고 했다 한다. 동현은 중단해달라고 말할 수밖에 없었다.

다른 친구의 부친상에서 만난 동현은 이 이야기를 술김에 하며, 이해하겠지? 이해하겠지?, 라고 내게 묻고 또 물었다. 비록 뇌사상태였지만, 친구의 몸에서 생명연장 장치를 제거해달라고 한 말이 두고두고 그를 괴롭히고 있음이 틀림없었다. 나는 잘했다, 나라도 그렇게 했을 거다, 라고 위로해주었다. 진심이었다.

이 글을 쓰며 나는 국민학교 졸업앨범을 펼쳐보았다. 시현과 건형, 그리고 나, 우리 셋은 국민학교 6학년 때 같은 반이었다. 꺼내본 지 무척 오래된 앨범이지만, 나는 굳이 이름을 읽지 않고도 건형과 시현을 쉽게 찾아낼 수 있었다. 개인사진뿐 아니라 어딘가 소풍을 가서 찍었을 반 전체 사진 속, 깨알같이 작은 100여 개의 얼굴 속에서도 어렵지 않게 그들을 발견할 수 있었다. 베이비붐 세대인 데다 이농 현상이 한창이던 시절인지라, 당시 서울 변두리 국민학교는 한 반에 100명이 넘는 경우가 많았다. 나는 국민학교 때 1~2년이 멀다 하고 전학을 다녔는데, 전학을 가서 받게 되는 번호는 대개 100번이 넘었다. 한 반에 그렇게 많은 학생을 수용해도 밀려드는 학생을 다 수용할 교실이 없어서, 2부제 혹은 3부제 수업을 해야 했다. 졸업사진 속 우리는 처음 입는 낯선 교복을 윗도리만 입은 채, 모두 약간 겁에 질린 듯 긴장한 모습이었다. 아마도 1972년 늦가을쯤, 그러니까 유신헌법이 통과된 직후에 찍은 사진일 것이다.

아이들은 앨범에 멈춘 시간 속에서, 그때 모습 그대로였다. 그 앨범 밖의 시간은 흘러 한 아이는 그로부터 20년 후 죽었고, 두 아이는 살아서 각기 다른 모습으로 나이 들어가고 있다. 40여 년 전 그 사진을 찍은 아이와 40여 년 후 초로에 접어든 나는 정말 같은 사람이기는 한 것일까. 기가 막혔다. 사진 속의 아이와 지금의 나 사이에 있는 40년 세월의 거리는 순간인 듯, 영원인 듯 가늠하기 어려웠다. 앨범 속 아이들에게 앨범 밖의 시간은 어떻게 전개되었을까. 그들이 아직 살아 있다면, 어디서 무엇을 하며 살고 있을까. 앨범 속에 빽빽하게 자리 잡고 있는 그 작고 어린 흑백사진의 주인공들이 겪었을 40년 세월을 다 합해 본다면 수만 년에 이를 것이다. 그런 식으로 세상 사람들의 삶의 길이를 다 합한다면 영겁이다. 그 삶의 무게의 총합은 또한 얼마겠는가.

모든 개인은 동시대인 전체의 삶을 산다는 말이 있다. 그날 종로에 모였던 친구들 가운데 한 명은 교통사고로 죽고 또 한 명은 암으로 죽었다. 어떤 친구들은 자기 일을 했고, 어떤 친구들은 월급쟁이가 되었다. 어떤 친구는 여전히 교회에서 살다시피 신앙생활을 하고, 어떤 친구는 더 이상 교회에 나가지 않는다. 결혼하여 지금까지 잘 사는 친구도 있고 이혼을 경험한 친구도 있다. 내가 일일이 물어보지는 않았지만, 다들 혈압약과 콜레스테롤약 몇 알씩은 먹고 있을 것이며, 한두 명은 당뇨약도 먹고 있을지 모른다. 우리는 비슷한 나이의 우리나라 보통 사람들이 살아온 것과 비슷한 확률로 대학에 가고, 비슷한 평균 나이에 결혼하고 비슷한 수의 자식을 낳으며, 비슷한 방식으로 살아왔다. 또한 우리는 그들과 비슷한 평균연령까지 살다가 비슷한 확률로 병에 걸려 죽을 것이다. 확률대로라면 우리 가운데 30퍼센트는 암으로, 20퍼센트는 심혈관 질환으로 생을 마감할 것이다. 우리나라 사망원인 제3위가 자살인데 그 확률이 5퍼센트를 상회하니, 우리 가운데 한 명 정도는 스스로 목숨을 끊어도 이상할 것이 없다. 이 평균적 생애 가운데 나의 운명이 어디에 속할지 모를 뿐이다.

우리는 이제 경조사가 있을 때나 한 번씩 얼굴을 보며 사는 사이가 되었다. 어른들은 거의 돌아가셨으니, 자식들 결혼시킬 때나 만날 것 같다. 요즘은 젊은 사람들이 결혼을 늦게 하거나 아예 하지 않는 경우가 많고, 청첩장을 받는다 해도 건강과 사정이 허락해야 결혼식장에 가서 만날 수 있으니 앞으로 몇 번이나 서로 얼굴을 마주할 수 있을지 알 수 없다. 두 명은 이미 죽었다. 살아 있는 사람들도 전국으로, 세계로 흩어져 있으니, 다시는 만나지 못할 친구도 있다. 그렇다 할지라도, 나는 이미 그들에게 큰 신세를 졌다. 이 세상 수십억의 사람들 가운데, 나와 같이 골목에서 축구 하다 무릎 까지고, 같이 도봉산에 올라가서 꽁치 통조림 열어 밥해 먹고, 서로의 집에 몰래 들어가서 이불 뺏어가며 같이 자고, 같이 사이먼과 가펑클Simon and Garfunkel을 듣고, 같이 기타 치며 송창식의 〈고래사냥〉을 목청껏 부르고, 공부 핑계로 밤새 같이 놀고, 서로 이 새끼 저 새끼 해도 욕이 아니고, 같이 패싸움하고, 같이 깡패에게 돈 빼앗기고, 교회 마당에 쪼그리고 앉아 음담패설을 하며 낄낄거리고, 아무것도 뜻대로 되지 않아 삶이 괴로울 때 같이 힘들어해 준 사람이 몇이나 되겠는가.

친구에게는 환상이 없어 좋다. 친구는 같이 자라고 같이 늙고 병들어, 앞서거니 뒤서거니 세상을 떠나는 현실일 뿐이다. 나는 그 친구들과 같이 놀고 다투며 컸다. 생각해보면, 그들이 있었기에 괴롭고 암울한 세월을 견뎌낼 수 있었다. 그들이 나를 키우고 나를 살렸다. 그런데도 나는 아직 동원과 건형의 무덤에도 한 번 가보지 못했다. 하지 않아도 될 일들은 하느라 부산을 떨면서도, 정작 해야 할 일들은 머릿속에만 넣고 다닌 것이 내 인생이니, 이상할 것도 없다. 그러나 옛 친구들에게 그런 흠이 무슨 상관이랴. 언제라도 놈들을 떠올리면, 시간의 지층 속에 퇴적되어 있던 빛바랜 기억들이 되살아나, 해일처럼 몰려오는 것을.

별들의 바탕은 어둠이 마땅하다
대낮에는 보이지 않는다
지금 대낮인 사람들은
별들이 보이지 않는다
지금 어둠인 사람들에게만
별들이 보인다
지금 어둠인 사람들만
별들을 낳을 수 있다

지금 대낮인 사람들은 어둡다

— 정진규, 〈별〉(전문)

등화관제훈련이 있던 밤

지금부터 30년도 더 된 일이다. 그때 나는 어느 가까운 형네 집 방 한 칸을 사용하며 살고 있었다. 방 두 칸짜리 집이었는데, 큰 방은 그 형네 부부와 어린 자녀 남매가 살고, 나는 그 방을 통해 들어갈 수 있는 작은 방에 살았다. 서울 성북구 종암동의 어느 야산 중턱, 사람들이 산동네라고 부르는 무허가 주택촌이었다.

당시에는 밤에도 민방공 훈련이 있어서 등화관제훈련이라고 해서 가상 적기 출현을 알리는 공습경보가 울리면 가정집, 상가는 물론이고 가로등까지 모두 소등해야 했다. 불을 꼭 켜야 할 경우에는 밖으로 불이 새어나가지 않도록 두꺼운 커튼을 쳐야 했다. 군사정권 시절인지라 정부는 전쟁이라는 위기감을 조성해서 정치적 목적을 달성하려 했고, 국민들은 항상 위기감 속에 주눅 들어 있었다.

민방공 훈련은 매우 철저하게 실시되었다. 등화관제훈련이 있는 날에는 경찰은 물론 공무원과 민방위대원까지 동원되어 호루라기를 불거나 소리를 치고 돌아다니며 시민들의 참여를 독려했다. 가상 적기 출현을 알리는 사이렌이 울리면 라디오에서, 가상 적기가 출현하여 훈련 공습경보가 발령되었습니다, 라고 하는 다급한 목소리가 거듭해서 울렸다. 민방공 훈련을 할 때마다 들어서 익숙했던 그 목소리는, 가상 적기가 어디 어디에 공습을 감행하고 있다고, 마치 정말 공습이 진행되고 있는 것처럼 실감 나게 알렸다. 그러면 방송 진행자는 민방공 훈련 담당관에게 국민행동 요령을 물었고, 그 담당관은 모든 시민에게 불을 끄고 안전한 곳에 대피한 채 라디오를 들으며 추가 지시에 따르라고 했다.

그날 우리는 공습경보 사이렌이 울리자마자 방의 불을 끄고 밖으로 나갔다. 불빛 없는 방에 앉아서 할 일도 없었거니와 불 꺼진 마을을 구경하고 싶었기 때문이었다. 마침 우리 집이 산 중턱, 동네에서 제일 높은 지역에 있었기 때문에 우리는 마을 전체에서 불빛이 사라지는 것을 내려다볼 수 있었다. 사이렌 소리가 채 잦아들기도 전에 거의 모든 불빛이 한꺼번에 사라졌다. 몇몇 남아 있던 불빛도, 거기 불 꺼요, 불 꺼!, 하는 민방위대원들의 화난 명령에 따라 하나둘 사라졌다.

가로등을 포함해서 땅에서 모든 불빛이 사라지자, 놀랍게도 하늘에는 이루 셀 수 없이 많은 빛이 나타났다. 거대한 별바다였다. 나는 그날 내 일생에서 가장 많은 별을 보았다. 가을이 한창이었기 때문에 공기는 맑았고, 하늘에는 구름 한 점 없었으며, 마침 그믐이 있는지 달도 없는 투명하고 캄캄한 밤이었다. 땅에는 빛이라곤 모두 사라져 눈앞에 들이댄 내 손가락도 보이지 않을 정도였는데, 하늘로부터는 수많은 별빛이 우박처럼 쏟아졌다. 하늘을 가로지르는 거대한 은하수는 마치 구름 같았고, 은하수 밖으로는 무수한 크고 작은 별들이 그야말로 송곳 하나 찌를 틈도 없이 촘촘히 박혀 지평선까지 하늘 가득 반짝였다. 기막히게 아름답고 장엄한 광경이었다. 하늘과 땅이 온통 어둠으로 하나가 되었는데, 하늘에는 별들이 빛의 향연을 펼치고 있었다. 별이 그렇게 많음에도 불구하고 어둠이 조금도 사라지지 않는 것이 신기했다. 어둠이 깊으니 더 많은 별이 더 찬란하게 반짝였고, 별이 무수히 반짝이니 어둠은 더욱 깊어 보였다. 빛과 어둠은 본질상 상극일 터인데, 어찌 된 일인지 별빛과 어둠은 서로를 멀리하는 것이 아니라 서로 돕는 것 같았다.

그 놀라운 어두움과 빛의 조화가 무서웠는지, 내 손을 잡고 있던 형의 어린 딸아이가 울며 내 다리를 붙들었다. 내가 안아주자 그 아이는 내 가슴에 얼굴을 묻고 벌벌 떨었다. 아이 엄마와 아빠가 아이를 달래며 하늘에 예쁜 별이 많으니 보라고 했지만 그럴수록 아이는 점점 더 나를 꽉 껴안은 채 눈도 뜨려 하지 않았다. 그날 밤 나는 휘황한 별빛 아래, 벌벌 떠는 조카아이를 안고 칠흑 같은 땅 위에 서서, 내 존재가 별들의 세상에 잇닿아 있음을 처음으로 느꼈다.

모든 인간은 육체를 지닌 물질적 존재로서 시간과 공간 속에 살다가 소멸한다. 광년光年 단위의 우주적 시공간에 비추어보았을 때

한 인간이 생존할 수 있는 시간은 찰나에 불과하며, 사는 공간도 지극히 한정되어 있다. 빛은 진공에서 1초에 약 30만 킬로미터, 즉 지구를 7바퀴 반이나 돈다는 상상하기 어려운 속도로 달린다. 그 속도로 1년 동안 가는 거리를 광년이라고 한다. 수치로 표현하자면 30만×60(1분)×60(1시간)×24(1일)×365(1년)킬로미터에 해당된다. 9조 4608억 킬로미터. 이것은 가정용 계산기로는 표시도 되지 않을 정도의 엄청난 수치다. 천문학자들이 이 광년을 기본 단위로 사용하는 것은, 그것 이외의 방법으로는 표현하는 것이 불가능할 정도로 우주가 크기 때문이다. 예를 들어, 2009년 4월 미국 항공우주국NASA의 천문관측 위성 '스위프트Swift'는 지구에서 132억 광년 떨어진 천체인 'GRB 090423'에서 온 감마선을 관측했다. 그때까지 관측된 천체 가운데 가장 멀고 오래된 것이었다. 그러니까 이 천체가 발산한 감마선은 132억 년 동안 132억 광년의 공간을 달려 지구에 도달했다. 거의 우주의 끝, 굳이 숫자로 표시하자면 9조 4608억× 132억 킬로미터 떨어진 곳에서 온 셈이다. 우주의 끝은 그보다 더 멀다.

꼭 등화관제훈련을 하지 않더라도, 주변에 인공의 빛이 거의 없는 시골이나 깊은 산에 들어가면 맑은 날 밤하늘에 은하수를 중심으로 반짝이는 무수한 별을 볼 수 있다. 지리산 노고단에 가면 별을 많이 볼 수 있다고 하여 일부러 노고단 대피소에서 밤을 보내는 사람도 많다는 이야기를 들었다. 내가 어렸을 때만 해도 맑은 날이면 밤하늘에서 은하수를 쉽게 찾을 수 있었으며, 눈에 보이는 별이 수도 없이 많아 일일이 헤아린다는 것은 상상할 수도 없었다. 공기가 지금보다 덜 오염되고, 무엇보다 밤에 지금처럼 불빛이 그렇게 많지 않았기 때문이다.

이처럼 관측 장비 없이 맨눈으로 볼 수 있는 별들은 모두 우리 은하 속에 있는 별들이다. 태양계가 속해 있는 우리 은하만 해도 지름이 10만 광년에 달하는 거대한 시공간이다. 우리 은하의 중심부에서 약 2만 5000광년 떨어진 태양계는 은하의 가운데에 있는 것으로 추정되는 거대한 블랙홀을 중심으로 2억 2600만 년에 한 번씩 공전한다. 한 바퀴 도는 데 2억 2600만 년. 그것은 태양 표면적의 1만 2000분의 1밖에 되지 않는 지구라는 행성, 그 위에서도 극히 좁은 공간을 오가며, 100년도 살기 전에 대부분 소멸하는 지구인의 경험 세계가 아니다. 우리 은하에는 약 2000억~4000억 개의 항성恒星, 즉 태양처럼 스스로 빛을 내는 천체가 있다고 한다. 은하수는 그 별들이 집중되어 있는 부분이다. 그런데 우주에는 우리 은하 외에도 크고 작은 은하가 약 1000억 개 있다고 한다. 놀라운 것은, 그렇게 많은 은하와 별들에도 불구하고 우주 전체의 밀도는 지극히 낮아서, 지구보다 1000배 더 큰 부피의 공간에 1그램짜리 물방울 하나가 있는 정도라고 한다. 다시 말해서 아무것도 없는 상태나 마찬가지인 것이다. 우주적 시공간이 얼마나 큰지는 상상하기조차 어렵다.

우리 은하 인근의 은하 가운데 가장 큰 것은 우리 은하에서 약 250만 광년 떨어진 곳에 있는 안드로메다Andromeda 은하다. 맨눈으로 관찰할 수 있는 가장 먼 천체 가운데 하나인 이 거대한 은하는 달빛과 방해하는 인공의 빛이 없는 어두운 하늘에서 볼 수 있다고 한다. 맨눈으로 보았을 때 안드로메다 은하는 검은 밤하늘에 희미한 얼룩처럼 보인다. 지름 20만 광년의 거대한 은하도 우주적 거리 속에서 한 개의 흐린 별처럼 왜소해 보이는 것이다. 그런데 안드로메다 은하는 약 1조 개, 즉 우리 은하보다 최대 5배나 더 많은 별을 가지고 있으며, 전체적으로 2배 정도 밝다고 한다. 그렇게 크고 밝은 은하도 250만 광년 떨어진 지구에서 보일까 말까 할 정도이니, 안드로메다 은하에 있는 어느 행성에서 보면 우리 은하는 눈에 띄지도 않을 것이다.

인간에게 별들은 밤에 반짝이니 아름답고, 멀기 때문에 신비롭고, 갈 수 없기에 안타까운 대상이다. 별의 아름다움과 신비, 그리고 별에 대한 동경은 종종 아름다운 예술을 낳곤 한다. 별은 19세기 말 네덜란드의 광기 어린 천재 빈센트 반 고흐 Vincent van Gogh, 1853~1890 를 매혹해 여러 점의 명화를 탄생시켰다. 그는 별을 하늘 지도 위에 그려진 마을이라고 생각했다. 그는 이 세상 지도 위에 표시된 마을에 갈 수 있는 것처럼 하늘 지도에 그려진 별까지 갈 수 있기를 소망했다. 그러나 살아서는 별의 세계로 갈 수 없었다. 빈센트는 동생 테오 Theo 에게 이렇게 편지했다. "타라스콩 Tarascon 이나 루엥 Rouen 으로 가기 위해 기차를 타야 한다면, 별들로 가려면 죽음을 타야 해." 그에게 죽음은 별들의 세계로 가는 기차였다. 별에 가고자 하는 간절함이 그로 하여금 스스로 목숨을 끊게 했는지도 모른다. 반 고흐는 〈밤의 카페테라스〉〈론 Rhone 강의 별이 빛나는 밤〉〈별이 빛나는 밤〉 등 찬란한 별을 그린 명화를 남기고, 그가 살아서는 갈 수 없었던 별의 세계로 가서 또 하나의 별이 되었다.

별은 또한 20세기 중반 식민지 조선의 아름다운 영혼 윤동주 1917~1945의 가슴속에 그가 소중하게 여기던 것들로 새겨졌다. 그에게 별은 추억, 사랑, 쓸쓸함, 동경, 시, 그리고 멀리 북간도에 있는 어머니의 모습을 하고 있었다. 그가 이렇게 "별 하나에 아름다운 말 한마디씩" 불러보자 명시 〈별 헤는 밤〉이 되었다. 또 다른 그의 절창 〈서시序詩〉는 그렇게 "별을 노래하는 마음"이 "죽는 날까지 한 점 부끄럼이 없기를" 바라는 깊은 내면의 성찰로 이어졌음을 보여주었다. 별을 세고 노래하던 그 마음은 한편으로는 예민한 시적 감수성으로, 또 한편으로는 용기 있는 시대적 감수성으로 연결되었다. 그는 자신이 그리워하던 것들을 가슴에 품은 채 깨끗한 시를 쓰고 맑은 삶을 살다가 죽어 식민지 조국의 별이 되었다. 세월에 의해 그 맑은 마음이 빛바래기 전 일찌감치.

19세기 러시아 소설가 표도르 도스토옙스키Fyodor Dostoevsky, 1821~1881는 인간의 본성을 누구보다 깊이 들여다보았던 사람이다. 그의 소설 《카라마조프 집안의 형제들》에서 주인공이 정신적 초월을 극적으로 경험하는 것도 밤하늘 은하수 밑에서였다. 카라마조프 집안의 형제들 가운데 가장 종교적이고 이타적이었던 셋째 아들 알료샤Alyosha는 그가 경외하던 스승 조시마Zosima를 모시고 수도원에서 평생 살려고 했던 청년이다. 그런데 알료샤를 깊이 사랑했던 조시마는 어린 제자를 남기고 갑자기 죽는다. 살아 있는 성인으로 추앙받던 조시마가 죽자 사람들은 과거 다른 성스러운 수도사들처럼 그의 시체가 썩지 않고 향기를 풍기며 기적을 일으키리라 기대한다. 그러나 조시마의 시체는 채 하루도 지나지 않아 썩으면서 악취를 풍기기 시작한다. 이 예기치 않았던 사태는 수도원 공동체와 신자들에게 큰 충격을 주며, 사람들은 조시마가 과연 성스러운 수도자였는지 의심하게 된다.

이때 누구보다 심한 충격에 빠진 사람이 알료샤였다. 부패하기 시작한 스승의 육체가 담긴 관 옆에서 절망에 빠져 있던 그는 무엇엔가 사로잡힌 듯 밖으로 나간다. 밤하늘에는 무한하게 펼쳐진 어둠 속에 은하수가 빛나고 있었다. 은하수 밑에서 알료샤는 지구의 침묵이 하늘의 침묵과 합쳐지고, 지구가 별들의 세계까지 가서 닿는 것을 느낀다. 그는 땅에 쓰러져 흙에 입 맞추며 슬프게 운다. 스승은 흙에서 와서 흙으로 돌아간 것이다. 그러나 "영원으로부터" 그를 비추던 은하수의 별들, 그 아득히 먼 세계들과 만나는 순간 그의 영혼이 전율한다. 그는 거대한 밤하늘처럼 굳건하고 변하지 않는 어떤 것, 즉 스승의 영혼이 그의 마음속에 들어온 것을 느낀다. 3일 후 알료샤는 "세상 속으로 가라"는 스승의 유언에 따라, 세상 속에서 사람들을 섬기기 위해서 수도원을 떠난다. 슬픔에 겨워 땅에 쓰러졌을 때 그는 스승의 죽음에 절망하던 나약한 미성년이었지만, 은하수의 별을 통해 스승의 영혼과 만나고 다시 일어섰을 때 그는 "삶을 위한 굳건한 전사戰士"가 되어 있었다. 이것은 인간과 영원에 대한 비견할 수 없는 통찰이 담긴 이 위대한 소설 가운데서도 특별히 아름다운 대목이다.

우주적 시간과 공간 속에서 인간개체들은 물질적 존재로서 거의 무無에 가까울 정도로 그 존재감이 미미하다. 그러나 인간은 자신의 물질성을 초월하는 존재이기도 하다. 밤하늘의 별들은 한편으로는 인간존재의 왜소함을 실감하게 해주고, 또 한편으로는 그 왜소함을 초월하게 하는 깨달음을 준다. 인간존재의 유한성과 초월성은 연결되어 있을 것이다. 거룩함과 일상이 둘이 아니듯이. 인간의 진정한 초월성은 그 유한성에 대한 절실한 깨달음이 있어야 얻을 수 있음이 틀림없다. 알료샤는 성스러운 스승의 죽음 앞에서 인간존재의 속절없음을 깨달았기에 은하수를 바라보며 영원과 만날 수 있었다. 등화관제훈련을 하던 그날 밤, 하늘 가득한 별을 바라보며 먼저 느낀 것은 내 존재의 초라함과 속절없음이었다. 그 크고 거대한 세계 속에서 나는 정말 작고 하찮은 존재라는 사실이 너무도 절실하게 다가왔다. 그러나 그와 동시에 나는 하늘과 땅이 거대한 어둠 속에 하나이며, 내 존재가 그 아득한 별들의 세상과 연결되어 있음을 느낄 수 있었다. 하늘의 별들 밑에 서 보아야 내 유한성이 진정으로 절실하고, 그 별들과 함께 있음을 느껴야 내가 그들이 속한 거대한 세계의 일부분임을 경험할 수 있는 것이다.

혈연적 삶보다는 사회적 삶, 자기중심적 삶보다는 보편적 삶, 지구적 삶보다는 우주적 삶을 살아야 한다. 지구를 넘어 내 존재를 은하계의 차원에서 이해할 수 있다면 더욱 좋겠다. 삶을 사는 자세와 세상을 바라보는 관점이 한 차원 더 성숙하지 않겠는가. 미국 사상가 헨리 데이비드 소로$^{Henry\ David\ Thoreau,\ 1817\sim1862}$가 그런 사람이다. 그는 호숫가에 오두막집을 짓고 사람들로부터 멀리 떨어져서 자연과 더불어 홀로 사는 실험을 했던 것으로 유명하다. 지나던 사람들이, 그렇게 혼자 있으면 외롭지 않으냐고 그에게 물었다. 그러나 인간이 거주하는 지구라는 것이 광활한 우주 공간 속에서 점 하나처럼 작은데, 마을로부터 몇 마일 떨어져서 산다고 해서 별다른 일이 될 수 없었다. 그는 이렇게 생각했다. "내가 왜 외로워야 하는가? 우리 지구가 은하수 속에 있지 않은가?" 광활한 북미대륙, 사람이라곤 살지 않는 월든^{Walden} 호수의 캄캄한 밤에 그를 찾아오는 별들이 얼마나 많았겠는가. 이 19세기 미국의 현자는 자신의 고향인 매사추세츠의 콩코드^{Concord}를 별로 벗어나 본 적 없었다. 그럼에도 불구하고, 그는 지구를 넘어 은하계 사람으로 살았던 것 같다.

소로가 그 호숫가에서 살던 때로부터 150년 이상 지났다. 그 사이에 인간은 달을 수차례 갔다 왔으며, 화성은 물론이고 지름 6킬로미터의 작은 혜성에도 탐사선을 착륙시켰다. 우리는 화성, 목성, 토성 같은 행성은 물론이고 그들의 위성에 대해서도 잘 알고 있다. 2006년에 보낸 탐사선 '뉴호라이즌$^{New\ Horizon}$'은 태양계의 제일 바깥에 있는 왜소행성인 명왕성에 접근하여 2015년 7월부터 본격적인 탐사를 시작했다. 그런가 하면 1977년 발사된 보이저^{Voyager} 1호는 그동안 태양계를 탐사했고, 이제 태양계를 벗어나 그야말로 별들의 세계로 들어간 채 여전히 비행을 계속하고 있다.

인간이 쏘아 올린 우주선은 태양계를 벗어났지만, 사람들은 여전히 지구 위에서 살다가 죽어 지구에 묻힌다. IT기술의 발달로 우리는 세계를 거의 실시간으로 경험하며 산다. 그러나 대부분의 인간은 여전히 혈연, 지연, 국가, 민족, 종교 등의 테두리 속에서 살아간다.

요즘은 도시의 밤하늘에서 은하수가 사라진 지 오래다. 구름 없는 밤에도 눈에 보이는 별이 몇 개 되지 않아 다 셀 수 있을 정도다. 사람 모여 사는 곳에는 어디든지 밤에도 빛이 휘황하다. 내가 사는 아파트촌에는 상가의 불빛이 얼마나 밝은지, 커튼을 치지 않으면 밤에 잠을 잘 수 없을 정도다. 깊은 오지가 아니면 시골에 가도 옛날처럼 많은 별을 볼 수 없다. 마을의 불빛이 만만치 않고, 인근 도시의 불빛을 피할 수 없기 때문이다. 별빛을 볼 수 없게 하는 가장 큰 장애는 땅의 불빛이다. 땅의 불빛이 간섭현상을 일으켜 하늘의 빛을 방해하기 때문이다. 그날 내가 하늘 가득한 별을 볼 수 있었던 것은 등화관제훈련으로 지상의 모든 빛이 사라졌기 때문이다. 훈련이 끝나고 집집마다, 가로등마다 불이 켜지는 광경은 장관이었다. 땅 위에 펼쳐지던, 인간이라는 또 다른 별들의 세계. 그러나 땅의 빛이 밝아지면서 하늘의 별빛은 사라졌다. 하늘의 빛을 받기 위해서는 땅의 불을 꺼야 한다. 반 고흐, 도스토옙스키, 소로, 그리고 윤동주는 불빛 하나 없는 땅 위로 펼쳐지는 휘황한 밤하늘의 별바다를 언제나 볼 수 있는 시절에 살았다.

밤이야말로 우주의 본모습이다. 오늘의 과학은 우주 물질의 85퍼센트가 '암흑물질dark matter'이라고 말한다. 이 암흑물질은 아직 실험적으로 발견하지 못하여 이론상으로만 존재하는 물질인데, 중력은 있으되 빛과 반응하지 않고, 따라서 보이지 않는 신비의 물질이다. 우주에 있는 수많은 은하와 항성들이 지금과 같은 모습과 분포를 유지하고 있는 것은 암흑물질이 각 은하를 연결하는 거대한 중력구조물을 형성하고 있기 때문이라고 한다. 우리 은하계는 암흑물질을 통해 다른 모든 은하와 연결되어 있고, 나는 우리 은하의 한 주변에 있는 태양계 안에 존재하고 있으니, 암흑물질을 통해 나는 우주 전체와 연결되어 있는 셈이다.

　나는 우주와 연결되어 있을 뿐 아니라 우주로부터 왔다. 물질적으로 볼 때 내 몸은 우주의 구성성분과 같다. 인간의 육체는 산소, 탄소, 수소, 질소, 칼슘, 인 등으로 이루어져 있다. 인간 육체를 구성하는 물질 가운데 우주에 없는 물질은 단 하나도 없다. 결국 인간은 우주를 구성하는 물질로 만들어졌으며, 암흑물질의 거대한 중력구조를 통해 온 우주와 연결된 채 살고 있는 것이다. 내 육신은 우주에서 와서, 우주와 연결되어 살다가, 우주로 돌아간다. 아니, 굳이 내 입장에서 바라보지만 않는다면, 오고 감이랄 것도 없지 않은가. 나의 생멸生滅은 거대한 우주 속에서 찰나처럼 나타났다 사라지는 지극히 미미하고 사소한 진동일 따름이다. 그러나 그것은 내 몸을 구성하는 100조 개에 이르는 세포 하나하나의 생멸이 나의 생멸을 구성하는 것과 마찬가지로, 우주 전체 생멸의 일부분일지도 모르겠다. 더구나 인간은 죽음 앞에서 눈물을 흘리는 존재 아닌가. 죽음이 주는 슬픔의 무게만큼 삶은 소중할 것이다. 인간개체들의 생사는 우주 속에서 차지하는 그들의 미미한 물질적 부피와는 비교할 바 없이 더 큰 의미가 있는 무엇인지도 모르겠다.

자기보다 큰 존재 앞에 서본 사람만이 자신의 왜소함을 안다. 자신의 왜소함을 체험한 사람만이 남을 이해하고 전체를 생각할 수 있다. 서로 미워하고 싸우는 사람들이 별빛 쏟아지는 캄캄한 밤하늘 아래 같이 서 있을 수 있다면 그 미움이라는 것이 얼마나 사소한 것인지 깨달을 수 있지 않을까. 남북한의 지도자들이 인공의 빛 하나 없는 비무장지대 어딘가에 같이 앉아 휘황한 별빛을 바라본다면 이념의 차이와 정치적 이해관계를 뛰어넘는 무언가를 같이 느낄 수 있지 않을까. 일본인을 미워하는 한국 사람들과 한국인을 미워하는 일본 사람들이 동해의 공해상 어딘가에 같이 모여 은하수와 별똥별을 바라본다면 민족을 넘어서는 어떤 공감대를 가질 수 있지 않을까. 유대인과 팔레스타인 사람들, 기독교인과 무슬림, 시아파와 수니파, 미국이나 남아프리카 공화국의 백인과 흑인들도 마찬가지라고 생각된다. 물론 그런다고 해서 인간의 욕심과 오해가 오랫동안 얽히고설킨 문제들이 하룻밤에 해결되지는 않을 것이다. 그러나 적어도 자신을 상대화하고 상대방을 생각하며, 우주 속에서 사소하기 이를 데 없는 지구 위의 삶을 돌아보지 않겠는가.

등화관제훈련은 냉전 시대의 유산이 되어 사라진 지 오래다. 그 가을밤 산동네의 허름한 집 마당에 서서 바라보았던 별빛에 대한 기억도 가물가물하다. 요즘은 쏟아지는 별빛을 맞으며 내 존재를 별들의 세상과 연결하여 생각해볼 기회도 없다. 인공의 빛은 점점 더 휘황하고 밤은 어둠을 잃어가고 있다. 일 년에 하루, 10월이나 11월 맑은 가을 어느 날을 별 바라기 날로 정해서, 가로등과 네온 사인과 가정집의 불을 모두 끄고 세상 모든 사람이 밖으로 나와 하늘의 별을 보는 날이 있었으면 좋겠다.

나의 생멸生滅은 거대한 우주 속에서 찰나처럼 나타났다 사라지는 지극히 미미하고 사소한 진동일 따름이다. 그러나 그것은 내 몸을 구성하는 100조 개에 이르는 세포 하나하나의 생멸이 나의 생멸을 구성하는 것과 마찬가지로, 우주 전체 생멸의 일부분일지도 모르겠다. 더구나 인간은 죽음 앞에서 눈물을 흘리는 존재 아닌가. 죽음이 주는 슬픔의 무게만큼 삶은 소중할 것이다. 인간개체들의 생사는 우주 속에서 차지하는 그들의 미미한 물질적 부피와는 비교할 바 없이 더 큰 의미가 있는 무엇인지도 모르겠다.

네가 무슨 삶을 살건 너는 거기에 네 영혼을 넣어야 해, 거기서 조금이라도 성공하려면. 그리고 그렇게 하는 순간 인생은 더 이상 로맨스가 아니야, 그것만은 확실해, 냉정한 현실이 되는 거지! […] 너는 칭찬을 너무 좋아해. 너는 좋은 말을 듣고 싶어 해. 너는 로맨틱하게 생각함으로써 하기 싫은 일을 피할 수 있다고 생각해. 애야, 그건 너의 큰 환상이야. 그것은 불가능해. 살면서 누구 기분도 맞추어주지 않아야 할 많은 순간이 올 때에 대한 준비가 되어 있어야 해. 심지어 네 기분마저도.

— 헨리 제임스Henry James, 《숙녀의 초상The Portrait of a Lady》에서

그는 모든 기억을 다 잊어버리고 있었으나 다만 한 가지 자기가 어디론가 가야 한다는 일, 그리로 가려고 길을 떠났다는 사실, 그 길은 무엇과도 바꿀 수 없다는 사실, 그 길은 그의 목숨이라는 사실, 그 길로 빨리 가야지 이렇게 도중하차를 하는 것은 시간을 낭비하는 것뿐이라는 사실, 이런 모든 것은 확실하였다. 확실하지 않은 것은 한 가지뿐인데 어디로 가야 하는지 모른다는 것뿐이다.

— 최인훈, 《서유기》에서

《캔터베리 이야기》

어쩌다 보니 역사를 공부하게 되었고, 그것을 가르치며 먹고살게 되었다. 역사가 내 전공이 되리라고는 생각하지 못했다. 대학에서 1학년 교양과정을 마치고 전공을 선택할 때 학교는 복학생들에게 아무 전공이나 선택할 수 있는 특권을 주었다. 그때 복학생은 몇 명 되지 않는데, 선택한 전공은 다양했다. 대부분 평소의 관심과 소신에 따라 전공을 선택하는 것 같았다. 인문대학 사무실에 복학생들이 모여 무슨 과를 선택할 것인지 서로 이야기를 나누는데, 한 친구에게 무슨 과에 갈 거냐고 물었더니, 철학과, 라고 단호하게 답하던 모습이 기억난다. 대학 측에서는 은근히 영문과에 사람이 많이 몰릴까 걱정하는 분위기였지만, 영문과를 선택하는 사람은 의외로 적었다. 나는 종교학과 철학에 관심이 많았지만 영문과를 선택하고 말았다. 영문학에 대한 관심은커녕 거기서 무엇 하는지도 잘 몰랐다. 졸업 후 공부를 하건 취직을 하건 영어를 공부해놓으면 좋을 것 같았을 뿐이다. 나뿐 아니라 그런 이유로 영문과를 선택한 사람이 많았다. 소위 '영문도 모르고 영문과를 선택한' 사람들이었다.

전공수업이 시작되면서 우리는 영어를 배운다는 우리의 전공 선택 목적이 얼마나 웃기는 것인지 금방 깨달았다. 첫 전공수업은 '영시英詩 I'이었고, 그 시간에 제일 먼저 배운 것은 초서Geoffrey Chaucer의 명시 《캔터베리 이야기The Canterbury Tales》였다. 14세기 말의 중기 중세영어Middle English로 쓰인 이 시의 언어는 철자, 발음, 의미 등이 현대영어와 전혀 달랐다. 그 과목을 담당했던 강대건 선생은 마치 영어를 처음 배우는 사람에게 발음법을 가르치듯이 우리에게 중기 중세영어 읽는 법부터 가르쳤다. 강 선생께서 읽으신 그 희한한 언어는 한편으로 우습고, 또 한편으로는 신기하고, 무엇보다 당황스러웠다. 강 선생을 따라 "환 닷 아프리리 윗 히스 쇼러스 소터Whan that Aprille with his shoures soote"로 시작하는 장대한 《캔터베리 이야기》 프롤로그 첫 부분을 흉내 내듯 따라 읽는데, 여기저기서 킥킥거리는 소리가 들렸다. 강 선생께서는 약간 당황해하셨지만, 우리를 보고 원래 그런 것이라는 듯, 특유의 수줍은 미소를 지었던 것으로 기억한다. 인품이 온화하신 어른이었다.

뜻을 이해하기는커녕 발음도 할 줄 모르는 이상한 언어로 된 시를 전공 첫 수업으로 배운 충격은 컸다. 영어 실력을 기르기 위해서 영문과를 선택했는데, 도무지 우리가 아는 영어와 거리가 먼 언어를, 그것도 시로 배우기 시작한 것이다. 수업이 끝난 후 몇몇 복학생이 교정 잔디밭에 앉아, 이런 거 배우려고 영문과를 선택했냐고 자신에게 묻듯이 서로에게 물으며 헛웃음과 함께 고개를 절레절레 흔들어댔다. 미국의 시사주간지 《타임Time》과 《뉴스위크Newsweek》는 당시 대학생들에게 현대영어의 표준이요, 영어공부의 교재요, 영어 실력의 잣대였다. 영어공부 좀 한다는 친구들이 손에 들고 다니는 것이 그것이요, 영어공부 동아리에서 읽는 것이 그것이요, 방학 때 대학마다 개최하는 영어강좌 가운데 제일 인기 높은 것이 그것 강독이었다. 쉬는 시간에 벤치에라도 앉아 있으면, 《타임》 구독하시죠, 라며 정기구독을 권하는 외판원을 수도 없이 만나곤 했다. 나처럼 '영문도 몰랐던' 사람들은 《타임》《뉴스위크》 따위 영문 잡지나 술술 읽을 수 있기를 바라서 선택한 것이 영문과였다.

우리를 당황하게 했던 《캔터베리 이야기》 프롤로그의 다음과 같은 첫 부분은 영문 모르고 영문과를 선택한 우리의 운명 그대로였다.

4월이 열매 맺게 하는 감미로운 소나기로
3월의 가뭄을 뿌리까지 꿰뚫고
생명 피워내는 힘을 가진 물기로
나뭇가지 마디마디 적셔 꽃을 피워낼 때

그랬다. 영문학에 관한 한 우리는 뿌리까지 마른 사람들이었다. 그러나 봄이라고는 하나 겨울 기운이 남아 있던 3월이 지나고 4월이 되어 벚꽃이 만발할 때쯤 되었을 때, 우리는《캔터베리 이야기》가 얼마나 위대한 작품인지, 첫 작품으로 전기 중세영어^{Old English}로 된《베오울프^{Beowulf}》부터 시작하지 않은 것이 그나마 얼마나 다행인지, 조금이나마 이해하기 시작했다. '생명을 피워내는 힘'을 가진 문학의 비를 조금씩 맞으면서, 말랐던 우리 문학적 감수성의 뿌리가 살아나고, 문학의 자양분을 빨아들이기 시작한 것이다.

《노튼 영국문학 선집^{Norton Anthology of English Literature}》이 영국문학 개론 과목들의 주교재였다. 시기별로 영국문학의 대표적인 작품을 골라서 모아놓은 두 권짜리 책이었다. 미국문학 선집은 랜덤하우스^{Random House}사에서 나온 책이 따로 있었다. 우리는 이 무겁고 두꺼운 선집들을 통칭하여 '앤솔로지'라고 했다. 그 두꺼운 원서들의 정본 가격이 얼마인지는 알지도 못한 채, 우리는 학교 앞 서점에서 팔던 소위 해적판을 구입해서 사용했다. 그때는 저작권이라는 개념조차 희미하던 시절인지라 대학 교재로 사용하는 거의 모든 원서는 복사판이었으며, 학생들의 편의를 위해서였는지 아니면 일종의 수익사업이었는지 그런 것을 학과 사무실에서 버젓이 팔기도 했다. 거기다 대학가에 줄지어 있던 그 많은 복사집은 모두 복사와 제본의 달인들이어서, 무슨 책이라도 맡기기만 하면 원본보다 오히려 더 근사할 정도로 복사본을 만들어주었다. 아직도 내 책장에 꽂혀 있는 그 복사본들은 습자지처럼 얇은 종이를 사용했는데, 종이가 얼마나 얇은지 뒤쪽 면이 훤히 들여다보일 정도다. 그렇게 얇은 종이에 어떻게 복사를 하고, 그 많은 종이를 어떻게 그렇게 튼튼하게 제본했는지 볼수록 신기하다. 35년 넘게 지난 지금까지 낙장 하나 없다.

'앤솔로지'를 가지고 다니는 일은 여간한 고역이 아니었다. 남학생들이 가지고 다니던 큼지막한 대학생 가방이라 할지라도 그것 한 권 넣고 나면 가방이 거의 찰 정도여서 다른 책이나 공책을 넣기 힘들었다. 여학생들은 그 책을 가방에 넣지 못하고 대개 팔에 끼고 다녔다. 그런데 학기 초에는 온전한 책을 들고 다니다가 시간이 지나면서 책을 분철하여 가지고 다니는 학생이 많았다. 대체로 2학년 때 영국문학 개론 과목들을 듣고, 3학년 때 미국문학 개론 과목들을 들어야 했기 때문에 두세 권을 한꺼번에 들고 다니는 일은 피할 수 있었다. 그러나 영국시 같은 경우는 3학년 때에도 '앤솔로지'를 교재로 사용하곤 하여, 그 두껍고 무거운 책 두 권을 한꺼번에 들고 다녀야 하는 경우도 있었다. '앤솔로지'는 책이 크고 무거운 데 비해서 책값은 얼마 하지 않아, 도서관 열람석에 그냥 두고 다녀도 가져가는 사람이 없었다. 따라서 그 책은 도서관 자리 잡아놓는 용도로 그만이었다.

어쨌든 '앤솔로지'를 들고 다니는 일은 영문과 저학년생들의 통과의례와도 같았다. 그 책을 끼고 다니는 여학생은 영문과 학생이었고, 그것이 펴진 도서관 자리는 영문과 학생이 잡아놓은 자리였다. 그런데 '앤솔로지'에 실린 수많은 작품의 무게는 기껏해야 몇 킬로그램 나갔을 책 무게와 비할 바 아니었다. 나는 그 책들을 통해 던^{John Donne}, 블레이크^{William Blake}, 디킨슨^{Emily Dickinson}, 예이츠^{William B. Yeats}를 거쳐 파운드^{Ezra Pound}와 엘리엇^{T. S. Eliot}의 시를 접했으며, 윈스럽^{John Winthrop}과 에드워즈^{Jonathan Edwards}를 거쳐 에머슨^{Ralph Waldo} Emerson을 읽었다.

'앤솔로지'를 거친 후 우리는 본격적으로 셰익스피어, 영국 시, 미국 시, 영국 소설, 미국 소설, 희곡 등을 공부했다. 낭만주의 영시는 황동규 선생에게 배웠는데, 수업시간에 창피당했던 기억이 새롭다. 우리는 선생께서 출석부를 보고 무작위로 이름을 부르는 순서에 따라 시의 부분 부분을 번역해나갔다. 한번은 그날따라 운이 없었는지 아니면 준비가 부족했던 것인지 내가 맡은 부분이 유난히 어려웠다. 당황한 나는 주저하다가 엉터리라도 번역을 할 수밖에 없었는데, 나 스스로 생각해도 한심하다는 생각이 들 정도로 말이 되지 않았다. 선생은 황당한 듯 나를 한 번 쳐다보시더니, 자네 번역은 매우 낭만적이군, 하셨다. 시인이라 꾸중도 시적으로 하는 것인가, 스스로 내 죄를 알고 있는데 그렇게까지 말씀하실 게 무어란 말인가, 싶은 생각이 나며 얼굴을 들 수 없을 정도로 창피했다. 그러면서, 그래, 그럼 선생께서는 얼마나 낭만적으로 시를 잘 쓰는지 한번 봅시다, 하는 반감이 들었다. 학교서점에 가서 선생의 시선집 《열하일기》를 샀다. 좋은 시들이었다. 그러나 서문에 적힌, "행복 없이 살 수 있는 자세"를 만들어가는 자신이 대견하다는 말이 마음에 들지 않았다. 그 말은 20년이 지나 중년이 된 후에야 이해했다.

셰익스피어를 가르친 이경식 선생은 중요한 부분 부분을 통째로 암기하게 했다. 우리가 외웠던 것은, 예를 들어, 부인이 죽었다는 소식을 듣고 맥베스^{Macbeth}가 하는 독백같이 기막히게 아름다운 표현들이었다. 시험 때문에 열심히 외웠기 때문인지, "Out, out, brief candle! Life's but a walking shadow" 등 아직도 기억나는 부분들이 있다. 셰익스피어는 문학적 상상력의 아득히 높은 산봉우리를 보여주었고, 구름에 가린 그 정상을 올려다보며 나는 진정한 천재가 무엇인지 오직 짐작만 할 수 있었다. 물론 존 밀턴 John Milton의 《실낙원 Paradise Lost》을 읽으면서도 시간을 뛰어넘는 문학적 천재성과 초인적 지성을 느낄 수 있었다. 그러나 나름대로 똑똑하다고 자만하던 우리로 하여금 우리는 천재가 아니라 범인凡人이라는 사실을 너무도 분명히 깨닫게 해준 것은 셰익스피어였다. 셰익스피어를 읽는 즐거움은 그 즐겁지 않은 깨달음마저 즐길 수 있게 해주었다.

나는 영문학의 여러 장르 가운데 소설을 특히 좋아했다. 소설은 백낙청, 장왕록, 박희진 선생 등 여러 분으로부터 배웠다. 영문과에는 교수가 많아 한 분의 과목을 두 번 이상 들을 필요가 없었다. 그러나 나는 일부러 백낙청 선생에게 영국소설과 미국소설, 두 과목을 들었다. 그의 수업에서 로렌스 D. H. Lawrence, 포 Edgar Allan Poe, 헤밍웨이 Ernest Hemingway 등의 뛰어난 단편소설들을 읽었다. 브론테 Emily Bronte의 《폭풍의 언덕 Wuthering Heights》, 호손 Nathaniel Hawthorne의 《주홍글씨 Scarlet Letter》, 멜빌 Herman Melville의 《모비딕 Moby Dick》 같은 고전은 인간존재에 대한 심오한 통찰력과 놀라운 묘사력으로 나를 매혹했다. 그러나 디킨스 Charles Dickens, 하디 Thomas Hardy, 피츠제럴드 F. Scott Fitzgerald의 작품은 아무리 읽어도 그 명성에 걸맞은 감동을 느끼기 어려워서 당황스러웠다. 더구나 울프 Virginia Woolf, 조이스 James Joyce, 포크너

William Faulkner의 '의식의 흐름' 기법은 당시 내 영어 독해력으로는 감당하기 어려웠다.

영어 사전이 걸레처럼 되어서 책갈피를 넘기기도 힘들게 되었을 때쯤, 나는 영문학이 무엇인지 조금씩 그 맛을 알게 되었다. 그리고 한때나마 문학의 길을 꿈꾸며 시를 습작하기도 했다.

문학의 힘은 크고 위대했다. 대학 시절 잠깐 맛본 문학은 내 삶에 두고두고 후유증을 남겼다. 시인이나 소설가가 될 정도의 재능은 없었지만, 좋은 글을 볼 줄 아는 눈은 생겼고, 좋은 글은 쓸 수 없을지라도 어법에 맞는 글이라도 써야 한다는 일종의 집착 같은 것을 가지게 되었다. 지금도 논문이라도 하나 쓰면 그 내용은 둘째 치고 문장이 마음에 들지 않으면 도무지 만족스럽지 않다. 내 글뿐 아니라 다른 사람의 글도 마찬가지다. 심사해달라는 요청과 함께 받아본 논문이 어법에 맞지 않는 표현이나 비문非文투성이면 아예 읽어보기도 싫어진다. 사실 그런 글은 대개 내용도 신통치 않기 마련이다. 그런데 요즘은 대학에서 작문을 가르치지 않아서 그런지, 아니면 늘 인터넷에서 조각 글만 읽어서 그런지, 석사, 박사까지 공부한 사람들의 글이라고는 믿을 수 없을 정도로 형편없는 글이 너무 많다. 한번은 어느 대학의 초청으로 젊은 학자들의 논문에 대한 논찬을 할 기회가 있었다. 그 대학 국문과 박사과정 수료자이거나 이제 막 박사학위를 받은 사람들이었다. 그런데 그들의 글은 문장의 완성도가 너무 떨어져서, 나는 내용에 대해서는 간단히 언급만 하고, 논찬 내내 문장에 대해서 쓴소리를 했다.

영문학 공부가 나에게 남긴 가장 큰 흔적은 한국문학에 대한 사랑이다. 대학 시절에는 잠시나마 습작하기도 할 만큼 시를 좋아했다. 낭만주의 영시의 아름다움이 재능도 없는 나로 하여금 시인을 꿈꾸게 했던 것 같다. 돈이 없어 라면에 계란도 마음대로 넣지 못할 정도였지만, 시집은 꾸준히 구입하여 읽었다. 금서였던 신동엽의 시전집이 학교 앞 어느 서점 구석에 꽂혀 있는 것을 발견하고 가슴 졸이며 샀던 기억이 새롭다. 나는 그 시집을 교과서처럼 들고 다니면서, 아름답고 비장한 신동엽의 시들을 읽고 또 읽었다. 김수영, 김지하, 신경림은 당시 대학생이면 누구나 거쳐 가야 할 과정이었다. 나는 황지우의 시를 유난히 좋아했던 것 같다. 당시로써는 충격적인 언어적 실험처럼 보였던 《새들도 세상을 뜨는구나》부터 시작하여 그의 모든 시집을 사서 읽었다. 대학 졸업 후에도 서점에 갈 때면 시집 한 권은 샀던 것 같다. 대학 시절부터 사서 읽었던 시집들이 아직도 학교 연구실 책꽂이에 나란히 꽂혀 있다. 맞지 않는 옷을 걸친 것처럼 세상에 어색하게 놓인 인간 삶의 편린들을 좋은 시만큼 섬세하게 포착한 것이 어디에 또 있을까.

소설은 시처럼 구입하여 읽지는 못하고, 여기저기서 빌려 읽었다. 고등학교 때부터 찔끔찔끔 맛보았던 박경리의 《토지》를 제대로 읽기 시작했고, 조세희의 《난장이가 쏘아올린 작은 공》, 최인훈의 《광장》, 이청준의 《당신들의 천국》, 황석영의 〈객지〉 등 당시 대학생의 필독서들을 읽었다. 기독교에 대한 관심이 한참 많아지던 시기여서 그랬는지 김동리의 《사반의 십자가》, 이청준의 《낮은 데로

임하소서》, 이문열의 《사람의 아들》, 조성기의 《라하트 하헤렙》 등 기독교적 주제를 다룬 소설도 찾아 읽었다. 나는 《회색인》《서유기》처럼 이지적 문체에 깊고 치열한 사유를 담은 최인훈의 소설들을 좋아했다. 문학과지성사의 12권짜리 최인훈 전집은 대학 구내서점에서도 제일 눈에 잘 띄는 곳에 있었다. 나는 그 전집을 볼 때마다 이제 갓 40을 넘긴 나이에 그 방대한 창작을 해낸 재능에 주눅 들곤 했다. 저렇게 쓰지는 못해도, 졸업 전에 다 읽기라도 하리라 다짐하곤 했는데, 결국 그것도 해내지 못하고 말았다. 당시 내 관심을 끌었던 젊은 작가는 이문열이었다. 혜성같이 나타난 그는 《사람의 아들》에 이어 《젊은날의 초상》과 《황제를 위하여》 등을 연이어 발표했다. 그가 보수파 논객이 되어 좌충우돌하기 훨씬 이전, 오직 좋은 소설로 말하던 때였다. 나는 이후 최인훈과 이문열이 살아가는 각기 다른 방식을 통해 그들의 소설에서 미처 읽지 못한 것을 배웠다.

그때는 문학 전집이 유행하던 시절이었다. 나는 국문과 후배가 구입한 수십 권짜리 한국문학 전집 가운데 시중에서 구하기 힘든 여러 작품을 빌려 읽었다. 그러다가 하루는 원효로 친구 집에 갔다가 동네 헌책방에서 우연히 괜찮은 문학 전집을 발견했다. '영구보존판' 한국대표문학전집이라는 것인데, 제본이 잘되어 있고 북 케이스까지 있는 꽤 좋은 전집이었다. 사가는 사람이 없는지 가격도 놀랄 정도로 싸서, 있는 돈 다 털어서 무작정 샀다. 그때 내 지갑에 몇천 원 이상은 있을 리 없었으니, 틀림없이 친구에게 돈을 빌려 샀을 것이다. 그 전집에는 이광수, 채만식, 김동리 같은 일제강점기 작가부터 손창섭, 이호철, 김승옥 같은 전후 작가들까지 중요한 작가가 망라되어 있었다. 김정한의 〈사하촌〉, 염상섭의 《취우》, 황순원의 《나무들 비탈에 서다》, 안수길의 《북간도》 같은 명작들을 읽은 것도 이 전집을 통해서였다. 물론 읽은 작품보다 읽지 않은 작품이 더 많았다.

소설만큼 내 세계와 안목의 지평을 넓혀준 것이 또 있을까. 나는 소설의 인물들을 통해 내가 생각하지 못했던 것들을 생각하고, 고민하고, 깨달았으며, 내 눈에 보이지도 않던 지경地境 너머로 가보았고, 내가 결코 살아서 만나지 못할 수많은 삶과 만났다. 〈비 오는 날〉의 동욱과 동옥, 〈오발탄〉의 철호와 영호, 〈병신과 머저리〉의 형과 동생, 〈한씨 연대기〉의 한영덕, 〈엄마의 말뚝〉의 엄마, 그리고 〈장마〉의 두 할머니는 육이오 전쟁이 각 사람에게 남긴 상처를 통해 전쟁과 분단이라는 우리 민족사의 대사건 속에서 고통받는 인간 개체, 그리고 여전히 지속되는 그 고통의 사회적 구조들을 보여주었다. 소설은 유신교육의 모범생이었던 나에게 소위 "개발독재"의 참모습을 펼쳐 보여주었다. '난쏘공'의 김불이는 키 백십칠 센티미터, 몸무게 삼십이 킬로그램의 난쟁이였지만, 인간성을 파멸시키는 자본주의의 폭력 속에서 거인처럼 큰 고통을 짊어져야 했던 사람이었다. 또한 〈객지〉의 노동자 동혁, 〈아홉 켤레의 구두로 남은 사내〉의 "대학 나온 사람" 권 씨도 모든 개인의 가난이 사회의 문제와 연결되어 있음을 알려주었다. 나는 그들을 만나면서 난쟁이 김불이가 꿈꾸었던, "모두에게 할 일을 주고, 일한 대가로 먹고 입고, 누구나 다 자식을 공부시키며 이웃을 사랑하는" 세상을 꿈꾸었다.

소설 속 인물들은 나에게 인간존재의 심연을 생각하게 해주었다. 《토지》에 등장하는 수많은 인물군은 기실 인간세상의 축소판이라 할 만했다. 그들이 등장하면 차라리 페이지를 건너뛰고 싶어지는 조준구, 임이네, 김두수가 있는가 하면 그런 사람조차 포용했던 조병수, 이용, 김한복이 있었다. 그 많은 《토지》의 인물 가운데 유난히 나에게 와 닿았던 것은 조병수였다. 그에게서 나는 악한 부모 밑에 태어난 꼽추라는 자신의 저주받은 운명조차 존엄하게 받아들여, 부모를 끝까지 모시며 소목장 장인으로 꽃피는 한 아름다운 인간을 보았다. 그런 사람이야말로 참으로 완성된 인간이리라. 아마 현실 속 대부분의 인간은 조준구와 병수, 김두수와 한복 사이 어딘가에 자리하고 있을 것이다. 《관촌수필》 속 인물들도 마치 어제 만나고 온 것 같다. 타고난 재기와 재능을 가졌지만 신분의 한계를 극복하지 못하고 바닥 삶을 살았던 퇴물 기생의 딸 옹점이, 필요하면 훔치고 살기 위해서는 이념의 앞잡이가 되었지만 사랑만큼은 진솔했던 대복이, 그리고 평생을 남을 위해서 선하고 성실하게 살았지만 37세에 암으로 요절한 석공 신 씨. 환경과 재능, 집단과 개인, 운명과 우연이 얽히고설킨 인간 삶의 파노라마에서 무슨 원칙을 발견하려는 일이 얼마나 어리석은가를 나는 일찌감치 깨달았다.

무엇보다 나는 소설 속에서 고뇌하는 청년들을 만나 같이 고민하고 성장했다. 《젊은날의 초상》 속 이영훈과 함께 삶의 의미를 찾아 가출하며 젊음을 방탕하기도 했고,《회색인》의 독고준과 더불어 삶과 인식의 지평을 넓히고자 자유롭게 방랑했으며,《죽음의 한 연구》속 승려와 더불어 자기 스승을 죽이고 마른 늪에서 고기 잡는 수행을 했다. 그리고 이인성의 《낯선 시간 속으로》에서 주인공이 마지막에 도달한 눈물겨운 깨달음, "돌이킬 수 없는 것은 돌이킬 필요가 없는 것이 되어야 한다"에 도달했다. 주인공들의 방랑과 방탕과 수행과 자살충동과 깨달음과 함께 나는 성장했다. 그것은 분명히 문학이 나에게 준 큰 선물이었다. 이청준이 말했던가, 문학은 독자에게 "밤길의 선행자" 역할을 한다고. 나는 허구 속 삶을 따라 걸으며 현실 속에서 위로와 지혜를 얻었다.

인간의 삶은 실제고 문학은 허구다. 그럼에도 불구하고 그 실제와 허구의 경계는 놀랍게도 모호하여 어디까지가 실제이고 어디부터가 허구인지 나누기 어렵다. 인간의 삶이 문학적 허구를 만들지만, 그렇게 탄생한 문학적 허구는 인간의 삶에 더해져 그것을 확장한다.《광장》의 이명준은 실체가 없는 허구 속 인물이지만, 20대 초에 처음 만난 이후 지금까지도 내 친구로 지내는 사람이다. 그는 내가 만났던 어떤 실제의 인간보다 더 실재하며, 그의 삶은 내가 경험한 어떤 현상보다 더 실재하다. 도대체 내 삶의 어디까지가 실제이고 어디부터가 허구일까. 내 삶 밖의 세상인 문학은 내 삶 안으로 들어와 세상과 사람을 보는 눈을 열어주었다.

《캔터베리 이야기》

생각이란 무엇인가?(念者何物)

— 돈황본敦煌本 《단경壇經》에서

태풍에 쓰러진 나무를 보며

2012년 초가을부터 이듬해 초봄까지 미국 뉴저지 주의 프린스턴 신학교에서 연구년을 보냈다. 2005~2006년에 이어 두 번째로 같은 장소를 간 셈이었다. 다른 곳으로 갈 생각도 했지만, 프린스턴에서 사귄 사람들이 그립고, 프린스턴 신학교와 대학교의 도서관이 좋고, 무엇보다 프린스턴의 풍광을 잊을 수 없었다. 프린스턴은 식민지 시대인 17세기부터 유럽계 사람들이 살기 시작한 마을로서, 미국에서 가장 오래된 소도시 가운데 하나다.

프린스턴은 미국의 도시답지 않게 무척 고풍스럽다. 우선 오래된 건물이 많아서 전체적으로 그런 분위기를 자아낸다. 프린스턴 대학의 본부로 사용되는 나소 홀Nassau Hall은 식민지 시대인 1756년에 지어진 건물로서, 당시 미국 전체에서 가장 큰 건물이었다고 한다. 잠깐이지만 프린스턴은 건국 직후 미국의 수도였는데, 이때 미국의 행정부와 의회 등 연방정부 전체가 나소 홀에 입주했었다. 조지 워싱턴 대통령이 미국에 온 첫 외교사절을 맞은 곳도 나소 홀이었다. 나소 홀 건물 벽은 졸업생들이 기념으로 심은 큰 담쟁이나무 넝쿨이 뒤덮고 있어, 고풍스러운 멋을 더한다. 프린스턴 대학 및 프린스턴 신학교 구내에는 지은 지 200년 가까운 옛 건물들이 도처에 있다. 프린스턴 대학뿐 아니라 도시 곳곳에는 고풍스러운 건물이 즐비한데, 개인 집들 가운데 200년 이상 된 곳이 수두룩하다. 유럽의 고읍古邑에 대고 말한다면 우스울지 몰라도, 미국에서 이 정도면 그 역사를 자랑할 만하다.

진정으로 프린스턴을 고색창연하게 만드는 것은 노거수老巨樹들이다. 2012년 두 번째로 갔을 때는 일부러 자동차를 구입하지 않았다. 6개월 동안만 있으면서 그 번거로운 차 사고파는 일을 하고 싶지 않았기 때문이다. 다행히 프린스턴은 소도시인 데다 프린스턴 대학을 중심으로 걸어 다닐 수 있는 범위 내에 상가가 형성되어 있어서 큰 불편 없이 지낼 수 있었다. 더구나 프린스턴과 인근 소도시들은 대중교통으로 잘 연결되어 있었고, 뉴욕이나 필라델피아로 가야 할 때는 언제든지 기차나 버스를 이용할 수 있었다.

차가 없으니 걸어서 갈 수 있는 곳은 걸어 다녔고, 너무 멀어서 걸어가기 힘든 곳은 아예 가지 않았다. 물질을 버리면 욕심도 사라진다는 사실을 새삼 깨달았다. 아내와 함께 걸어서 프린스턴의 이곳저곳을 다니면서 가장 먼저 깨달은 것은 자동차를 타고 다닐 때는 보이지 않던 것들이 보이고, 그냥 지나치듯 보았던 것들을 찬찬히, 그리고 자세히 볼 수 있다는 점이었다. 똑같은 것을 보더라도 걸으며 볼 때와 차를 타고 가며 볼 때가 그렇게 다를 수 있다는 사실을 처음으로 실감했다. 이때 나는 프린스턴에 엄청나게 큰 나무가 무수히 많다는 사실을 새삼스럽게 알게 되었다. 프린스턴 대학이나 프린스턴 신학교, 그리고 고등학술원 같은 학교 구내는 물론이고, 사람이나 자동차가 다니는 길가, 가정집 정원, 그리고 공원할 것 없이 한국의 웬만한 아파트 높이는 될 것 같은 엄청나게 큰 노거수가 즐비하게 많았다. 멀리서 프린스턴을 바라보면 나무 위로 솟아 있는 구조물을 거의 볼 수 없어서, 도시 전체가 거대한 숲 같은 느낌을 주었다.

한국에서라면 아마도 금禁줄을 치고 보호했을 만한 노거수들이 도시의 거의 모든 거리에서 가로수 역할을 하고 있었다. 하여 어디를 가더라도 노거수 밑을 걸어야 했다. 나는 노거수 밑을 걸으면서 내 존재의 왜소함을 느끼곤 했다. 누가 인간을 만물의 영장이라고 했는지 기억나지 않지만, 아마도 그 사람은 인간을 왜소하게 만드는 거목들 밑을 천천히 걸어보지 않았으리라 믿는다. 노거수들의 엄청난 크기에 비해서 나의 육체는 초라하도록 작다. 식물은 살아 있는 동안 성장을 멈추지 않는다고 한다. 그렇게 거대한 물질이 살아서, 매년 줄기의 굵기를 더하고, 새 가지를 만들고, 봄이면 무수한 새 이파리를 내밀면서 활동한다는 사실이 경이롭지 않을 수 없다.

노거수들은 크기만 클 뿐 아니라 나와는 족히 비교할 수 없이 오랜 시간을 산다. 프린스턴의 많은 노거수는 아마도 프린스턴에 유럽인들이 들어와 살기 시작하기 이전부터 거기에 있었을 것이다. 유달리 건강하고 운이 좋아도 100년을 살지 못할 나에게 수백 년의 시간은 영겁과 다름없다. 노거수들은 초인간적 시간의 현현顯現이다. 나로서는 아득하게 멀고 긴 시간, 마치 헛것과 같아서 만질 수도 볼 수도 없는 시간이 형체를 이룬 채, 여전히 살아서 내 앞에 있는 것이다. 역사를 공부한다고 하는 나는, 그 아득한 시간의 살아 있는 화석들이 줄지어 있는 길을 걸으면서, 인간에게 주어진 시간의 덧없음을 절감하곤 했다.

2012년 10월 말, 아내와 나는 조지아 주 애틀랜타의 지인 집을 방문했다. 아들이 그곳에서 대학을 다니고 있기 때문에 그 아이도 만날 겸 떠난 여행이었다. 그런데 우리가 애틀랜타에 머무는 동안 거대한 허리케인 '샌디Sandy'가 뉴저지에 상륙했다. 애틀랜타로 떠나기 전에 우리는 허리케인이 북상하는 것을 알고 있었지만, 인터넷에서 산 저가 비행기 표는 환불이 불가능하여 날짜를 변경할 수 없었다. 다행히 일기예보는 샌디가 미국 동부해안에서 멀리 떨어진 대서양 먼바다로 북상한 후 뉴잉글랜드 쪽으로 올라가면서 소멸하리라고 예측했다. 우리는 태풍의 영향을 벗어난 후에 돌아올 수 있으리라 생각했다. 그러나 북상하던 샌디는 뉴저지 앞바다에서 갑자기 방향을 왼쪽으로 90도 꺾으면서 남부 뉴저지로 상륙한 후 펜실베이니아 내륙으로 관통해 들어갔다. 태풍이 그렇게 직각으로 방향을 전환하는 것은 대단히 이례적인 현상이라고 했다.

상륙할 당시 샌디는 지름이 1850킬로미터가 넘는 거대한 허리케인이었다. 직격탄을 맞은 뉴저지와 펜실베이니아는 물론이고 남으로는 플로리다와 메릴랜드, 북으로는 뉴욕과 뉴잉글랜드 지역에 이르기까지 막대한 피해를 당했다. 미국 전체로 볼 때 24개 주가 직접적인 피해를 보았으며, 그 액수는 총 650억 달러(1달러를 1000원으로 계산할 경우 65조 원)에 달했다고 한다. 특히 그동안 큰 자연재해를 겪어본 적이 없는 뉴저지는 역사적으로 유례없는 태풍 피해를 보았는데, 약 200만 가구가 정전되었고, 34만 6000채의 건물이 파손되었으며, 목숨을 잃은 사람만 37명이었다. 37명의 인명피해라면 태풍의 규모에 비해 그리 큰 것 같지 않지만, 뉴저지에서 자연재해로 그 정도의 사람이 한꺼번에 희생되는 경우는 극히 드물다. 프린스턴은 태풍이 상륙한 지역으로부터 북쪽으로 수백 킬로미터 떨어져 있었지만, 태풍이 워낙 크고 강해서 엄청난 피해를 당할 수밖에 없었다.

허리케인으로 인해 대서양 연안 주요 공항의 기능이 마비되면서 한동안 비행기 운항이 완전히 두절되었다. 며칠 후 공항이 다시 열리고 비행기가 다시 날기 시작하자 그동안 전국에서 발이 묶였던 수백만 명의 여행객이 일제히 다시 예약을 시도했다. 나도 수없이 항공사에 전화를 하고 인터넷에 들어가 보았지만 소용없었다. 친구 집에서 하릴없이 며칠을 더 머물러야 했다. 우리는 비행기 편이 열리는 것과 동시에 프린스턴으로 향했다. 전기도 안 들어오는 집에 가서 무얼 하냐면서 아예 푹 쉬다 가라는 친구 부부의 청을 물리친

채였다.

　여전히 폐쇄된 뉴어크^{Newark} 공항 대신 필라델피아 공항에 내려 밤기차를 타고 뉴저지의 트렌턴^{Trenton}까지 가면서 내다본 바깥은 거의 암흑이었다. 태풍의 위력을 처음으로 직접 목격한 셈이었다. 필라델피아와 트렌턴은 통근 열차로 연결되어 있고, 트렌턴은 프린스턴과 가깝기 때문에 버스를 이용하여 프린스턴까지 쉽게 갈 수 있다. 그러나 트렌턴에 도착한 우리는 샌디로 인해 모든 대중교통이 완전히 두절되었음을 알게 되었다. 다행히 그 난리 가운데도 운행 중인 택시가 있어, 평상시에 치러야 할 요금의 두 배 가까이 요구하는 운전사를 은인처럼 여기며 그 택시를 탔다. 프린스턴으로 가는 1번국도 주변은 거의 암흑이었다. 자가발전을 하는지 몇몇 건물에 보안등이 켜져 있었지만, 평소 같으면 불빛으로 휘황할 국도변의 상가들이 어둠에 가려 눈에 띄지도 않았다. 국도를 벗어나 숙소인 신학교로 가는 좁은 도로에는 가로등 불은 물론 주변의 집에서 비치는 불빛도 없고, 오가는 차도 없어, 그야말로 암흑천지였다. 인공의 불빛이 다 사라지고 나니, 밤의 진면목이 드러난 셈이었다. 우리가 탄 택시는 전조등 불빛이 뚫어놓은 흔들리는 빛의 터널 속으로 조심스럽게 달렸다.

　다음 날 아침 밖으로 나간 나는 프린스턴을 휩쓸고 지나간 '샌디'의 위력이 어떠했는지 눈으로 확인할 수 있었다. 뒷문을 열고 나가는데, 아파트 주위의 풍광이 어딘지 모르게 허전하고 낯설었다. 예전에는 보이지 않던 이웃집들이 보이고, 무언가 있어야 할 자리가 헛헛하게 비어 있었다. 전체적으로 눈에 익은 모습이 아니었다. 나무들이 여기저기 쓰러지고, 나뭇가지가 무수히 부러지고, 이파리가 모두 떨어져서 그랬을 것이다. 집 앞의 거목 하나는 쓰러지다가 옆 나무에 걸려 엉거주춤 위태롭게 서 있었고, 주차장 진입로에 있던 나무는 밑동만 남아 있었다. 마당에는 강풍에 찢겨 떨어진 크고 작은 나뭇가지와 나뭇잎이 무수히 널브러진 채 켜켜이 쌓여 있었다. 발걸음을 옮길 때마다 발밑에서 잔가지들이 뿌지직거리며 부러지는 소리가 들렸다.

거리에는 인도와 차도 구별 없이 나뭇가지와 나뭇잎은 물론이고 건물 지붕에서 떨어져 날아온 돌기와들이 여기저기 깨져 흩어진 채 행인에 밟히고 자동차 바퀴에 깔리고 있었다. 한국이라면 비닐봉지, 포장지, 스티로폼, 휴짓조각 등으로 뒤덮여 거리가 온통 쓰레기장 같았을 텐데, 그런 유들은 거의 눈에 띄지 않는 것이 오히려 신기했다. 이정표는 비스듬하게 기울어 있었고, 신호등은 축 늘어진 전선에 불안하게 매달려 흔들리고 있었다. 전기를 복구하고 쓰러진 나무를 치우기 위한 작업차량들이 비상등을 켠 채 분주히 오갔다. 어디를 가더라도 크고 작은 나무들이 뿌리째 뽑혀 쓰러져 있는 것을 볼 수 있었다. 사람이나 차량의 통행을 가로막는 큰 나무들을 전기톱으로 절단해서 임시로 길은 열어놓았지만, 자른 나무 조각들은 치우지 못하고 길가에 그냥 방치해놓은 상태였다. 간단한 식료품을 사기 위해 프린스턴 대학 구내매점에 갔더니 물이나 식빵 같은 생활필수품이 진열되었던 선반들이 군데군데 텅 비어 있고, 전산망이 마비되어 현금결제만 가능했다. 허리케인이 지나가고 난 며칠 후임에도 불구하고, 그 깔끔하던 도시가 마치 혼이 빠진 것처럼 어수선했다.

프린스턴 대학 구내나 마을길을 걷다가 어딘가 허전하다 싶어서 살펴보면, 거목들이 쓰러져 그 주변이 온통 횅한 것임을 알 수 있었다. 노거수들의 부재에는 작은 나무들의 부재에는 느낄 수 없는, 어떤 전혀 다른 차원의 무엇인가가 분명히 있었다. 거대한 생명체에는 물질적 거대함을 넘어서는 어떤 경이로움 혹은 존엄함이 있다. 영국 소설가 조지 오웰George Orwell은 버마에서 경찰로 재직할 때 사람을 해친 '미친' 코끼리를 사살한 적이 있었던 것 같다. 그것은 분명히 법적으로 정당한 공무집행이었다. 그럼에도 불구하고 오웰은 미친 코끼리를 죽이는 일은 미친개를 죽이는 것과 분명히 다르며, 거의 살인과 같은 행위라고 느꼈다. 오웰은 코끼리에게 사냥용 장총 한 자루와 그보다 작은 소총 한 자루에 장전된 총알을 모두 쏘았지만, 그 코끼리는 30분 후에나 죽었다. 이 끔찍한 경험을 한 후, 그는 나중에 〈코끼리 사살하기Shooting an Elephant〉라는 글을 통해 그 '살인' 행위를 참회해야 했다. 쓰러진 거목들을 바라보면서, 나는 35년 전 아마도 대학 교양영어 시간에 읽었을 것 같은 그 글이 갑자기 떠올랐다. 노거수의 죽음에는 코끼리의 죽음과 마찬가지로 분명히 어떤 인격성이 있는 것 같았다.

노거수들이 채웠던 거대한 공간의 공허함은 분명히 현실이되 현실 같지 않아서, 그 비어 있음을 좀처럼 받아들이기 어려웠다. 현실

속 그 자리에는 분명히 나무가 존재하지 않는데, 내 마음속 그곳에는 여전히 나무가 서 있어서, 내 안과 밖의 두 나무가 혼란을 일으키는 형국이었다. 거기 있던 나무, 즉 색^色은 태풍에 넘겨졌고, 이제 그 자리는 공^空으로 변했다. 그런데 원래 실체가 없었던(즉 공이었던) 내 마음의 나무가, 나무가 없어져 허공으로 변한 그 빈자리에 여전히 실물의 나무(즉 색)를 만들어내고 있었다. 도대체 존재는 무엇이며 비존재는 무엇인지, 인간 인식의 안에 있는 것은 얼마나 정확하게 인식 밖의 것을 반영하는 것인지, 도대체 있는 것과 없는 것의 경계는 어디에 있는 것인지, 생각의 끝이 아득한 심연 속을 헤매고 다녔다.

노거수들은 시간의 지층이다. 나무의 나이테만큼 시간을 육화^{肉化}해서 보여주는 것이 우리 일상의 주변에 또 있을까. 물론 그랜드 캐니언^{Grand Canyon}처럼 수십억 년의 시간이 퇴적된 곳도 있다. 그러나 수십억 년이라는 시간 단위는 우리 인생으로부터 아득히 멀어 그 시간의 길이가 좀처럼 와 닿지 않는다. 그리고 그랜드 캐니언같이 아득한 시간의 지층이 쌓인 곳은 대부분 우리 일상으로부터 멀리 떨어져 있어 일부러 찾아가지 않으면 만나기 힘들다. 이에 비해서 나이테는 의자, 탁자, 옷장 할 것 없이 나무로 만든 것에는 다 있으니, 우리 주변 어디에서나 볼 수 있다. 더구나 나이테는 1년에 한 테씩 늘어간다. 수십억 년 지구의 시간이 아니라, 우리 생의 시간이 바로 거기에 육화되어 있는 것이다. 그런 의미에서 노거수들의 부재는 그들이 차지했던 공간뿐 아니라 그들의 육체에 쌓여 있던 시간의 사라짐을 의미했다.

　노거수들 밑을 걸으며 존재의 왜소함을 느껴오던 나로서는 그들의 죽음 앞에서, 아무리 거대하다 할지라도 모든 살아 있는 것에 붙어 있는 목숨의 속절없음을 더더욱 절실히 느끼지 않을 수 없었다. 허리케인 때문에 일시에 쓰러진 노거수들의 죽음은 갑작스럽기도 했거니와 집단적이었다. 그들의 느닷없는 집단사^{集團死}에는 마치 어떤 정신적 차원의 의례 같은 숭고함과 비장함이 있었다.

　그렇게 노거수들의 죽음을 애도하며 며칠을 보내다가 일요일이 되어 다니던 교회에 갔다. 교회가 걸어서 갈 수 있는 거리 밖에 있어, 교회에 갈 때마다 우리는 다른 가족의 차를 타고 가야 했다. 예배가 끝난 후, 집으로 차를 태워줄 분들이 성가대 연습 마치기를 기다리며 아내와 같이 교회 근처를 걸었다. 교회 바로 옆에는 자그마한 사립 초등학교가 있고, 그 뒤에는 넓은 공터가 펼쳐져 있다. 그 공터는 오래전부터 그냥 그렇게 방치되어 있었는지 노거수가 많았다. 그런데 그날은 그 공터의 풍경이 생경해 보였다. 많은 노거수의 갑작스러운 부재 때문이었다. 태풍은 건물이 밀집한 곳보다 그렇게 공활^{空豁}한 곳에서 그 위력을 더 크게 발휘한 모양이었다. 마을보다는 그곳의 나무가 더 많이 쓰러진 것 같았다. 교회에서 멀지 않은 곳에 우뚝 서 있던 거대한 나무 한 그루의 부재는 유난히 허전했다. 그 나무가 서 있던 곳을 멀리서 보니 큰 그루터기 같은 것이 눈에 띄었다. 혼자서 그쪽으로 걸어가 보았다. 허리케인에 쓰러진 그 나무를 치우기 위해서 전기톱으로 나무 밑동을 아주 짧게 잘라놓은 상태였다. 나무의 거대한 몸체와 많은 가지는 토막토막 잘려서 여기저기 흩어져 있었다.

깔끔하게 윗부분이 잘려나간 나무 밑동을 바라보다가, 나는 깜짝 놀라고 말았다. 지름 1미터가 훨씬 넘는 거대한 나무 밑동은 약 10센티미터 정도 폭의 겉 부분만 멀쩡했고, 그 안쪽은 시커멓게 썩어 있었다. 썩은 부분은 타다 남은 재처럼 검고 푸석푸석했다. 그냥 보기에도 생명의 기운이라고는 전혀 느껴지지 않는, 그야말로 나무의 시신이 명백했다. 그런데 제일 중간 부분은 썩은 잔해도 없이 텅 비어 있었다. 나무가 오래 살면 살수록 원래 생이었던 자리는 죽어, 결국 무로 돌아간 셈이다. 그 노거수는 죽음을 생명의 안쪽에 품은 채 그 오랜 세월을 살아왔던 것이다. 죽음을 품지 않은 생은 없구나. 그 거목은 살아갈수록 죽음과 화해하면서, 죽음에게 조금씩 더 많은 자리를 내어주며 지냈던 것이다. 벼락같이 내린 깨달음이었다.

모름지기 모든 생은 죽음과 잇대어 있다. 태양은 지구 상의 모든 생명체에게 생명의 에너지를 공급한다. 태양의 막대한 에너지는 그 중심부에서 일어나는 핵융합반응에서 발생한다. 그런데 수소가 헬륨으로 바뀌는 것으로 시작한 핵융합이 여러 단계 진행될수록 더 이상 핵융합을 할 수 없는 무거운 원소가 그 중심에서부터 점점 더 많이 생겨난다. 쉽게 말해서 핵융합을 하고 난 찌꺼기, 즉 재가 태양의 내부에 점점 쌓이는 셈이다. 결국 태양도 빛에너지를 내기 위해서 속으로 죽어야 하는 존재인 것이다. 과학자들에 의하면 태양이 핵융합반응을 일으킬 수 있는 기간은 앞으로 약 80억 년이다.

지금은 수소 핵융합으로 에너지를 만들고 있지만, 약 60억 년 후 수소가 소진된 후에는 적색거성이 되어 헬륨 핵융합을 할 것이다. 그러나 그로부터 20억 년이 지나면 헬륨마저도 소진되면서 중심부의 '재'가 쌓이고 쌓여 핵융합도 그치고, 그 재들만 남아 서서히 식으면서 어두워지는 백색왜성으로 일생을 마감할 것이다. 인간의 입장에서 보면 상상하기 어려운 영겁의 시간이지만 태양도 죽음의 저편에 있지 않다.

인간의 육체도 세포들의 끊임없는 생과 사를 통해 유지되고 있으니, 삶과 죽음이 공존하는 곳이라고 하지 않을 수 없다. 인간 몸에는 최대 약 100조 개의 세포가 있다고 한다. 이 많은 세포는 정자와 난자가 수정하여 만들어진 하나의 수정란이 분열하여 증식된 것들이다. 모든 세포는 탄생-성장-노화-죽음의 과정을 거친다. 매일 100억 개의 세포가 죽고 새로 태어난다고 하는데, 계산해보면 약 2년 만에 우리 몸의 모든 세포가 새 세포로 바뀌는 셈이다. 우리는 우리 몸을 구성하고 있는 세포들이 끊임없이 생멸하는 가운데 살아간다. 그런데 세포는 무한정 분열·증식할 수 있는 것이 아니다. 태아의 세포는 약 50회, 성인 세포는 약 20회 정도 분열하면 사멸한다고 한다. 완벽한 조건으로 시험관 속에서 배양한다고 해도, 그 정도 분열하면 더 이상 분열하지 않고 죽는다. 만약 죽어야 할 때 죽지 않는 세포가 있으면, 우리 몸의 면역체계는 그것을 생명을 위협하는 독소로 여겨 공격하고 강제로 죽여버린다. 그 공격마저 견디고 계속 자라는 것들이 암이다. 죽음과 잇대어 있지 않은 삶은 살아 있으되 건강한 삶이 아닌 것이다.

　요즘은 지구 전체를 하나의 유기적 생명체로 여기기도 한다. 지구 생태계라는 차원에서 생각해보아도 삶이 죽음과 잇대어 있지 않으면 안 된다. 인간을 비롯하여 지구상에 살아 있는 개별 생명체들이 죽지 않고 영원한 삶을 누린다고 상상해보자. 그렇게 되면 지구에는 생태계가 감당할 수 없을 만큼 많은 생명체가 살게 될 것이고, 결과적으로 지구의 생태계가 완전히 파괴되어 지구에는 더 이상 아무런 생명체도 살 수 없게 될 것이다. 개별 생명체들의 끝없는 탄생과 사멸을 통해 지구는 지금까지 생명력을 유지해오고 있다. 근래 들어 인류의 미래를 위협할 정도로 심각한 문젯거리가 된 환경오염과 생태계 파괴도 결국 죽음은 생각하지 않고 살 궁리만 해대는 인간의 어리석음에서 온 것이다.

　죽은 노거수의 밑동은 살아 있는 내내 그가 자신 속에 품어오던 죽음의 모습을 내 눈앞에 너무도 생생하게 보여주었다. 생명 없이 죽음만 있다면 그것은 산 것이 아니요, 죽음 없이 생명만 있다면 그것은 공멸로 가는 길이다. 세포들이 생멸하여 동식물이 살고, 동식물이 생멸하여 지구가 사는 것이니, 생과 사의 경계란 원래 없는 것인지도 모른다. 죽은 노거수의 잘린 밑동 옆에 서서, 나는 생과 사를 벗어난다는 말은 생과 사를 함께 품는다는 말이 아닐까, 하는 생각을 하고 있었다.

아아, 성인(공자)이 240년간의 일을 붓으로 써서 요약하고 춘추春秋라고 이름 지었다. 이 240년 동안 일어난 왕후장상과 군사의 일이 바로 꽃 한 송이 피고 잎 지는 것일 따름이다. 오호라, 내가 지금 글을 지어 여기 이르나, 먹 하나 찍는 시간은 눈 한 번 깜빡이고 숨 한 번 쉬는 시간이다. 눈 한 번 깜빡이고 숨 한 번 쉬는 시간이 문득 작은 옛날과 작은 오늘이 된다. 그러니 긴 옛날과 긴 오늘도 또한 긴 눈 깜빡임과 긴 숨이라고 할 수 있다. 그러면서 그 사이에 이름을 내고 일을 일으킨다는 것이 어찌 서글프지 않겠는가.

— 박지원, 《열하일기熱河日記》 중 〈일신수필馹迅隨筆〉에서

따라서 드러난 담론談論은 그것이 말하지 않은 것이 억압된 채 존재함을 뜻할 따름이다. 그리고 이 "말하지 않은 것"은 모든 말해진 것을 안으로부터 허물어뜨리는 구덩이다.

— 미셸 푸코Michel Foucault, 《지식의 고고학》에서

파이어스톤 도서관에서 길을 잃다

내가 두 번째 안식년도 프린스턴에서 보내기로 결심한 중요한 이유 가운데 하나는 그곳에 좋은 도서관들이 있기 때문이다. 프린스턴 신학교에 소속된 사람들은 프린스턴 대학의 도서관들을 자유롭게 이용할 수 있다. 프린스턴 대학의 중앙도서관인 파이어스톤^{Firestone} 도서관은 얼핏 보기에 다른 주요 대학의 거대한 중앙도서관에 비해서 그렇게 크지 않다. 도서관 바로 옆에는 미국 대학의 종교시설 가운데 가장 크다는 채플이 있다. 대학고딕식^{Collegiate-Gothic}으로 지어진 이 높고 장엄한 채플 옆에서 파이어스톤 도서관은 왜소해 보이기까지 하다. 그러나 파이어스톤 도서관은 약 700만 권의 장서를 보유한, 단일 도서관으로는 미국 대학에서 가장 큰 곳이다.

프린스턴 신학교의 도서관은 파이어스톤처럼 크지는 않지만, 신학 관련 도서관 가운데는 아마도 미국에서 가장 큰 곳에 속할 것이다. 두 도서관은 상호보완적이기도 해서, 내가 찾는 자료를, 그것이 아무리 오래된 것이라고 해도, 두 도서관 가운데 하나에서 찾지 못하는 경우는 거의 없었다. 내가 프린스턴에 두 번째 갔을 때는, 그렇지 않아도 크고 좋은 두 도서관을 더 넓히고 시설을 보강하는 공사를 하고 있었다. 파이어스톤 도서관은 몇 년째 공사가 진행 중인 상태라고 들었는데, 물론 내가 귀국할 때도 공사는 여전히 계속되고 있었다.

파이어스톤 도서관은 너무 커서 오히려 불편하기 때문에, 자료를 찾아야 할 필요가 없을 때는 굳이 갈 필요가 없다. 나는 책을 읽거나 글을 써야 할 때는 프린스턴 대학의 11개 도서관 가운데서도 조용하고 창문 밖 경치가 좋은 마퀸드^{Marquand} 도서관에 자주 가곤 했다. 프린스턴 대학 미술관에 붙어 있는 이 도서관은 미술 관련 자료들을 집중적으로 모아놓은 곳이다. 공부하다 지겨울 때면 미술품 화보를 펼쳐 눈요기할 수 있었다. 서가書架에는 동서고금의 온갖 유물과 미술작품 도록圖錄이 꽂혀 있는데, 한국 미술에 대한 책은 상대적으로 너무 적어서 아쉬웠다. 한국 미술 관련 책의 부재는 서가를 꽉 채우고 있는 중국, 일본, 동남아 관련 서적과 극명하게 비교되었다. 서양의 큰 도서관이나 미술관에 가보면 서양인들의 눈에 비친 한국의 문화사적 위상을 알 수 있다. 프린스턴 지역에서 한국 일반 서적이 가장 많은 곳은 인근의 플레인스보로^{Plainsboro} 공립도서관이다. 이곳에는 따로 마련된 서가에 고우영의 만화 《삼국지》부터 박경리의 《토지》에 이르기까지 온갖 종류의 한국 책이 가득 꽂혀 있다. 이 도서관에 한국 책이 많은 것은 플레인스보로에 한인이 많이 살기 때문이다. 도서관도 수요공급의 법칙이 지배하는 곳이다.

겉보기에 그리 커 보이지 않는 파이어스톤 도서관이 무려 700만 권의 책을 소장할 수 있는 것은 보이지 않는 부분이 많기 때문이다. 마치 거대한 빙산처럼, 밖으로 드러난 지상 3개 층보다 눈에 띄지 않는 (반)지하 3개 층이 비교할 수 없을 정도로 훨씬 더 크다. 특히 소장 자료의 대부분이 (반)지하의 서가에 꽂혀 있다. 이 도서관의 내부 구조는 마치 거대한 미로와 같다. 파이어스톤 도서관에서 내가 제일 자주 간 곳은 지상 제3층이었다. 내가 찾는 분야의 책이 그곳에 제일 많기 때문이었다. 제3층 가운데서도 나는 거의 항상 비어있고 조용한 '아프리카계 미국 연구 독서실African-American Studies Reading Room'을 애용하곤 했다. 지상 제3층은 도서관의 6개 층 가운데서도 가장 작다. 그럼에도 불구하고, 그 독서실에 있다가 화장실을 다녀오거나 책을 찾기 위해 나갔다 되돌아올 때면 방향을 잃고 헤매기 일쑤였다.

파이어스톤 도서관 로비에는 방문객들이 가지고 다니면서 책을 찾거나 원하는 곳에 가는 데 사용할 수 있도록 만든 도서관 약도가 비치되어 있다. 그런데 파이어스톤 도서관은 미국인들이 흔히 사용하는 레터letter 크기 용지 한 면에 도서관 전체의 모습을 다 보여줄 수 없을 정도로 크다. 따라서 각기 다른 층을 안내하는 각기 다른 색깔의 약도가 따로 마련되어 있다. 오래전 하버드 대학의 중앙

도서관 격인 와이드너^{Widener} 도서관에서 책 한 권을 찾으려다 당황한 적이 있다. 와이드너는 내가 그때까지 가보았던 그 어떤 도서관보다 컸다. 도서관이 워낙 크다 보니 군데군데 도서관 바닥에 큰 화살표를 그려 방향을 표시해놓았다. 나는 그때 청구기호 하나 가지고 와이드너 도서관을 헤매면서, 여기서 책을 찾느니 차라리 내가 하나 쓰는 편이 더 낫겠다는 생각을 했다. 하버드 대학 졸업생 가운데 뛰어난 학자가 많이 나오는 이유가 거기에 있는지도 모르겠다. 그런데 파이어스톤 도서관은 와이드너보다 훨씬 더 크고 복잡하다. 장서량만 해도 파이어스톤은 와이드너의 두 배다. 두 도서관에 출입하려면 가방 검사를 받아야 한다. 워낙 장서량이 많고 소장 자료의 크기와 모양이 다양하다 보니 모든 소장 자료에 도난방지용 센서를 일일이 붙이지 못했기 때문일 것이다.

파이어스톤 도서관에 가서 어떤 책을 찾으려면 우선 온라인 카탈로그를 통해 도서관에 그 책이 있는지, 지금 사용할 수 있는지, 어디에서 사용할 수 있는지 등을 알아보는 일부터 시작한다. 그리고 만약 책이 도서관에 있는 것으로 확인되면, 그때부터 미로 찾기가 시작된다. 온라인 카탈로그는 책의 청구번호와 함께 그 책이 도서관의 어디쯤 있는지 약도를 통해 알려준다. 화살표를 사용해서 내가 가야 할 동선^{動線}을 동영상으로 보여주기까지 한다. 찾을 책의 청구번호, 동선이 표시된 책의 위치 등은 인쇄할 수 있다. 그것들을 도서관 약도와 함께 손에 들고 있으면, 미로 탐험의 든든한 동반자가 있다는 생각을 하게 되고, 책이 바로 눈앞에 있는 것 같은 느낌이 든다. 그런데 막상 원하는 책을 찾아 나서면 그런 도우미들이 별로 도움이 되지 않는다는 사실을 금세 깨닫는다. 도서관의 실제 면적이 워낙 넓다 보니 약도를 보면서 길을 찾으려면 거의 독도법讀圖法 수준의 능력이 필요하다. 드넓은 도서관의 서가는 마치 미로 같아 어디를 가더라도 거기가 거기 같고, 게다가 사방이 닫힌 공간이라서 자신이 어디쯤 있는지 확인할 수 있는 지형지물도 없는 것이다.

나는 파이어스톤 도서관에 꽤 자주 갔음에도 불구하고 갈 때마다 방향을 잃고 헤매곤 했다. 비슷한 분야의 책을 찾다 보니 분명히 여러 번 갔던 곳인데 갈 때마다 새로 가는 것 같았다. 따라서 여기저기를 헤매다가 원하는 책을 간신히 찾았을 때는 상당한 성취감을 느끼게 된다. 그러나 그것도 잠시뿐, 이번에는 나가는 길을 잃어 또 한참을 우왕좌왕하는 일이 비일비재했다.

나로 하여금 파이어스톤 도서관 안을 헤매게 한 가장 큰 이유는, 손에 쥔 약도와 실제 도서관 모습 사이에 있는 넓은 간극間隙 때문이었다. 약도의 축척률이 얼마인지는 알 수 없지만, 우선 엄청난 규모의 차이가 있다. 내 손에 있는 약도는 수만 평 규모의 도서관 구조를 축소하여 작은 종이 한 장 위에 간략하게 그려놓았다. 따라서 막상 그 약도가 안내해주는 해당 층에 들어서면, 약도가 내 머리에 그려놓은 도서관의 모습과 눈앞에 보이는 실제의 모습이 너무나 달라서 어리둥절하게 된다. 또한 약도는 선과 면, 그리고 문자와 기호로 된 상징체계다. 약도를 자세히 보면 창문, 출입문, 계단, 방, 서가, 엘리베이터, 화장실, 복사기, 비상구 등이 각기 다른 굵기와 길이의

선, 각기 다른 크기와 모양의 면, 도형, 문자, 숫자, 단어, 기호, 암영^{暗影}, 그리고 색깔들로 표시되어 있다. 그러나 상징은 실제의 표상^{表象}일 뿐 실제 그 자체가 아니다. 예를 들어, 약도에서 엘리베이터는 오렌지색으로 Ⓔ라고 표시되어 있다. 그러나 실제의 도서관 엘리베이터는 오렌지색이나 동그라미나 문자 E와는 전혀 상관없는 물체다.

다른 무엇보다, 실제 도서관은 약도와 그 차원이 다르다. 약도는 아무리 정교하게 만든다고 해도 축소되고 상징화된 이차원적 평면도에 불과하다. 약도를 통해 우리는 도서관의 구조를 어느 정도 짐작할 수 있다. 그러나 약도가 실제 도서관의 삼차원적 부피감과 공간감, 그리고 그런 것과는 또 다른 차원이라고 해야 할 색감, 느낌, 냄새, 소리, 발밑의 감촉 등을 나타낼 수는 없는 것이다. 나는 약도를 들고 책을 찾아 나설 때마다 실제와 표상 사이의 아득한 거리에 현기증을 느끼곤 했다.

파이어스톤 도서관에 있는 책꽂이 길이를 모두 합치면 약 110킬로미터나 된다고 한다. 서울 시청 앞에서 천안 사거리까지의 도로 길이가 약 100킬로미터라고 하니, 거기에 10킬로미터를 더해야 하는 거리다. 건강한 성인이 앞만 보고 부지런히 걸으면 1시간에 약 10리, 즉 4킬로미터를 걸을 수 있다고 한다. 따라서 파이어스톤 도서관 책꽂이를 모두 일렬로 연결한다면, 성인 한 사람이 처음부터 끝까지 걸어가는 데만 약 28시간이 걸리는 거리다. 28시간이면 아침 8시에 출발하여 12시까지 4시간을 쉬지 않고 걷고, 점심식사와 휴식 후 1시부터 저녁 5시까지 다시 4시간, 즉 하루에 8시간씩 쉬지 않고 걷는다고 가정할 경우 3.5일이 걸리는 시간이다. 이 먼 거리에 책이 빼곡히 꽂혀 있다고 상상하자. 그것이 700만 권이라는 책의 분량이다.

세계에서 가장 큰 도서관이라는 미국의 의회도서관은 470개의 언어로 된 3200만 권 이상의 책을 소장하고 있다. 파이어스톤 도서관의 4.6배에 해당하는 장서다. 의회도서관 온라인 카탈로그에서 내 이름을 검색해보면 한글로 된 내 책이 3권이나 검색된다. 다른 나라의 이름 없는 학자가 쓴 책을 그렇게 모아놓을 정도니, 그 도서관의 수집력에 감탄할 수밖에 없다. 위에서 한 방법으로 산술적 계산을 해보면, 미국 의회도서관의 책을 일렬로 나열할 경우 처음부터 끝까지 걸어가는 데만 16일 이상 걸린다. 그런데 그 많은 책도 유사 이래로 인간이 쓰고 인쇄한 책의 극히 일부에 불과할 것이니, 인간 지식의 총량이 놀랍기만 하다.

파이어스톤 도서관에는 책꽂이가 너무 많다 보니 도서관 전체의 서가에 불을 다 켜놓지 않고, 책을 찾는 사람이 해당되는 서가의 불을 켜도록 해놓았다. 지하의 거대한 서가는 외부에서 들어오는 빛이 없어 낮에 가더라도 컴컴했다. 내가 공부하는 분야가 별로 인기가 없는 것인지, 아니면 이전에 방문했던 사람이 불을 다시 끄고 간 것인지, 찾아간 서가에 불이 켜져 있는 것을 나는 한 번도 경험하지 못했다. 어둠 속에서 약도와 각종 표지판을 더듬거리며 간신히 해당되는 서가를 찾아가서 전등 스위치를 올리면 형광등이 껌뻑껌뻑

하다가 켜진다. 그 쏟아지는 불빛을 받고 양편에 나타나는 책의 벽. 사람의 기척이라곤 없어 조용하고 사위는 어두운데, 불이 켜지면서 갑자기 등장하는 수천 권의 책 벽은 언제나 나에게 두려움을 주었다. 나는 가능하면 빨리 내가 찾는 책을 찾아 그곳을 서둘러 빠져나오곤 했다. 생각해보니, 책을 찾아 나오면서 단 한 번도 전등 스위치를 내려 불을 다시 끄고 온 적이 없는 것 같다. 책 벽들이 노거수나 코끼리 같은 거대한 생명체처럼 느껴져서 그것을 내 손가락 하나 깔딱 움직여 없애버리는 행위를 감히 할 수 없었던 것 같기도 하다.

가끔 나는 파이어스톤 도서관 서가를 구경 삼아 돌아다니기도 했다. 거기에는 다양한 크기와 두께의, 부지기수의 책이 꽂혀 있었다. 그리고 무엇보다, 어떤 주제이든지 깜짝 놀랄 만큼 많은 관련 서적이 있었다. 프린스턴에 첫 번째로 갔을 때 고등학생이던 딸아이가 학교 숙제를 하는 데 필요하다면서 셰익스피어의 글로브 극장 Globe Theatre에 관한 책을 한 권 빌려다 달라고 했다. 지하 서고를 한참 헤매다가 해당 주제의 서가를 찾았는데, 관련된 책이 얼마나 많던지. 도무지 어떤 책을 빌려 가야 할지 엄두가 나지 않아 바닥에 쭈그리고 앉아 한참 동안 이 책 저 책 뒤적인 적이 있다. 파이어스톤 도서관의 미로와 같은 서가를 헤매다 보면, 그야말로 책의 바다에 빠져 허우적대는 느낌이 들곤 했다. 그러면서, 그렇게도 책이 많다는 것은 인간이 그만큼 모르는 것이 많다는 뜻이기도 하다는 생각이 들었다. 만약 한 권의 책으로 어떤 주제를 완벽하게 설명할 수 있다면 다른 책을 쓸 필요가 없을 것이다.

나도 소위 학자로 등록된 후 몇 권의 책을 써서 출간했다. 내 이름으로 된 책을 처음 낼 때는 신기하기도 하고 자랑스럽기도 했다. 그러나 책을 내면 낼수록 자괴감이 들었다. 후기구조주의니 포스트모더니즘이니 언어적 전환이니 하는 근래의 논의를 굳이 끌어올 필요도 없이, 역사적 대상을 다루는 내 글들이 얼마나 실제와 가까울지 시간이 갈수록 점점 더 자신이 없어진다. 과거의 사건은 그 사건에 대한 여러 기록을 통해 역사가인 나에게 전해진다. 그런데 사건과 그 사건에 대한 기록 사이에는 인간의 인지 능력, 기억, 인지하고 기억한 것에 대한 문자언어적 표현 등이 만들어내는 거리가 있다. 그것은 실로 아득하게 먼 거리다. 쉽게 말해서, 사건에 대한 기록은 사건 그 자체의 극히 제한적인 반영인 것이다. 그리고 그 기록들과 그것을 사료로 삼아 쓴 내 글 사이의 거리는 또한 얼마나 멀 것인가. 그렇다면 실제 일어났던 사건과 그 사건을 다룬 내 글 사이의 전체 거리는 생각하기도 어려울 정도로 멀고 멀다. 도대체 내가 아는 것은 무엇일까. 나는 무슨 자신감으로 그 많은 글을 쓰고 심지어 책으로 내기까지 했을까.

파이어스톤 도서관의 책 바다를 헤엄치듯 다니다 보면, 그 문자언어의 세계가 실제 세계와는 다른, 인간들이 구축한 또 하나의 세계라는 생각이 들곤 했다. 책의 저자들이 과연 얼마나 정확하게 그들이 책에서 다루고 있는 대상을 관찰하고 이해했으며, 그 이해한 것을 문자언어로 표현한 것일까 하는 생각을 했다. 내가 신통치 않은 학자라는 점을 생각한다면, 나보다 훨씬 훌륭한 학자들의 책은 내 책보다 훨씬 더 실제에 근접했을 것이다. 그러나 그들도 인간의 인지능력과 상상력과 언어가 가지는 근본적 한계를 완전히 극복했을 리 만무하다.

자연과학이건, 사회과학이건, 혹은 인문학이건 모름지기 학문이라는 것의 본질은 일반화라고 할 수 있다. 그런데 일반화란 인간 인지능력의 한계 때문에 만들어진 독특한 인식의 형식이다. 어떤 현상의 일반화된 모습이 실제의 모습이라고 말하기는 어렵다. 아무리 훌륭한 연구서라고 해도 실제와 비교할 때 기껏해야 약도 정도에 불과한 것이다. 물론 책에 따라 좀 더 자세하거나 좀 더 명확하거나 좀 더 알기 쉬운 약도일 수 있다. 그러나 약도는 약도이지 실제가 아니다. 나는 파이어스톤 도서관 약도를 손에 들고도 책꽂이의 미로 속에서 길을 잃고 헤매었다. 그럴 때마다, 거기 있는 수많은 책과 그 책들이 말하는 대상의 실제 모습 사이에는 내 손에 있는 약도와 도서관의 실제 모습 사이의 간극 이상의 거리가 있으리라는 느낌이 들었다.

파이어스톤 도서관의 미로와 같은 지하 서가는 거대한 개미집과 같았다. 나는 그 속을 눈도 없이 더듬거리며 돌아다니는 한 마리의 개미나 다름없었다. 인간지성이 만든 거대한 개미집. 그런데 알고 보면 개미집은 무리지성Swarm Intelligence의 놀라운 결과물이다. 무리지성은 매우 제한된 지성을 가진 개체들이 중앙에서 통제하지 않는 상태에서 일정하게 교류하며 각자 자기의 일을 함으로써, 결과적으로 그 개체들이 가진 지성을 훨씬 뛰어넘는 지성적 결과물을 낳는 현상을 말한다. 개미집, 특히 흰개미집은 무리지성의 가장 대표적인 예다.

흰개미 termite는 생물분류학적으로 개미보다는 바퀴벌레에 가까운 매우 작은 벌레다. 흰개미는 군집생활을 하기 때문에 덩치에 비해 무척 큰 집을 짓고 산다. 개미와 마찬가지로 흰개미는 눈이 없어 더듬이로 교신하고 방향을 감지하면서 움직이는데, 큰 종류라고 해야 길이가 1센티미터도 되지 않는다. 그런데 이 작은 벌레들이 만든 집은 종종 놀라울 정도로 크며, 그 구조 또한 감탄할 만하다. 흰개미집 가운데 아주 큰 것은 높이가 9미터나 되는 거대한 탑처럼 생겼다. 그 속은 미로와 같은 구조로 되어 있는데, 흰개미들의 삶에 필요한 모든 시설이 다 갖추어져 있다. 흰개미집이 특히 놀라운 것은 집 전체가 에어컨처럼 기능하도록 되어 있다는 것이다. 외벽이 두꺼워 외부 온도변화를 차단하고, 땅속의 선선한 공기가 집 전체를 순환한 후 꼭대기의 열린 구멍으로 빠져나가도록 설계되어 있다. 따라서 아프리카나 오스트레일리아 평원의 극단적 일교차에도 불구하고 흰개미집 내부는 1~2도밖에 온도변화가 나지 않을 정도로 온도가 일정하게 유지된다고 한다. 놀라운 무리지성의 결과다. 이와 같은 흰개미집의 온도조절 시스템은 너무도 효율적이어서 환경친화적 건축가들이 그것을 인간의 주택에 도입하기 위해 노력 중이라고 한다.

거의 투명한 흰개미 개체들의 몸을 보면 그 속에 뇌라고 할 만한 것도 없다. 그러니 흰개미 개체 가운데 누군가가 거대한 흰개미집 같은 구조를 설계하고 일을 지시할 수 없다. 그러나 그 보잘것없는 개체가 수십만 마리 모여서 각자 맡은 일을 할 때, 개체들 수준에서는 도저히 상상할 수도 없는 무리지성을 발휘하는 것이다. 흰개미 집뿐 아니라 복잡한 땅속 개미집, 정확한 6각형의 결집체인 벌집, 먹이를 효과적으로 먹거나 포식자를 피하기 위한 물고기나 새들의 군집적 행동 등은 모두 이와 같은 무리지성의 결과라고 한다. 인간에게도 무리지성은 적용된다. 한 사람의 탁월한 지성보다 여러 보통사람의 지성의 평균이 더 우월하다는 것이다. 퀴즈쇼에 나온 문제를 그 분야 전문가가 맞출 확률은 65퍼센트인데 비해서 임의의 보통사람들 중 다수가 선택한 답이 맞을 확률은 90퍼센트가 넘는다. 이것은 어떤 분야에서나 적용되는 놀라운 법칙이다. 소 한 마리를 세워놓고 그 몸무게를 추정하도록 할 때 전문가 한 명이 추정한 수치보다 여러 구경꾼이 추정한 무게의 평균이 항상 더 정확하다고 한다.

인간개체들이 아무리 똑똑하다고 해도 세상은 넓고 그들이 모르는 것은 너무도 많다. 광대한 우주 속의 인간은 눈도 없이 더듬이만 가지고 더듬더듬 세상을 탐지하는 흰개미와 크게 다르지 않다. 인간 가운데 좀 더 지성적이라고 하는 학자들도 예외는 아니다. 학자들이 할 수 있는 일이란 최선을 다해서 인간과 세상을 관찰하고 그 결과를 몇 권의 책으로 남기는 일에 불과하다. 어떤 분야든지 한 연구자가 쓴 책이 파이어스톤 도서관에 4~5권 정도 소장되어 있다면, 아마도 그 사람은 그 분야의 대가라고 할 만할 것이다. 한 사람이 일생을 통해 할 수 있는 일은 기껏해야 그 정도를 넘기 어렵다. 그리고 아무리 훌륭한 책이라고 해도 실제에 대한 어렴풋한 반영, 혹은 약도 이상이 될 수 없다. 파이어스톤 도서관에 소장된 700만 권의 책 하나하나는 불완전한 관찰력과 이해력과 상상력을 가진 사람들이 터무니없이 불완전한 도구인 언어를 사용하여 만든, 그런 엉성한 약도들이다. 그러나 그런 책이 700만 권 모여 하나의 거대한 지적 구조물, 즉 무리지성을 형성하고 있는 것이다. 그 700만 권 전체의 평균은 진실에 놀랍게 근접했을지도 모른다.

하루는 파이어스톤 도서관 온라인 카탈로그를 뒤지다가, 재미 삼아 내 이름을 쳐본 적이 있다. 놀랍게도 보잘것없는 내 저서 가운데 한 권이 거기에 소장되어 있었다. 파이어스톤 도서관에 700만 권의 책이 있으니, 나는 그 도서관에 축적된 인간 무리지성에 700만 분의 1을 기여한 셈이다. 거대한 개미집에 박힌 작은 모래 알갱이 하나.

지리산의 수난은 아직 끝나지 않았다. 먹고살 만한 사람들에 의해 산은 신음하고 상처투성이다. 어디 지리산뿐일까마는 산짐승들이 숨어서 쉬어볼 만한 곳도 마땅치 않고 목숨을 부지하기 어려운 식물, 떠나버린 생명들, 바위를 타고 흐르던 생명수는 썩어가고 있다 한다. 도시 인간들이 이룩한 것이 무엇일까? 백팔번뇌, 끝이 없구나. 세사世事 한 귀퉁이에 비루한 마음 걸어놓고 훨훨 껍데기 벗어던지며 떠나지 못하는 것이 한탄스럽다. 소멸의 시기는 눈앞으로 다가오는데 삶의 의미는 멀고도 멀어 너무나 아득하다.

—박경리, 2002년판 《토지》 서문에서

메콩의 어린 거지

태국 치앙마이Chiang Mai에서 동남아시아 및 한국과 일본 학자들이
모여서 각국의 종교 간 갈등 문제를 다루는 학술대회가 있었다. 치
앙마이는 방콕에 이어 태국에서 두 번째로 큰 도시로서 북부의 중
심도시다. 한국의 아시아기독교사학회, 일본의 그리스도교사학회,
그리고 아시아기독교협의회Christian Conference of Asia 세 단체가 공동으
로 주최한 회의였다. 치앙마이 학술대회 참가를 준비하면서, 나를
포함한 한국 측 일행은 7박 8일의 여정을 짰다. 우리가 이용한 저
가 항공편이 일주일에 딱 한 번만 치앙마이를 왕복하기 때문에 그
것이 그나마 가장 빨리 돌아오는 일정이었다. 다행히 일행의 다수
가 태국에 가본 적이 없거나 있다 하더라도 치앙마이 같은 북부지
역은 구경한 적이 없었다. 재미없는 학술대회 참석만 하고 돌아오

면 늘 후회되기 마련인지라 우리는 최소한 일주일 동안 머물러야 하는 것을 다행으로 생각했다. 학술대회가 2박 3일 일정이니, 5박 6일 동안 태국여행을 할 수 있는 셈이었다.

우리는 그 5박 6일 가운데 2박 3일을 일본에서 온 학자들과 같이 다니기로 했다. 일본 일행 가운데 도시샤同志社 대학의 하라 선생이 포함되어 있었기 때문이다. 곧 은퇴를 앞둔 하라 선생은 젊은 시절 태국에 와서 북부 산악지역 소수민족의 피폐한 삶을 보고 충격을 받은 후, 그들을 도와주기 위한 사역을 꾸준히 해온 분이다. 그는 매년 학생들과 함께 치앙라이Chiang Rai 및 골든트라이앵글Golden Triangle 지역의 여러 소수민족 시설 및 거주지를 방문하여 물질적, 정신적 후원을 해오고 있었다. 치앙마이 학술대회에 온 한국 및 일본 측 참가자들은 학술대회가 끝나자마자 하라 선생의 인도로 골든트라이앵글 지역을 구경하고, 몇몇 대표적인 소수민족 시설을 돌아보기로 했다.

아침에 쌀국수 먹는 즐거움으로 버티던, 지겹기 그지없는 학술대회가 끝나자마자 우리는 대절한 버스를 타고 골든트라이앵글 지역으로 이동했다. 먼저 미얀마로 넘어가는 국경도시 메이사이Mae Sai로 갔다. 미얀마와 태국 북부는 서로 대화를 할 수 있을 정도로 언어가 유사하다. 역사적으로도 오늘의 태국과 미얀마에 있던 왕국 사이에는 교류와 전쟁이 빈번했고, 문화적으로도 중국과 인도에서 기원한 요소들을 공유하여 유사한 점이 많다. 치앙마이 학술대회 마지막 날 관광객용 식당에 가서 태국 북부식 정식이라는 것을 먹으며, 아마도 예술 고등학교 학생들로 보이는 소년 소녀들이 벌이는 소박한 공연을 보았다. 이때 미얀마에서 온, 꼭 촌 노인 같은 목사와 같이 앉아 식사를 했는데, 나온 음식을 보더니 그가, 이것은 미얀마 음식이다, 라고 했다. 나중에 알고 보니 태국 북부 음식은 미얀마의 영향을 많이 받았다고 한다. 그의 말에 의하면 현재 태국으로 넘어와 살고 있는 미얀마 사람들이 수백만 명이라고 한다. 미얀마의 정치적 불안, 종교적 갈등, 경제적 어려움 등을 피해서 태국으로 넘어온 것이다. 그들 가운데 일부는 태국 북부 산지를 중심으로 흩어져서, 어느 쪽 정부로부터도 보호받지 못한 채, 거대한 난민 집단을 형성하고 있다.

메이사이에서 미얀마 따치레익^{Tachileik}으로 넘어가려면 폭이 얼마 되지 않는 메콩 강 지류 루아크^{Ruak} 강 위에 놓인 다리 하나 건너면 된다. 국경도시답게 메이사이에는 인도, 차도 할 것 없이 노점상이 숲을 이루고 있었다. 따치레익으로 건너가도 비슷한 물건을 파는 노점상들밖에 없다고 하여, 우리는 굳이 넘어갈 필요를 느끼지 못했다. 두 도시가 국경을 경계로 다른 나라에 속해 있지만 사람들은 자유롭게 오가며 하나의 거대한 시장을 만들어놓은 것이다. 우리는 미얀마로 넘어가는 다리까지 가서 두 나라를 가로지르며 흐르는 루아크 강을 배경으로 사진을 찍는 것으로 만족했다. 강은 두 지역을 나누기 위해서 흐르는 것이 아니라, 강안^{江岸} 모든 생명을 살리기 위해서 흐르는 것일 터인데, 인간은 배타적 소유권을 주장하기 위해 그것을 경계의 도구로 삼는다.

일행이 메콩 강가 골든트라이앵글 포트^{Golden Triangle Port}에 도착한 것은 점심때였다. 우리는 강가에 자리 잡은 식당에서 점심을 먹었다. 식당은 벽이 없어 사방으로 트여 있고, 양철인지 슬레이트인지 모를 얇은 지붕만 얹은, 크고 허름한 창고 같은 건물 속에 있었다. 건물 속에는 탁자 두 개 정도의 간격으로 대나무 경계가 죽 쳐 있었는데, 그것이 각기 다른 식당의 구역표시였다. 각 식당에는 식탁이 서너 개밖에 없어 이십 명 가까이 되는 우리 일행이 한꺼번에 다 앉기도 어려웠고, 주인 겸 조리사인 아줌마 한 사람씩만 일하고 있어서, 우리 일행의 점심을 한꺼번에 마련하기도 어려워 보였다. 따라서 우리는 세 패로 나뉘어 각기 다른 식당에 자리를 잡았다. 나는 우리 패가 선택한 식당 제일 강가 쪽에 앉았다. 메뉴판을 고전 독해하듯 집중하여 읽고 주문을 마친 후, 식당의 허름한 상태와 발아래 오가는 새끼 고양이들의 귀여움과 주문한 음식의 실체 등을 두고 이런저런 이야기를 하면서, 나는 처음으로 메콩 강을 자세히 쳐다보았다.

메콩^{Mekong} 강은 사실 영어식 이름이다. 메콩은 라오스-타이계 언어에서 '메이남 콩^{Mae Nam Khong}'의 준말이라 한다. '메이'는 어머니, '남'은 물이라는 뜻이니, 둘이 합하면 '물의 어머니'가 된다. 현지인들은 강을 메이남 혹은 줄여서 메이라고 한다. 강을 물의 어머니라고 여기는 것이다. 따라서 메이남 콩이란 직역하면 '물의 어머니, 콩'이라는 뜻이겠는데, 현지인들이 사용하는 의미대로 번역하자면 '콩 강'이라는 뜻이 되겠다. 그들은 메콩을 메이 콩, 또는 콩이라 부르고, 영어로 'Khong River'라고 표기한다. 메콩이라는 이름에 이미 강이라는 뜻이 포함되어 있으니 메콩 강이라고 하는 것은 역전을 역전앞, 해변을 해변가, 초가를 초가집이라고 하는 것과 같은 셈이다. 그런데, '콩'이라는 말이 산스크리트어에서 '간가^{ganga}', 즉 갠지스 강을 뜻하는 어원에서 왔다고 한다. 그만큼 크고 거룩한 강이라는 뜻이리라.

저 멀리 티베트 고원에서 발원하는 메콩은 중국, 미얀마, 라오스, 태국, 캄보디아를 거쳐 베트남 남부 메콩 삼각주에서 바다와 합류하는 거대한 강이다. 본류의 길이만 4200킬로미터에 이르고, 유역의 면적은 80만 제곱킬로미터라고 한다. 한반도에서 제일 긴 강인 압록강의 길이가 790킬로미터, 한반도 전체 면적이 약 22만 제곱킬로미터니, 그 규모를 짐작할 수 있다. 내가 점심을 먹으며 메콩을 바라본 지점은 미얀마, 라오스, 그리고 태국이 강을 경계로 만나는 소위 골든트라이앵글에서 태국 쪽 강변이었다. 강의 오른쪽 건너는 라오스, 그리고 왼쪽 건너편은 미얀마였다. 메콩 전체로 보면 거의 중간쯤 되는 지점이다.

메콩은 지금까지 내가 보았던 그 어떤 강과도 달랐다. 누런 황토빛깔의 메콩은 첫눈에 좀 불결해 보이는 것이, 그리 인상적이지 않았다. 그러나 보면 볼수록 메콩은 사람을 압도하는 그 무엇이 있었다. 무엇보다 놀라운 것은 한강 중하류 정도의 넓은 폭을 꽉 채운 채 빠른 속도로 흘러가는 그 도도함이었다. 메콩은 거대한 강의 흐름이라고는 도저히 믿을 수 없을 정도의 유속으로 흐르고 있었다.

메콩의 유속은 배를 탄 후 더욱 실감할 수 있었다. 우리 일행은 배를 하나 빌려 타고 강류를 거슬러 미얀마 쪽으로 올라갔다가 도중에 배를 되돌려 내려와 라오스의 한 선착장에 내리는 경험을 했다.

우리 일행이 탄 배는 두 사람이 좁게 앉을 수 있는 크기의 나무 의자가 좌우에 하나씩 있는 정도의 폭에, 그런 나무 의자가 십여 줄 놓인 정도의 길이였다. 배의 앞뒤가 창처럼 뾰족하게 생겨 전체적으로 좁고 길며, 날렵한 형태였다. 다른 배들도 크기만 차이가 있을 뿐, 다 그와 비슷한 모양을 하고 있었다. 메콩의 유속을 생각해 보면, 폭이 넓고 천천히 움직이는 한강 유람선 같은 배는 그곳에서 쓸모없으리라는 것을 쉽게 짐작할 수 있었다. 키 큰 사람이라면 고개를 숙여야 겨우 설 수 있을 정도의 높이에 지붕이 덮여 있어, 뜨거운 햇볕을 가려주었다. 배의 양옆은 그냥 뻥 뚫려 있는데 좌석이 수면으로부터 높지 않아 손을 내밀면 강물에 손을 적실 수 있었다. 우리나라의 경운기 엔진보다 훨씬 커 보이는 엔진이 선미에서 경주용 배 같은 요란한 소리를 내며 배에 동력을 공급했다. 선장이라고 해야 할까, 배 운전사는 이제 갓 소년의 티를 벗은 듯한 젊은이였는데, 어쩐지 초보운전사 같은 느낌이 들어 불안했다.

우리가 탄 배가 미얀마 쪽, 즉 상류 쪽을 향해 갈 때는 그렇지 않아도 빠른 메콩의 유속을 거슬러 올라가는 셈이었다. 거의 수면에 달라붙어 강류를 거슬러 질주하면서 느끼는 메콩의 속도감은 엄청났다. 강변 높은 곳에서 내려다보던 것보다 강폭은 훨씬 더 넓었으며, 황톳빛인지라 속을 들여다볼 수 없어 깊이를 짐작하기 어려웠다. 유속으로 볼 때 깊이 또한 만만치 않을 터였다. 메콩의 부피감은 가히 압도적이었다.

　태국 쪽은 물론이고 미얀마와 라오스 강변에는 거대한 호텔과 카지노 같은 위락시설들이 건설되어 있었다. 미얀마와 라오스 쪽의 시설은 모두 중국인 소유라고 했다. 미얀마였는지 아니면 라오스였는지는 잘 기억나지 않지만 '황금삼각경제특구'라고 한자로 쓰인 거대한 입간판이 서 있는 것도 볼 수 있었다. 그 입간판은 마치 그곳이 중국의 영토라고 선포하는 듯한 인상을 주어, 문득 북한과 제주도가 생각나며 불길한 느낌이 들었다. 강을 거슬러 가던 배가 도중에 방향을 돌렸다. 강류를 따라 다시 내려오다가, 마주 오던 거대한 화물선을 하나 지나치게 되었다. 여기저기 녹슨 화물선에는 한자가 쓰여 있어, 중국배임을 알 수 있었다. 그 화물선을 지나치며 마주 보게 된 중국 선원들은 깔보는 듯한 눈빛으로 우리를 노려보았다. 그들의 눈빛에는 남의 나라 강을 다니는 것 같은 조심스러움이라곤 조금도 없었다.

　미얀마 쪽에서 라오스 쪽으로 갈 때는 순류順流를 따라가는 셈이다. 빠른 유속을 타고 가는 것이니 배는 힘들이지 않고 나갈 수 있었다. 악을 쓰듯 요란하던 엔진 소리가 훨씬 잦아든 것이 그것을 말해주었다. 순류를 따라 내려가니 역류할 때보다 적은 추진력으로 더 빨리 질주할 수 있었고, 메콩의 유속을 더욱 실감할 수 있었다. 메콩은 한강 하류처럼 같은 속도로 잔잔히 흐르는 것이 아니라 곳곳마다 유속이 달라 수없이 많은 소용돌이를 만들었다. 끊임없이 몸부림을 치며 흐르는 메콩은 한 마리의 거대한 용이었다. 마치 누군가 일부러 휘젓기라도 하는 것처럼 밑 물과 윗물이 끝없이 자리를 바꾸며 몸을 뒤척였다. 중국에서 메콩을 부르는 이름 가운데 하나가 란창澜滄강, 즉 격류의 강이라는 이유를 알 것 같았다. 배에 탄 사람들은 모두 구명조끼를 입고 있었다. 그러나 강의 유속이 너무 빠르고 소용돌이가 너무 많아, 무슨 일이라도 있어 강에 빠지는 상황이 되면 구명조끼가 사실상 별 도움이 되지 않으리라는 것을 느낄 수 있었다. 강에 빠진 사람들은 구조대가 오기 전에 멀리 떠내려갈 것이고, 물살이 세고 소용돌이가 많아 구명조끼를 입고 있더라도 물속으로 들락날락하며 많은 물을 먹을 것이고, 결국 공포에 휩싸여 허우적거리다 사망할 것 같았다.

우리가 탄 배는 라오스 영토인 돈사오Don Sao 섬에 정박했다. 관광객들이 드나들 수 있도록 만든 작은 선창이었다. 배가 도착하자마자 너덧 명의 어린아이가 몰려들어 구걸을 했다. 작은 아이는 유치원생 정도의 나이로 보였고, 그보다 큰 아이들은 초등학교 저학년쯤 되어 보였다. 아이들은 신발도 신지 않은 채, 남루한 옷을 입고 있었다. 덥고 햇볕이 많은 지역인지라 사람들의 피부색이 짙기 마련이지만, 구걸하는 아이들의 피부는 다른 현지인들보다 훨씬 짙어 보였다. 주눅 들고 간절한 눈빛으로 쳐다보며 작은 손을 내밀어 적선해달라고 달라붙는 어린 거지들을 외면하고 걸어가는 것은 참으로 괴로웠다.

선창에서 강둑을 넘어 올라가자 양편으로 가게들이 죽 늘어선 길이 나타났다. 대부분 관광객을 대상으로 기념품이나 잡화를 파는 가게였고, 식당이 몇 개 섞여 있었다. 기념품 가게에서 가장 눈에 띄는 것은 코브라 술이었다. 뱀술은 라오스의 특산물이라고 했다. 손가락만 한 크기의 작은 코브라부터 제법 큰 코브라에 이르기까지 코브라가 한두 마리씩 들어있는 술병이 죽 전시되어 있었고, 원하면 코브라 술 한 잔을 시음해볼 수도 있었다. 나는 술을 잘 마시지 못하기도 하거니와 뱀술 따위는 아예 질색인지라 코브라 술이 전시된 가게에는 들어가지도 않았다. 지나가면서 보니 제일 작은 병에 들어 있는 코브라는 형태는 분명히 코브라인데 코브라라고는 믿을 수 없을 정도로 작아서, 실물이라기보다는 모조품 같은 느낌이 들었다. 그런데, 물어보니 그것도 진짜 코브라가 맞다고 한다. 아마 갓 부화한 새끼인 모양이다. 인간이 코브라 술을 담가 먹어야 생존할 수 있는 생명체도 아닌데, 단지 기호嗜好를 위해 그렇게 어린 코브라까지 잡아 술을 담가 먹어야 하는 것일까, 싶었다.

우리에게 주어진 시간이 약 40분 정도였는데, 5분 정도나 걸었을까, 우리 일행은 이내 가게들이 끝나는 지점에 도착했다. 마지막 가게를 지나쳐 가려니, 가게 주인인 듯한 사내가 우리에게 손사래를 치며 무어라고 퉁명스러운 말을 해댔다. 가게가 끝난 후에도 길은 계속 이어져 있었다. 멀리 마을이 보이고, 길가에는 키 큰 나무들이 숲을 이루고 서 있는 것이 기념품 가게들보다 훨씬 볼 만하고 아름다워, 좀 더 들어가 보고 싶었다. 그러나 손사래를 치며 사내가 한 말이 더 이상 들어가서는 안 된다는 뜻인지, 아니면 자기 가게가 마지막이어서 들어가도 아무것도 없다는 것인지 알 수 없었다. 나는 후자로 해석하고 더 들어가 보려 했지만, 일행 가운데는 전자로 해석하는 사람이 더 많아 결국 포기하고 발길을 돌렸다. 일행은 길가의 식당에 들어가서 탄산음료나 주스 혹은 맥주를 마시며 시간을 보냈다.

다시 모이기로 약속된 시간이 다가와서 선창으로 돌아가는데, 한국말로 떠드는 소리가 들렸다. 십여 명의 한국인이 모여서 사진을 찍으며 웅성거리고 있었다. 모두 파란 조끼를 입고 있는데, 조끼 뒷면에 경기도 어느 교회 이름과 함께 "Jesus Loves You"라고 쓰여 있었다. 대부분은 대학생 정도로 보이는 청소년이었지만 어른도 일부 섞여 있었다. 인솔자로 보이는 사람이 뭐라고 한참 설명을 하는 것 같았는데, 젊은 일행은 휴대전화로 사진도 찍고 서로 장난도 치면서 그의 말에는 별로 신경을 쓰지 않는 분위기였다. 그들이 입고 있는 조끼만 아니라면 다른 단체 관광객과 다른 점은 어디에도 보이지 않았다. 요즘 한국 개신교에서 유행하는 소위 단기선교를 나온 사람들이었다.

미국 개신교를 닮아서 그런 것인지, 한국 개신교는 자본주의적 체제와 가치관에 최적화되어 있다. 예수는 자기희생을 가르쳤으니 욕심을 버리고 다른 사람을 위해서 살라는 설교를 했다가, 그런 설교 하면 교인들 다 떨어져 나간다는 담임목사의 꾸중을 들어야 했던 어느 교회 부목사를 만난 적 있다. 열심히 신앙생활을 하는 어떤 집사에게, 이제는 장로가 돼야겠네요 했다가, 저는 돈이 없어서 안

돼요, 라는 답을 들었다고 한탄하는 지인을 만난 적 있다. 예수는 경쟁이 아니라 나눔을, 쟁취가 아니라 자기희생을 가르쳤는데, 오늘날 교회는 돈에 대한 인간의 욕망을 정당화하고, 부富를 축복한다. 어떤 분은 한국 개신교가 하나님이라는 이름으로 물신物神을 섬긴다고 꼬집었는데, 지나친 과장이 아니다. 교회에서 하는 일 치고 자본주의적 소비문화에 순응하지 않는 것이 별로 없다. 이제는 선교도 상업화되어 단체관광을 선교라는 이름으로 포장하는 모양이다. "Jesus Loves You"라는 등 뒤의 구호나 가끔 사탕과 함께 나눠주는 전도지가, 대부분이 독실한 불교도인 이 지역에서 어떤 힘을 가진다는 말인가. 그 단기선교 단원들이 입은 파란 조끼는 현지인들에게 구원을 전하는 도구가 아니라 자신들을 위한 구명조끼처럼 보였다. 삶의 급류에 빠진 선창가의 어린 거지들에게 그 파란 조끼는 무슨 의미가 있을까.

선창으로 돌아오니 아까의 그 어린 거지들이 다시 몰려와서 손을 벌렸다. 일행 중 한 명이 잔돈을 나눠주었다. 돈을 받지 못한 아이들은 다른 사람들에게 와서 더욱 큰 소리로 적선을 요청했다. 나는 잔돈이 있었지만 꺼내지 않았다. 꺼내지 않은 것이 아니라 꺼내지 못했으리라. 그런 상황에서 돈을 꺼내 건네는 일은 자비심의 문제라기보다는 어쩌면 용기의 문제일 것이다.

태국 쪽으로 돌아가기 위해 강물을 가르며 질주하는 배 위에서 나는 내가 그 '물의 어머니'에 빌붙어 사는 한 마리의 기생충이라는 생각을 하고 있었다. 티베트 고원의 눈 녹은 물에서 출발한 메콩은 거대한 강을 이루며 흘러, 수많은 사람에게 식수와 식량을 공급하여 먹여 살린 후 '생명의 어머니'인 바다와 합해진다. 그렇게 메콩이 먹여 살린 사람들은 똥오줌을 싸서 메콩에 흘려보내고, 강가에 공장을 세우고, 식당과 호텔과 카지노를 짓고, 배를 띄워 돈을 번다. 인간은 우주선을 만들지언정 강을 만들지 못한다. 지구 어디에서나 인간의 삶은 물에 의지한다. 강이 '물의 어머니'이니, 강물이 인간을 살리는 것이다. 아마존이나 나일 같은 거대한 강부터 동네의 작은 하천에 이르기까지 강에 의존하지 않은 목숨이 어디 단 하나라도 있겠는가. 그런데 인간은, 더욱이 현대의 인간은 자신들의 목숨과 편의와 탐욕을 위해 강을 이용하고 더럽힐 뿐 강에 도움을 주는 일이라곤 도무지 하는 법이 없다. 강이 죽게 되어 자기들의 목숨이 위태롭게 된 후에야, 강을 살리자는 소리를 할 뿐이다. 그러니 무릇 모든 인간은 강의 기생충인 것이다.

단지 강에 대해서만 인간이 기생충 노릇을 하는 것도 아니다. 생각해보면 자연 전체에 대하여 인간은 기생충과 같은 존재들이라는 사실을 알 수 있다. 인간이 목숨을 부지하기 위해 꼭 필요한 것들 가운데 인간이 만들어낼 수 있는 것은 단 하나도 없다. 인간은 공기, 빛, 물, 흙이 없으면 생존할 수 없는데, 그 가운데 어느 것도 만들어서 사용하지 못하는 것이다. 인간은 그런 생의 필수조건들을 그냥 자연에서 받아 사용할 뿐이다. 그러나 물과 마찬가지로 현대 인간은 공기, 빛, 흙을 사용하되 그것을 재생산하지 못하며, 더럽힐 뿐 깨끗하게는 하지 못한다. 지구 위 어떤 생명도 자연을 이토록 괴롭히고 파괴하며 살지 않는다. 인간도 자연에서 탄생하여 자연 속에서 살다가 자연으로 돌아가는 생명체인데, 도대체 언제부터 어떻게 하여 인간이 이처럼 자연을 축내기만 하는 기생충 집단이 된 것일까. 살아서는 기생충으로 살지만, 죽어서라도 그냥 조용히 썩어 자연으로 돌아갈 수 있다면 다행이련만, 인간은 거창한 무덤과 비석을 만들며 끝까지 자연의 순리를 거역한다.

한 마리의 기생충이 된 나는 돌아오는 배 위에 앉아 주머니 속 동전을 만지작거리며 선창가 어린 거지들을 생각하고 있었다.

언제나 표현된 것이 전부는 아니다. 아니, 어차피 전부는 표현될 수 있는 것이 아니다. 우리는 그 사실을 안다. 때로는 감추기 위해서 표현하기도 한다. 그러나 어쨌든 표현된 것들을 통해서만 진실에 이를 수 있다는 것도 사실이다. 우리에게 중요한 것은 진실이지, 전체가 아니다. 크든 작든 역사는 진실에 대한 기록이지, 일어난 모든 일에 대한 사실적인 기록이 아니다. 입장과 세계관에 따른 선택과 배제, 굴절과 왜곡의 과정을 우리는 해석이라고 부른다.

— 이승우, 《생의 이면》에서

역사란 개인의 삶만큼이나 가벼운, 참을 수 없을 정도로 가벼운, 깃털처럼 가벼운, 바람에 소용돌이치는 먼지같이 가벼운, 내일이면 사라질 그 무엇처럼 가벼운 것이다.

— 밀란 쿤데라Milan Kundera, 《참을 수 없는 존재의 가벼움》에서

《길가메시》

대학 시절 지금은 돌아가신 시인 김영무 선생의 수업을 한 과목 들었다. 수업 내용은 잘 기억나지 않는다. 다만 몸집이 작고 호리호리했던 그분의 모습과 함께 지금까지도 생생하게 떠오르는 장면이 하나 있다. 어느 날 수업이 끝나갈 무렵 선생께서 칠판에 김광규의 시 〈묘비명〉 전문을 적었다.

한 줄의 시는커녕
단 한 권의 소설도 읽은 바 없이
그는 한 평생을 행복하게 살며
많은 돈을 벌었고
높은 자리에 올라

이처럼 훌륭한 비석을 남겼다

그리고 어느 유명한 문인이

그를 기리는 묘비명을 여기에 썼다

비록 이 세상이 잿더미가 된다 해도

불의 뜨거움 굳굳이 견디며

이 묘비는 살아남아

귀중한 사료史料가 될 것이니

역사는 도대체 무엇을 기록하며

시인은 어디에 무덤을 남길 것이냐

　외고 있었는지 책이나 노트도 보지 않고 그냥 칠판에 줄줄 쓰는 것이었다. 〈묘비명〉을 칠판에 다 적은 후 선생은 우리 중 한 사람에게 시를 읽게 했고, 그 시에 대해서 느낀 바가 있으면 다음 주까지 간단하게 감상문을 적어서 제출하라고 했다. 원하는 사람만 하면 되는 숙제였다. 나는 감상문을 제출하지 않았다. 그러나 몇몇 학생은 감상문을 제출했고, 김 선생께서 그것을 재료 삼아 무언가 이야기했던 것 같다.

　그때 김 선생께서 무슨 이야기를 했는지 전혀 기억나지 않는다. 그러나 나는 〈묘비명〉이라는 시에 대해서 강렬한 인상을 받았고, 그 시가 실린 김광규의 시집까지 한 권 샀다. 나는 시인으로부터 문학을 배웠지만, 문학을 계속 공부하지 않았다. 내 삶과 마찬가지로 내 공부의 길도 직선대로는 아니었다. 여러 교차로에서 방향을 돌리고 돌려, 결국은 역사를 공부했다.

역사를 공부하기 전, 고대 히브리인들의 경전에 한동안 매료된 적이 있다. 히브리 성경을 공부하려면 그것을 공시共時적으로 이해 하는 데 도움이 되는 고대 중근동의 여러 문서를 읽어야 한다. 그 때 읽은 이런저런 고대 중근동 문서들 가운데《길가메시 서사시The Epic of Gilgamesh》는 아직까지 가끔 다시 읽을 정도로 큰 감명을 받았 다.《길가메시》는 기원전 약 2000여 년 전부터 쐐기문자로 기록되 기 시작한 고대 메소포타미아의 장대한 영웅 서사시다. 인류 최초 의 문자에 속하는 쐐기문자는 진흙판에 갈대나 금속으로 찍어 표시 하는 쐐기 모양의 문자로서 기원전 약 3000년 전 고대 메소포타미 아에서 발명되어 점차 발전했다.《길가메시》는 쐐기문자로 기록된 것 가운데 가장 잘 알려진 고대 문서다.《길가메시》가 지금까지 읽 히는 이유는 그것이 역사의 시원기에 기록되었음에도 불구하고 인 간 존재의 가장 본질적인 문제들을 매우 극적인 방식으로 말해주기 때문이다.

《길가메시》는 우정, 모험, 명예, 질투, 신과 인간, 영생 등의 항 구적 주제들을 다룬다. 이 가운데서도 중심 주제가 되는 것은 죽음 이라는 인간의 피할 수 없는 운명이다. 다시 말해서 죽음이라는 궁 극적 한계를 극복하려는 투쟁을 통해서 인간존재의 본질을 파헤치 는 것이다. 사람에게 죽음은 무엇이며, 죽음의 공포를 극복하기 위 해서 어떻게 하며, 그런 노력이 어떤 결과를 낳는지 이 고대 서사시 는 잘 보여준다.

《길가메시》에는 여러 가지 판본이 있다. 그런데 오늘날 《길가메시》라고 하면 그 가운데 '표준 아카디아 본Standard Akkadian version'이라고 불리는 확장판의 이야기를 일컫는다. 이 표준 아카디아 본은 3분의 2는 신이고 3분의 1은 인간이며, 초인적 힘과 아름다운 육체를 가진 길가메시라는 영웅의 이야기다. 길가메시는 왕이었다. 그러나 그는 왕이라는 것에 만족하지 못한다. 더 큰 이름을 얻기 위한 여행에 나선 그는 야생에서 태어나 동물들과 함께 살던 원초적 인간 엔키두Enkidu를 만나서 싸우다가 친구가 된다. 의기투합한 두 사람은 위대한 모험을 하여 영원히 이름을 남기기로 약속한다. 그들이 택한 방법은 '삼나무 숲'에 올라가서 그 가운데 있는 '성스러운 삼나무'를 베어오는 것이었다. 그런데 그 성수聖樹를 베기 위해서는 그것을 지키는 훔바바Humbaba라는 거인을 먼저 죽여야 했다. 두 친구는 힘을 합쳐 이 불가능한 일에 성공한다. 그리고 길가메시에게 구애했다가 퇴짜 맞은 여신이 복수하기 위해서 보낸 '하늘의 황소'까지 죽인다.

길가메시와 엔키두가 힘을 합치면 자신들의 세계가 위협받는다고 여긴 신들은 두 사람 가운데 한 사람을 죽이기로 작정한다. 물론 그들의 선택은 엔키두였다. 신들의 저주를 받은 엔키두는 오랜 고통 속에 죽어간다. 사랑하는 친구의 고통스러운 죽음을 목격하면서 길가메시는 죽음이라는 것을 처음으로 마주하게 된다. 엔키두의 죽음이 길가메시에게 준 충격이 얼마나 컸는가는 전체 11개의 진흙판에 기록되어 있는 《길가메시》 확장판 가운데 제7판에서 제8판에 걸쳐 엔키두의 죽음이 묘사되어 있고, 특히 제8판은 전체가 그것을 다루고 있는 것을 통해서도 짐작할 수 있다. 길가메시는 엔키두의 시체를 보고, "이제 그대를 붙잡은 이 잠^{sleep}이 무엇이란 말인가? 그대는 검게 변했고 내 말을 듣지 않는구나!"라며 슬퍼한다. 영원한 '잠'에 빠진 엔키두의 눈은 움직이지 않았고, 심장은 뛰지 않았으며, 몸은 검게 변했다.

길가메시는 친구의 죽음을 슬퍼하며 그를 기리기 위한 기념비를 세운다. 그러나 엔키두의 죽음은 슬픔의 대상에서 이내 두려움의 대상으로 바뀐다. 누구에게나 친구의 죽음은 슬픔이지만 자신에게 다가올 죽음은 공포이기 마련이다. 엔키두의 죽음을 목격한 길가메시는 그것이 결국 자기 자신의 운명이기도 하다는 사실을 깨닫게 된다. 자신도 언젠가 그렇게 죽을 것이며, 육체의 소멸 앞에 그들이 성취한 명예는 아무런 소용도 없다는 사실을 알게 된 것이다. 길가메시는 비통하게 울며 광야를 헤매고 다니면서, "나는 죽게 될 것이다!/ 나도 엔키두처럼 죽게 될 것이 아닌가?/ 나는 죽음이 두렵다"라고 소리친다. 초인적 영웅의 입에서 나온 절규다.

죽음이라는 운명의 공포와 마주하게 된 길가메시는 영원한 생명을 얻기 위해서 다시 길을 나선다. 그는 영생의 비밀을 알고 있는 유일한 사람으로 전해지는 현자 우타나피시팀^{Utanapishtim}을 찾아간다. 우타나피시팀은 대홍수 직전 신들이 그에게 땅의 모든 짐승을 태울 수 있는 배를 만들도록 해서 살려준 사람이었다. 대홍수 후 신들은 우타나피시팀과 그의 아내에게 영생을 선물로 주었다. 우타나피시팀은 길가메시가 영원한 생명을 얻을 수 있는지 알아보는 시험을 한다. 흥미롭게도 그것은 7일 동안 자지 않는 것이었다. 길가메시는 이 시험에 실패하고 만다. 크게 낙담한 길가메시를 측은하게 여긴 우타나피시팀은 그에게 불사의 비밀 대신 다시 젊어질 수 있게 해주는, "늙은이가 젊은이가 되는 나무"를 알려준다. 영원히 늙어 죽지는 않지만, 늙은 후 다시 젊어질 수 있게 만드는 일종의 대안을 준 것이다. 그러나 이 회춘의 나무를 가지고 돌아가던 길가메시는 도중에 뱀을 만나 그것마저 잃고 만다. 길가메시는 영생의 비밀은 물론이고 시간을 되돌릴 방법도 얻지 못한 채 집으로 돌아갈 수밖에 없었다.

길가메시가 영생의 비밀을 알아내지도 못하고, 회춘의 나무도 가져오지 못한 것은 무엇 때문일까? 그가 신화 속의 초인이 아니라 실존 인물이었기 때문이다. 길가메시는 기원전 2700년경 메소포타미아의 고대 도시왕국 우룩^{Uruk}을 다스리던 왕이었다. 이 세상을 살았던 사람 가운데 영생불사의 비밀을 얻은 사람은 없었고, 시간을 되돌려 인생을 다시 살 수 있던 사람도 없었다. 죽음을 모르던 초인적 영웅 길가메시는 친구의 죽음을 통해 죽음의 실체와 그 공포를 알게 되었다. 그런데 그는 3분의 2가 신인 존재였다. 그는 단지 3분의 1만 인간이었다. 그러나 그런 길가메시도 죽음을 벗어날 수 없었다. 인간에게 죽음이 얼마나 피할 수 없는 운명인가를 극명하게 보여준다.

우룩의 길가메시는 동서고금의 역사와 수많은 허구적 이야기 속에서 영생을 추구했던 인간의 대표격이다. 모든 인간은 영원한 삶을 꿈꾸기 마련이다. 그것은 각 인간개체들이 한편으로는 자신의 물질적 한계를 인식하고, 또 한편으로는 그 한계를 넘어서고자 하기 때문이다. 인간의 자의식은 자기 존재를 인식하고, 그것을 보존하려 한다. 그런데 인간만 가진 것으로 알려진 기능인 상상력은 자신의 물질적 한계를 훨씬 넘어서 자신을 보존하려는 욕망을 준다. 동물에 대한 연구가 발달하면서 동물도 자의식을 가지고 있다고 주장하는 학자들이 나타나고 있다. 그들은 다양한 실험을 통해 침팬지나 오랑우탄 같은 유인원을 비롯하여 돌고래, 코끼리 같은 동물들이 다른 존재와 구별되는 자기 자신을 의식한다고 말한다. 그러나 사람 이외의 생명체 가운데, 자연이 그들에게 부여한 한계를 넘어서 영원히 자신을 보존하고자 하는 욕망을 가진 존재가 있는지 모르겠다. 왜냐하면 그런 욕망은 상상력의 산물이기 때문이다. 죽음을 두려워하는 것은 인간과 동물의 공통된 본능이겠지만, 상상력을 가진 인간만 영원한 삶을 염원한다.

사람들은 채 100년도 살지 못하면서 영원한 삶을 꿈꾸고, 우주 속의 한 티끌에 지나지 않는 지구 위에 살면서도 우주의 끝을 생각하며, 자신의 처지, 신분, 재능을 뛰어넘는 것들을 소망한다. 상상력은 인간으로 하여금 한계를 뛰어넘게 하지만, 또한 좌절과 고통의 원인이 되기도 한다. 길가메시가 죽음을 슬퍼하고 두려워한 것은 영원한 삶을 상상할 수 있었기 때문이다. 흙에서 나온 시점과 흙으로 돌아가는 시점 사이, 그것이 이 세상에서 각 인간개체들에게 주어진 시간이다. 성경의 야고보서는 "너희 생명이 무엇이냐, 너희 는 잠깐 보이다가 없어지는 안개니라"고 했다. 인간개체에게 주어 진 시간은 안개가 끼었다 사라지는 것처럼 '잠깐'밖에 되지 않는다. 그러나 사람들은 영원히 죽지 않고 살 것을 상상한다. 상상된 삶과 현실의 삶 사이의 거리는 인간을 좌절시킨다. 100년도 살지 못하는 현실과 영원한 삶이라는 상상 사이의 거리가 너무 멀기 때문이다.

영생불사의 상상만 인간을 좌절시키는 것이 아니다. 16세기 영 국의 희곡작가 크리스토퍼 말로Christopher Marlowe, 1564~1593가 쓴 세 편 의 희곡은 무한한 권력, 무한한 재력, 그리고 무한한 지식과 능력을 욕망했던 세 영웅의 몰락을 통해 인간존재의 한계를 비극적으로 보 여준다. 그 가운데 가장 유명한 것은 《파우스투스 박사의 비극적삶 과 죽음The Tragic History of the Life and Death of Doctor Faustus》이다. 말로의 '파우스투 스 박사'는 신적인 지식과 능력을 가지기 위해서 영혼까지 팔지만, 결국 육체의 죽음이라는 인간의 한계를 극복하지 못하는 한 지식인 의 이야기를 담고 있다. 파우스투스는 모든 학문을 섭렵해서 더 이 상 공부할 것이 없을 정도의 학자였다. 그러나 그 모든 지식에 만 족하지 못한 파우스투스는 만물의 비밀을 알아 "신과 같은 능력" 을 얻고 싶었다. 모든 학문의 종착점에서 그가 마지막으로 배운 것 은 마법이었다. 그는 마법을 통해 악마 루시퍼Lucifer의 시종 메피스 토필리스Mephistophilis를 불러내어 계약을 맺는다. 계약에 따라 파우 스투스는 메피스토필리스를 하인처럼 부릴 수 있었지만, 그 대가로 영혼을 루시퍼에게 팔았다. 그러나 파우스투스는 자신이 얻게 된

신적 능력을 쓸데없는 일에 낭비하게 되고, 메피스토펠리스는 계약에 따라 그의 영혼을 가져간다.

파우스투스 전설은 약 200년 후 독일 문호 괴테Johann Wolfgang von Goethe, 1749~1832에 의해 약간 다른 형태로 다시 극화된다. 괴테의 《파우스트Faust》는 인간의 욕망을 좀 더 직접적으로 상상력과 연결했다. 파우스트는 상상 속에서는 "모든 유한한 한계들이 사라진다"고 하면서, 천사를 넘어서는 힘, 신적인 창조적 삶 등을 상상한다. 상상력은 파우스트에게 "시간의 소용돌이를 넘어선 희망"을 주었다. 그러나 상상한 것을 모두 이룰 수는 없었고, 이루지 못한 상상력은 절망의 원인이 되고 만다. 실현하지 못한 상상들은 파우스트에게 자신의 육체적-인간적 한계를 깨닫게 해준다. 그는 "나는 신과 같지 않다! 이 진리를 이제 나는 너무도 깊이 느낀다"라고 말한다. 결국 파우스트는 신적인 힘을 얻기 위해 악마에게 영혼을 판다.

상상력은 모든 분야에서 인간의 한계를 넘어서고자 하는 끊임없는 노력을 낳는다. 상상력은 위대한 문학과 예술을 탄생시키고, 초월을 위한 종교와 사상을 만들며, 놀라운 과학기술의 발전을 이루어낸다. 그런 차원에서 본다면 상상력은 인간에게 내린 위대한 축복이다. 그러나 끝없는 상상력은 인간이 결코 이룰 수 없는 것을 희망하게 하고, 현실과 상상된 목표 사이의 아득히 먼 간격은, 길가메시와 파우스트가 극적으로 보여준 것처럼, 한편으로는 인간의 한계를 극복하려는 영웅적인 투쟁을 낳게 하고, 또 한편으로는 채워지지 않는 갈망과 좌절감을 안겨준다. 성경 창세기에 의하면 "신과 같이" 되고 싶다는 인간의 상상은 억누를 수 없는 욕망이 되어 최초의 인간 아담으로 하여금 금지된 열매를 먹게 만들었고, 가인의 후예들로 하여금 하늘까지 닿는 바벨탑을 쌓게 했다. 파우스트가 영혼을 판 것도 같은 이유에서였다.

욕망은 상상의 지근至近거리에 있지만, 현실은 상상의 세계로부터 멀고 멀다. 상상과 현실 사이에는 건너지 못할 대양大洋이 놓여 있다. 욕망의 배를 타면 대양 수평선 너머에 있는 상상의 세계가 마치 손에 닿을 듯 가까워 보인다. 그러나 욕망의 배는 인간의 육신을 실어 대양 너머로 나르지 못한다. 영국 아서Arthur왕의 전설을 다룬 영화 〈엑스칼리버Excalibur〉에서 아서의 아버지 우서Uthur는 강적 콘월Cornwall의 아내 이그레인Igrayne을 취하고 싶어 한다. 마법사 머린Merlin이 콘월을 밖으로 유인하는 데 성공하자, 성은 비게 된다. 그러나 우서와 콘월의 성 사이에는 협곡과 바다가 가로놓여 있다. 우서가 망설이자, 머린은 "당신의 욕망이 날개를 달아줄 것"이라고 재촉한다. 우서는 욕망의 날개를 타고 협곡과 바다를 건너서 이그레인을 범하고 아서를 잉태시킨다. 그러나 인간이 욕망의 날개를 타고 협곡을 건널 수 있는 것은 영화 속에서나 가능하다.

영원한 삶의 비밀을 찾지 못하고 돌아온 길가메시는 우룩의 거대한 성벽을 쌓고, 신전을 개축했으며, 자신의 모든 영웅적 투쟁을 돌 기념비와 구리로 만든 명판名板에 기록하였다. 후대의 사람들이 길가메시를 위대한 영웅으로 기억할 수 있었던 것은 그가 남긴 장대한 성벽과 성전, 그리고 무엇보다 돌비석과 동판에 새겨진 그의 이력 때문이었다. 길가메시가 남긴 성벽과 성전, 그리고 돌비석과 동판은 후대 시인들로 하여금 그를 기리는 시를 쓰게 했고, 마침내 인류 최초의 문학작품이라는 《길가메시》를 탄생시킨 것이다.

기록은 육체를 지닌 채 유한한 시공간을 살다가 사라지는 인간이 미래에도 기억될 수 있는 가장 효과적인 방법이다. 기록은 물질이다. 기록은 과거를 물화物化시켜 미래로 전하는 도구다. 인간이 기록을 남기는 가장 큰 이유는 육체가 소멸한 이후에도 남아 있을 만큼 튼튼한 물질에 자신의 흔적을 남겨, 자신은 사라지더라도 자신에 대한 기억은 남아 있기를 욕망하기 때문이다. 물질을 통하지 않고 시간을 넘어 다음 세대로 전승될 수 있는 것은 없다. 말에서 말로 전해지는 구전口傳이라는 것도 말하는 입과 듣는 귀, 또 들은 내용을 기억하는 뇌가 없으면 전승이 불가능하다. 언어는 형체가 없는 것이니, 육체를 지닌 사람이 없으면 존재할 수 없다. 그런데 입에서 입으로 전해지는 말은 눈에 보이지 않는다. 인간은 눈에 보이지 않는 것에 불편함을 느낀다. 눈에 보이지 않는 진리를 눈에 보이는 형상이나 문자로, 마음에 품고 있는 사랑을 눈앞에 반짝이는 반지나 목걸이로 표현해야 안심하는 것이다. 문자는 그런 목적으로 만들어졌다. 문자는 진흙판, 돌판, 구리판, 또는 종이에 새길 수 있으니 인간개체의 시간적 한계를 넘어 오랜 세월을 살아남을 수 있다.

물질을 통해 인간의 물질적-시간적 한계를 극복하려는 이 역설적 노력이 역사를 낳는다. 역사는 인간이 자신의 물질적-시간적 한계를 인식하는 데서 출발한다. 길가메시와 마찬가지로 사람들은 자신의 시공간적 한계를 극복하기 위한 가장 효과적인 방법으로 기록을 남기고, 후세 사람들은 그 기록의 창을 통해 과거를 본다. 그것이 역사다. 그런데 기록하지 않은 삶은 기록된 삶과 비교할 바 없이 그 분량이 많고, 기록을 남기지 않은 사람은 기록을 남긴 사람보다 비교할 바 없이 많으며, 시간 속에 소멸하여 없어지는 기록은 시간을 견디고 후대까지 전해지는 기록과 비교할 바 없이 많다. 기록을 지배하는 것은 권력, 돈, 지식이다. 신라 1000년의 유물을 모아놓은 경주박물관에 가서 만나게 되는 유물은 모두 왕이나 귀족, 혹은 지식인들의 것이다. 더 비싸고, 더 단단하고, 더 읽을 만한 것을 그들이 남겼기 때문이다. 그들보다 훨씬 더 수가 많았을 보통사람들의 유물은 거의 없다. 유물이 없기에 그들은 역사 속에 존재하지 않는다. 세상 다른 어떤 박물관에 가도 마찬가지다. 길가메시가 왕이 아니었다면 동판과 돌비석에 그의 삶이 영웅적으로 묘사되어 기록되지 못했을 것이고, 그 기록이 오랫동안 보존되지 않았다면 대서사시 《길가메시》도 없었을 것이다.

인류 최초의 문학작품 《길가메시》는 인간존재에 관한 본질적 질문들을 던졌다. 인간이 가장 두려워하는 것은 자기 존재의 소멸이다. 그러나 아무리 애를 써도 존재 자체의 소멸은 불가피하다. 그러니 자신이 소멸한 이후 사람들의 기억 속에라도 남으려고 한다. 기록은 기억을 지배하고, 기억은 과거를 지배한다. "불의 뜨거움 굳굳이 견딘" 기록들이 역사라는 형식으로 과거를 만들어내는 것이다. 시간과 죽음 앞에 속절없는 인간의 운명은 5000년 전 길가메시로부터 단 한 걸음도 나아가지 못했고, 물질을 통해 자신의 물질적 운명을 극복하고자 하는 인간의 역설적 노력 또한 그때와 다를 바 없다.

역사 공부는 수많은 사람의 삶을 통하여 찰나를 살아가는 나의 한계를 극복하려는 노력이다. 그동안 나는 많은 사람의 삶에 대하여 배웠다. 그럼에도 불구하고, 나는 여전히, "역사는 도대체 무엇을 기록하며 시인은 어디에 무덤을 남길 것이냐"는 시인의 질문에 답하지 못한다. 어쩌면 역사를 공부하여 역사가 무엇인지 조금은 알게 되었고, 초로에 들어 인간에 대해 조금은 알게 되었기 때문에 더욱더 그럴지도 모르겠다. 역사 선생이 된 나는, 오래전 김 선생과 마찬가지로 가끔 〈묘비명〉을 칠판에 적곤 한다. 내가 과거에 대해서 아는 것은 무엇일까.

나는 구름 숭배자는 아니다
내 가계엔 구름 숭배자가 없다
하지만 할아버지가 구름 아래 방황하다 돌아가셨고
할머니는 구름들의 변화 속에 뭉개졌으며 어머니는
먹구름들을 이고 힘들게 걷는 동안 늙으셨다
흰 머리칼과 들국화 위에 내리던 서리
지난해보다 더 이마를 찌는 여름이 오고
뭉쳐졌다 흩어지는 업의 덩치와 무게를 알지 못한 채
나는 뭉게구름을 보며 걸어간다
보석으로 결정結晶되지 않는 고통의 어느 변두리에서
올해도 이슬 머금은 꽃들이 피었다 진다
매미 울음이 뚝 그치면
다시 구름 높은 가을이 오리라

─ 최승호, 〈뭉게구름〉(전문)

〈보이후드〉

나는 휴대전화를 가지고 다니지 않는다. 학생들은 내가 휴대전화 없이 산다고 하면 어떻게 그럴 수 있느냐며 신기해한다. 그들에게 휴대전화는 거의 존재의 일부와 같아서 그것 없이 사는 일은 상상하기도 어려운 모양이다. 아내나 나는 휴대전화 같은 것에는 처음부터 별 관심이 없었다. 그러나 휴대전화가 일반화되어 모든 사람의 필수품처럼 되면서, 그것 없이는 사회생활을 거의 할 수 없는 지경이 되었다. 휴대전화가 없으니 은행에 가서 계좌를 하나 열기도 어려웠고, 인터넷으로 물건 하나 주문할 수 없었다. 간단히 말해서, 도무지 사람 노릇을 제대로 하기 어려웠다. 그래서 우리는 어쩔 수 없이 휴대전화를 하나 구입할 수밖에 없었다. 다른 집을 보면 초등학교 아이들을 포함하여 식구들이 각자 휴대전화를 하나씩 가지고 있는데, 우리 집에는 처음부터 딱 한 대밖에 없었다. 아이들과 같이 살 때는 휴대전화 하나를 네 식구가 공동으로 사용했고, 아이들이 성장하여 집을 떠난 이후에는 아내와 둘이서 공유하고 있다.

아내와 내가 같이 쓰는 휴대전화는 소위 공짜폰이다. 언젠가 티브이 홈쇼핑을 보다가 스마트폰을 공짜로 준다는 말에 아내가 전화를 했고, 정말 공짜로 집에 배달된 휴대전화다. 소위 3G 전화라는 것인데, 4G 전화들이 나오면서 인기가 폭락한 3G 제품을 그냥 주면서 3년 동안 통신회사를 변경하지 말 것을 조건으로 걸었던 것이다. 그러니까 다른 통신사로 고객이 옮겨가는 것을 방지하기 위해서 공짜폰을 주는 판매전략이었다. 그런데 우리는 통신회사를 바꿀 생각이 전혀 없는지라 우리로서는 그야말로 공짜로 스마트폰을 하나 장만할 수 있는 셈이었다. 우리가 특정 통신사에 충성하는 것은 휴대전화를 사면서 한 달에 한 번씩 공짜로 영화를 볼 수 있는 부가서비스에 가입했기 때문이다. 공짜 스마트폰을 주문할 때, 아내는 자유 요금제가 확실한지, 기존의 영화 부가서비스를 그 조건 그대로 계속 받을 수 있는지 묻고 또 물어서 확인했다. 그리고 휴대전화기가 도착하자마자 우리는 데이터 사용을 원천적으로 차단한 후, 무료로 인터넷을 사용할 수 있는 지역 이외에서는 순전히 2G 기능만 사용하고 있다.

우리가 휴대전화의 영화관람 부가서비스를 놓치지 않으려는 이유는 그 조건이 꽤 좋기 때문이다. 시간이 지나면서 약간 변하기는 했지만, 한 달에 1만 3000원의 기본요금을 내면 CGV에서 한 달에 한 번씩 본인은 공짜, 동반자 한 사람은 6500원만 내고 영화를 볼 수 있는 조건이다. 요즘 포항에서 아내와 둘이서 영화 한 편을 보려면 2만 원이 있어야 한다. 그런데 휴대전화 부가서비스 때문에 6500원에 볼 수 있는 것이다. 어차피 기본요금은 내야 하는데, 기본요금 1만 3000원 내고 영화를 1만 3500원 할인받을 수 있으니 세상에 이런 혜택이 어디 있나 싶은 것이다. 몇 년 전까지만 해도 어떤 달에 영화를 보지 않으면 그것이 크레디트로 쌓여 그해 동안에는 언제라도 그만큼 영화를 더 볼 수 있었다. 시간이 지나면서 그런 좋은 혜택은 사라졌고, 영화요금이 오름에 따라 동반자가 내야 하는 요금도 조금씩 오르고 있다. 그럼에도 불구하고 이 영화관람 부가서비스는 한 달에 한 번씩 아내와 같이 단돈 6500원으로 영화를 즐길 수 있도록 해주는 기특한 역할을 하고 있다.

휴대전화 부가서비스 덕분에 우리는 거의 매달 빼놓지 않고 영화를 본다. 그동안 우리는 〈해운대〉나 〈명량〉〈아바타Avatar〉처럼 1000만 명 이상의 관객을 동원한 그렇고 그런 영화부터, 〈인셉션Inception〉이나 〈킹스 스피치King's Speech〉같이 잘 만든 영화, 그리고 〈시〉 같은 수작에 이르기까지 많은 영화를 보았다. 포항에 사는 아쉬움 가운데 하나는 우리가 보고 싶은 좋은 영화를 만나기 어렵다는 것이다. 영화적 완성도가 높지만 대중성이 낮은 영화는 한두 주일 만에 내리거나 아예 상영되지 않는 경우가 많다. 그러다 보니 꼭 보고 싶은 영화를 보지 못하는 일이 적지 않다.

〈보이후드Boyhood〉는 마침 블록버스터급 영화가 없는 일종의 비

수기에 개봉한 덕택에 포항에서 볼 수 있었다. 우리는 개봉 첫 주 주말에 이 영화를 보러 갔다. 영화를 선택할 때 나는 소위 전문가들의 평과 관객들의 평을 둘 다 참조하는 방식을 사용한다. 영화적 완성도나 예술적 가치가 높은 영화는 대개 전문가 평이 높은 경향이 있고, 재미나 감동이 있는 영화는 관객의 평이 높기 마련이다. 아내는 관객 평이 높은 영화를 보았을 때 만족하는 경향이 있고, 나는 전문가 평이 높은 영화를 선호한다. 지금까지의 경험으로 보면, 전문가 평 B⁻에 관객 평 B⁺ 정도에 해당되는 영화를 보았을 때 아내와 나의 만족도 평균이 가장 높은 편이었다. 〈보이후드〉는, 특별히 볼만한 다른 영화도 없었거니와, 전문가 평이 놀랍도록 높은데 관객 평도 상당히 좋아서, 쉽게 선택할 수 있었다.

한 인터넷 영화 포털사이트에 의하면 한국 전문가들은 10점 만점에 평균 9.5점 정도나 되는 높은 점수를 〈보이후드〉에 주었다. 내가 기억하는 한 아마도 가장 높은 전문가 점수가 아닌가 싶다. 그런데 우리나라 전문가들의 평은 서양 평론가들에 비하면 오히려 낮은 편이다. 세계에서 가장 큰 영화 관련 포털사이트라고 할 수 있는 IMDb(www.imdb.com)에 의하면 해외 영화평론가들은 〈보이후드〉에 100점 만점에 100점을 주었다. 이렇게 평론가들이 준 점수를 메타스코어Metascore라고 하는데, 영화사에 길이 남을 걸작으로 손꼽히는 〈7인의 사무라이〉가 99점, 〈모던 타임즈Modern Times〉가 96점, 〈반지의 제왕: 왕의 귀환〉이 94점이다. 그리고 근래에 큰 인기를 끌었던 수작인 〈메멘토Memento〉가 80점, 〈인터스텔라Interstellar〉가 74점, 〈매트릭스^{Matrix}〉가 73점이다. 그러니 〈보이후드〉가 얼마나 높은 평가를 받는지 알 수 있다. 평론가들로부터 100점 만점을 받은 영화는 〈대부^{Godfather}〉 제1편, 〈아라비아의 로렌스^{Lawrence of Arabia}〉〈오즈의 마법사^{The Wizard of Oz}〉 같은 최고의 영화 몇 편밖에 없다. 간단히 말해서, 영화평론가들은 〈보이후드〉가 그 정도 수준에 해당하는 기념비적 작품이라고 본 것이다.

일반 관객들의 평가는 전문가들이 거의 만장일치로 준 기록적인 점수와 조금 다르지만, 전체적으로 상당히 높다. 국내 포털사이트인 다음^{Daum}의 관객 평점은 8.7이고 IMDb 관객 평점은 8.1이다. 그런데, 흥미 있는 점은 이 영화에 대한 관객들의 호불호가 크게 나뉜다는 사실이다. 다음 관객 평을 보면, "내 생애 최고의 영화" "위대한 영화"라는 평과 함께 10점을 준 사람이 있는가 하면, "재미없다" "뭐가 있을 줄 알았는데 없다"는 이유로 매우 낮은 점수를 준 사람도 있다. IMDb도 이와 다르지 않다. 그 사이트의 관람 평을 죽 살펴보면, "미래의 고전" "현대의 서사시" "평생 단 한 번 누릴 수 있는 경험" 등의 찬사를 퍼부으며 10점 만점을 준 사람들이 있는가 하면, "지루하다" "공허하다" "가장 실망스러운 영화" 등의 혹평과 함께 달랑 1점을 준 사람들도 있다.

〈보이후드〉는 여러 가지 면에서 독창적인 영화다. 우선 이 영화는 무려 12년에 걸쳐 만들어졌다. 매년 조금씩 만들어 12년 만에 완성한 것이다. 영화 한 편을 만들기 위해 12년이라는 시간을 들였다는 점도 놀랍지만, 더욱 인상적인 것은 12년 동안 같은 감독이 같은 배우들과 함께 작업했다는 사실이다. 각본을 쓰고 감독을 한 리처드 링클레이터$^{Richard\ Linklater}$는 흔히 '비포 시리즈'라고 불리는 일련의 영화를 통해 호흡이 긴 영화를 만드는 감독으로 이미 잘 알려져 있다. '비포 시리즈'란 〈비포 선라이즈$^{Before\ Sunrise,\ 1995}$〉〈비포 선셋$^{Before\ Sunset,\ 2004}$〉 그리고 〈비포 미드나잇$^{Before\ Midnight,\ 2013}$〉을 말한다. 이 세 편의 영화는 연속극처럼 이야기가 이어진다. 놀라운 것은 각 편이 9년씩 간격을 두고 만들어져 상영되었을 뿐 아니라, 같은 배우들이 주인공으로 등장하여, 분장에 의해서가 아니라 실제로 20대에서 40대까지 9년씩 나이를 더한 모습을 보여주었다는 사실이다. 〈보이후드〉와 '비포 시리즈'의 차이점이라면, '비포 시리즈'는 9년 간격으로 만든 일종의 3부작 영화인 데 비해서, 〈보이후드〉는 12년 전체를 한 편의 영화에 담았다는 데 있다.

감독 링클레이터는 〈보이후드〉를 만들기 시작할 때 '비포 선라이즈'의 남자주인공 역을 맡았던 이선 호크$^{Ethan\ Hawke}$에게 작품 구상을 말해주면서 영화의 주인공 아버지 역을 맡겼고, 만약 자신이 도중에 죽으면 그가 대신 감독을 맡아서 영화를 완성해달라고 부탁했다고 한다. 2002년부터 〈보이후드〉를 촬영하기 시작했으니, 〈비포 선셋〉을 한참 구상하던 때였고, 호크는 30대 초반의 젊은 배우였다. 〈보이후드〉는 매년 20만 달러를 들여 몇 주씩 만들었다. 12년 동안 총 경비가 240만 달러밖에 들지 않았으니, 천문학적 자금을 투입하는 할리우드의 대작은 물론이고, 수백억 원씩 들여서 만드는 요즘 우리나라의 상업영화에 비해도 푼돈밖에 들지 않은 영화라고 할 수 있다. 영화 속의 주요 인물은 거의 모두 같은 배우가 12년 동안 연기했다. 1년 20만 달러의 경비 가운데 배우들의 출연료는 얼마나 되었겠는가? 영화 한 편 만드는 데 채 1년도 걸리지 않아 인기 있는 배우가 한 해에도 여러 편의 영화에 출연할 수 있는 우리나라의 상황과 비교해보면, 자기가 완성할 수 있을지도 자신할 수 없는 작품을 구상하고 밀고 나간 감독이나 그런 작품에 출연한 배우들이나 대단한 장인정신을 가졌다고 하지 않을 수 없다.

〈보이후드〉의 독특한 점 가운데 하나는, 6살 소년이 17살까지 커 가는 과정을 중심으로 한 가정을 다루되, 매년 조금씩, 같은 배우들을 데리고 만든다는 것 이외에 다른 어떤 것도 미리 정해놓지 않은 상태에서 시작했다는 사실이다. 영화 제목도 정해지지 않았고, 시나리오도 없었다. 스토리는 매년 영화를 촬영하기 전, 감독과 배우들이 모여서 정했고, 어떤 장면은 촬영 바로 전날 밤에 결정되었다고 한다. 다시 말해서 〈보이후드〉는 과정과 결말이 미리 정해진 이야기가 아니라 모든 가능성이 열린 상태에서 조금씩 만들어진 이야기였다. 링클레이터가 영화를 이런 식으로 만들기로 한 이유는 초등학교 1학년인 소년-배우가 매년 성장하면서 대학 신입생이 될 때까지 보이는 육체적, 정신적, 지적, 관계적 변화를 온전히 영화에 담고 싶었기 때문이다. 영화는 한 소년과 그를 둘러싼 여러 사람의 12년 삶을 165분이라는 축약된 시간 속에 보여주는 일종의 저속촬영 사진인 셈이다.

이 영화의 이야기는 일상적이다. 어떤 극적인 요소도 없고, 특별한 반전의 매력도 없다. 미국 텍사스에 사는 한 소년과 그의 누나, 이혼한 부모, 그리고 그들을 둘러싼 많은 사람이 살아가는 이야기가 전부다. 영화의 주요 장면은 대부분 일상 속, 즉 집, 학교, 그리고 오가는 차 안에서 벌어진다. 집밥 먹고, 자고, 학교 가고, 직장 가고, 놀고, 싸우고, 만나고, 헤어지는 일의 연속이다. 물론 가끔 생일 파티가 있고, 때가 되면 학교를 졸업하고, 여자 친구와 첫 키스를 하고, 아빠와 더불어 캠핑을 가기도 한다. 그러나 그런 일들도 일상의 연장선상에서 가끔 경험하는 일이거나 일상적인 삶의 통과의례에 불과하다. 영화에 등장하는 주요 등장인물 가운데 그 누구도 영화의 주인공이 될 만큼 대단한 능력이 있거나, 크게 성공하거나, 극적인 이야기의 주역인 사람은 없다. 그야말로 갑남을녀인 것이다. 심지어 그런 역할을 맡은 배우도 대부분 잘 알려지지 않은 사람들이고, 특별히 카리스마가 넘치거나 '영화배우처럼' 잘생긴 사람도 없다. 그런 점에서 본다면, 왜 많은 관객이 이 영화를 본 후 지루하다거나, 길고 재미없는 다큐멘터리 한 편을 본 것 같다거나, 그냥 일상적인 이야기의 연속이라고 평했는지 이해할 수 있다.

나는 〈보이후드〉에 평점을 주기 위해 IMDb에 등록까지 하면서, 만점인 10점을 주었다. 그만큼 이 영화는 인상 깊었다. 내가 10점 만점을 준 것은, 우리의 삶이란 근본적으로 재미없고 지루한 일상의 연속이라는 점을 이 영화가 너무도 설득력 있게 잘 보여주었기 때문이다.

〈보이후드〉의 목적은 미국 중하층 보통 사람들의 삶을 12년 동안 추적하여, 시간이 무엇인지, 그리고 도대체 그 시간 속에서 인간의 삶이란 무엇인지 보여주는 데 있다. 〈보이후드〉라는 영화 제목은 사실 이와 같은 영화의 주제를 잘 담지 못한다. 그런데 원래는 '12년'이라는 제목을 생각했다가, 영화를 완성하기 직전 〈노예 12년12 Years a Slave〉이 개봉되는 바람에 바꾸었다고 한다. 원래 제목인 '12년'이 훨씬 더 잘 어울린다. 왜냐하면, 이 영화의 진정한 주인공은 시간 그 자체라고 말할 수 있기 때문이다. 물론 메이슨이라는 소년이 영화 전체의 중심인물이기는 하다. 그러나 이 영화는 단순히 한 소년의 성장기를 넘어서, 영화 속에 등장하는 모든 등장인물이 어떻게 시간 속에 살고 변해가는지 보여주고자 한다. 이 영화에서 가장 인간적으로 성숙하는 인물은 메이슨이 아니라 그의 아버지다. 영화는 가정이나 자식들보다는 자신에게 충실하고자 했던 젊은 아버지가 12년의 세월 동안 인간적으로 성숙해가는 과정을 메이슨의 성장과 병치하여 보여줌으로써, 대학에 들어간 이후의 아들의 삶과 연결한다. 다시 말해서, 이 영화 속 시간은 12년이지만, 그 속에 2세대의 삶을 중첩해 결과적으로 그 두 배의 시간을 담고자 한 것이다.

　시간의 흐름을 〈보이후드〉만큼 실감하게 보여주는 영화가 또 있을까. 같은 배우들이 12년 동안 연기를 했으니, 배우들이 조금씩, 실제로 12년의 세월을 통과한다. 물론 가장 극적인 변화를 보이는 것은 주인공 메이슨이다. 관람객들은 바로 눈앞에서, 6살 귀여운 소년이 점점 키와 몸집이 커지고, 동글동글하던 얼굴의 골격이 점점 길어지며, 목소리가 변하고, 수염이 나면서 한 명의 청년으로 변하는 모습을 지켜볼 수 있다. 대학에 입학한 17살 메이슨과 영화 첫 장면에 나왔던 6살 메이슨은 같은 인물이되 다른 사람이다. 그 두 소년 사이의 간격은 그 역할을 맡은 배우-소년 속에 물질화된 12년이라는 시간일 것이다. 시간은 메이슨에게 육체적 변화만 가져다주지 않는다. 메이슨의 생각과 관심이 변하고, 그의 부모와 친구가 변하고, 미국 사회가 변한다. 물론 영화에 등장하는 다른 인물들도 마찬가지다. 메이슨의 부모는 30대의 젊은이에서 주름살 가득한 40대 중년이 된다. 165분의 영상 속에 축약적으로 전개되는 이와 같은 인물-배우들의 나이 듦은, 12년이라는 시간이 인간에게 얼마나 큰 변화를 주는지, 따라서 인간에게 주어진 시간이 얼마나 짧은 것인지 손에 잡힐 듯 실감 나게 보여준다.

이 영화에서 가장 인상적인 대사는 영화가 거의 끝날 시점에 나온다. 메이슨이 대학에 가게 되면서 혼자 남게 된 엄마는 살던 집을 팔고 작은 아파트로 이사한다. 이사 직후 메이슨은 대학으로 떠날 준비를 한다. 대학에서의 새로운 삶에 들뜬 채 짐을 챙기는 아들을 바라보며 엄마는 울음을 터뜨린다. 메이슨이 왜 그러냐고 묻자, "내 인생이 이렇게 끝난다는 것을 지금 깨닫고 있는 거야"라고 답한다. 그녀는 이렇게 덧붙인다. "이제 나에게 남은 게 무언지 아니? 내 장례식밖에 없어!" 메이슨이 40년이나 남았는데 너무 앞서가는 것 아니냐고 하자 엄마는 이렇게 답한다. "나는 그냥, 뭔가 더 있으리라 생각했어." 두 아이를 키우기 위해 최선을 다했고, 좀 더 나은 삶을 살기 위해 힘들게 공부하여 대학교수가 되었고, 더 좋은 가정을 만들기 위해 세 남자와 결혼하고 이혼한, 40대 여성의 입에서 나온 절규다. 그녀는 좀 더 행복한 삶, 좀 더 만족스러운 삶을 위해서 끊임없이 노력했다. 그 결과 자녀를 무난히 길러 대학까지 보냈고, 자신은 대학 강단에 섰다. 조금씩 조금씩 신분과 계층의 사다리를 올라갔다. 현실에 만족하지 못하여 미래에는 좀 더 나은 무엇이 있기를 바랐기 때문이다.

메이슨 엄마와 마찬가지로 사람들은 '뭔가 더 있으리라' 기대하며 산다. 내일의 삶이 오늘의 삶보다 좀 더 나아지리라는 희망을 가지고. 그리고 그 희망 때문에 힘든 일을 참고, 실패에 의미를 부여하고, 지겨운 일상을 견뎌내는 것이다. 그러나 아주 성공적으로, 점점 더 나은 삶을 개척해온 사람이라고 할지라도 그의 삶 전체에서 성취감이나 특별한 기쁨을 맛보는 것은 가끔 오는 대단히 짧은 순간들에 불과하다. 남들이 부러워하는 성공적인 삶을 살았다고 해도, 그 삶의 대부분은 일상으로 구성되어 있다. 운동선수의 삶은 체중을 조절하고, 체력을 기르고, 자기 종목의 기술을 수없이 반복하며 연습하는 것이다. 그것은 지겹기 그지없고, 숨이 턱밑에까지 차올라 죽을 것 같고, 아무리 해도 나아지는 것 같지 않아 절망스런 일상의 연속이다. 그런데, 수천, 수만 명의 같은 종목 선수 가운데, 예를 들어, 세계선수권대회나 올림픽 같은 일생일대의 대회에 나가서 메달을 따는 사람은 극히 드물다. 그리고 메달을 딴다고 할지라도 그 기쁨을 누리는 순간은 그야말로 찰나일 것이고, 시간이 지나면서 그것도 추억거리에 불과할 것이다. 학자에게는 공부가, 사업가에게는 장사가, 군인에게는 훈련이, 구도자에게는 수행이 일상이다. 주부에게 가사가 일상인 것처럼.

먹고, 싸고, 일하고, 자는 일로 대표되는 일상은 특별한 의미를 부여하기 힘들고, 무한히 반복되어 지겨우며, 그것 없이는 살 수 없어 살아 있는 한 벗어날 길이 없다. 인간의 삶은 일상의 연속이다. 한평생 주어진 시간의 대부분이 일상이다. 따라서 삶을 잘 살아가는 가장 효과적인 방법은 얼마 되지 않는 특별한 시간을 만들기 위해 노력하는 것이 아니라 일상을 잘 살아가는 데 있다. 일상을 무의미한 것으로 여기고 무언가 특별한 것만 찾는 일은 어리석어 보인다. 성경도 "범사에 감사하라"고 가르쳤다. 일상을 감사하라는 말이니, 하늘 아래 어떤 가르침이 그보다 더 크겠는가.

가끔 나에게 어떤 사람과 결혼해야 하느냐고 묻는 학생들이 있다. 나는 일상을 같이 잘 보낼 수 있는 사람을 고르라고 말해준다. 연애는 일상이 아니다. 일상 아닌 것이 얼마나 오래 지속되겠는가, 시간이 가면서 연애는 사라지고 일상만 남는다. 연애 때 행복했다고 결혼 후까지 행복한 것은 결코 아니다. 결혼식은 연애가 끝나고 일상이 시작됨을 알리는 의식이다. 결혼 후의 삶은 일상의 연속이다. 매일 아침밥을 먹을 때마다 폭죽을 터뜨리고, 화장실에 갈 때마다 풍선과 촛불로 장식하며 살 수는 없는 것이다. 일상이란 지루하고, 짜증 나고, 귀찮고, 별다른 의미 없어 보이는 일들의 반복이요 연속이다. 그런 일을 수십 년이라도 같이 해낼 수 있는 사람이 좋은 배우자인 것이다.

〈보이후드〉의 탁월함은 삶의 일상성을 놀랍도록 실감 나게, 그리고 감동적으로 보여주는 데 있다. 12년 동안 인물들의 삶과 배우들의 육신에 쌓여가는 것이 바로 일상이라는 시간의 지층이다. 그렇지 않아도 지겨운 것이 일상인데, 돈 내고 보러온 한 편의 영화 속에서도 그처럼 일상이 전개되는 것을 견디지 못하는 관객은 이 영화가 지루하고 재미없다고 할 수밖에 없다. 그런 사람들은 영화에서 무언가 비일상적 볼거리나 감동을 기대하는 사람들일 것이다. 우리는 욕망을 긍정적 가치로 만드는 물질적 소비문화와 현실을 불만족스러운 것으로 여기게 하는 성공주의의 지배를 받으며 살고 있다. 그런 문화와 가치관은 일상을 따분한 것으로 여기게 한다. 그러니 영화 한 편을 보더라도 비범하게 예쁘고 잘생긴 배우들이, 현실에서는 결코 실현할 수 없는 능력을 가지고, 일상에서는 도저히 있을 수 없는 일을 벌이는 것을 보고 싶어 한다. 그러나 〈보이후드〉는 일상의 기록이다. 삶의 기록, 시간의 기록인 것이다.

일상의 시간과 불화할 때, 우리는 메이슨 엄마처럼 이미 지나간 시간의 쏜살같음과 무의미함, 그리고 앞으로 다가올 똑같은 일상적 시간의 쏜살같음과 무의미함에 좌절하게 될 것이다. 얼마 전 티브이에서 본 다큐멘터리에서 고아들을 50년 동안 길러온 한 늙은 수녀가, 50년이 5개월처럼 흘러갔다, 고 말하는 것을 보았다. 그럴 것이다. 인간은 과거를 총체적으로 기억하지 못한다. 메이슨 엄마와 마찬가지로 모든 인간은 삶의 중요한 이정표들과 특별히 뇌리에 남아 있는 몇 가지 일만 기억하며 산다. 내 삶을 돌이켜보아도 그렇다. 잘 기억나지 않는 유소년기는 말할 것도 없고, 청년 이후의 삶도 어머니의 죽음, 대학 교문의 최루탄 냄새, 결혼식 때 친구들이 축가로 불러주었던 〈주기도문〉, 두 아이의 출생, 박사학위 논문 시험, 교수가 되기 위한 인터뷰 등 징검다리처럼 띄엄띄엄 놓인 크고 작은 이정표로 기억될 뿐이다. 그와 같이 내 기억 속에 남아 있는 사건들을 모두 합해보았자 그 시간의 길이는 얼마 되지 않을 것이다. 50년 세월이 5개월처럼 흘러가는 것이 아니라, 50년 세월이 5개월처럼 기억되는 것이다.

기억되지 않는 49년 7개월. 그것이 일상이다. 그 늙은 수녀는 50년 세월이 행복했다고 말했다. 기억되지 않는 49년 7개월을 잘 살았기 때문일 것이다. 그렇게 살 일이다.

먹고, 싸고, 일하고, 자는 일로 대표되는 일상은 특별한 의미를 부여하기 힘들고, 무한히 반복되어 지겨우며, 그것 없이는 살 수 없어 살아 있는 한 벗어날 길이 없다. 인간의 삶은 일상의 연속이다. 한평생 주어진 시간의 대부분이 일상이다. 따라서 삶을 잘 살아가는 가장 효과적인 방법은 얼마 되지 않는 특별한 시간을 만들기 위해 노력하는 것이 아니라 일상을 잘 살아가는 데 있다. 일상을 무의미한 것으로 여기고 무언가 특별한 것만 찾는 일은 어리석어 보인다. 성경도 "범사에 감사하라"고 가르쳤다. 일상을 감사하라는 말이니, 하늘 아래 어떤 가르침이 그보다 더 크겠는가.

아버지가 꿈꾼 세상은 모두에게 할일을 주고, 일한 대가로 먹고 입고, 누구나 다 자식을 공부시키며 이웃을 사랑하는 세계였다. 그 세계의 지배 계층은 호화로운 생활을 하지 않을 것이라고 아버지는 말했었다. 인간이 갖는 고통에 대해 그들도 알 권리가 있기 때문이라는 것이었다. […] 아버지가 꿈꾼 세상에서 강요되는 것은 사랑이다. 사랑으로 일하고 사랑으로 자식을 키운다. 사랑으로 비를 내리게 하고, 사랑으로 평형을 이루고, 사랑으로 바람을 불러 작은 미나리아재비꽃줄기에까지 머물게 한다. 그러나 아버지가 그린 세상도 이상 사회는 아니었다. 사랑을 갖지 않는 사람을 벌하기 위해 법을 제정해야 한다는 것이 문제였다.

—조세희, 〈잘못은 신에게도 있다〉 중에서

우리 곁에 있는 예수

어떤 기독교 관련 학회 창립총회에 참석하기 위해 서울 시내 한복판에 있는 큰 교회에 간 일이 있었다. 우리나라에서 제일 먼저 만들어진 개신교회라는 곳이다. 신학교와 기독교 대학의 이름난 교수들, 이런저런 기독교 단체를 대표하는 내로라하는 목사들을 비롯하여 많은 기독교인이 모인 자리였다. 학회 창립을 축하하기 위한 기념강연과 각 기관 대표의 축하인사가 있은 후, 참가하지 못한 국내외 인사들이 보낸 축전들이 소개되었다. 쉬는 시간에는 떡을 돌려 나눠 먹기도 하고, 참가자들이 오랜만에 만난 지인들과 인사도 나누고 하는, 전반적으로 잔치 같은 분위기였다.

준비된 순서가 거의 끝나갈 때쯤, 어떤 할머니 한 분이 강당에 들어왔다. 나는 사람 많이 모이는 자리에 가면 늘 뒤에 앉아 있곤

하는데, 그날도 제일 뒷줄에 앉아 있었기 때문에 할머니가 들어오는 것을 금방 알아챌 수 있었다. 한눈에도 피곤함에 지친 것이 역력한, 조그맣고 초라한 할머니였다. 그런데 할머니는 자기 몸만큼이나 큰 두루마리 화장지 묶음을 등에 지고 있었으며, 손에도 커다란 화장지 묶음을 들고 있었다. 할머니는 강당에 모인 사람들 사이를 다니면서 화장지를 하나 사달라고 하는 것 같았다. 점잖은 사람들이 모인 진지한 자리에 두루마리 화장지를 짊어지고 갑자기 등장한 행상 할머니는 많은 사람을 당황하게 했다. 그 할머니를 박대하여 쫓아내는 사람은 없었다. 그러나 할머니를 정중하게 맞거나 화장지를 사는 사람도 없었다.

제일 뒤에 앉은 나는 그 할머니의 동선動線을 따라 사람들의 반응을 쭉 지켜볼 수 있었다. 사람들은 대개 흠칫 놀라 할머니를 쳐다보고, 당황하여 주위를 둘러본 후, 손사래를 쳐서 할머니를 지나가게 했다. 어떤 사람은 눈길 한번 주지 않고 고개 한번 움직이지 않은 채 그대로 앉아 있는 방법을 써서 할머니를 그냥 지나치게 했다. 내 머릿속에는 화장지를 하나 사드리고 싶은 생각, 그 큰 화장지 묶음을 사더라도 들고 다닐 수 없을 테니 그냥 돈이나 조금 드릴까 하는 생각, 할머니가 나에게 오기 전에 누군가가 화장지 하나 사드렸으면 하는 생각, 관리인이 와서 할머니를 좀 모시고 나갔으면 하는 생각 등이 복잡하게 일어났다. 다행이었는지, 할머니가 나에게까지 오기 전에 집회가 끝났다. 사람들이 일어나면서 장내가 소란스러워졌다. 화장지를 하나도 팔지 못한 할머니가 사람들 틈을 지나 힘없이 문 밖으로 나가는 모습이 보였다. 마음이 무거웠다. 그러면서 권정생 선생의 글에서 읽은 이야기가 생각났다.

돌아가신 아동문학가 권정생 선생의 산문집 《우리들의 하느님》에는 인간적 욕심을 멀리하고 자연과 생명과 가난한 이웃을 위한 삶을 살았던 선생의 향기가 가득하다. 교리와 교파를 떠나 기독교의 본질이 무엇인지, 무엇이 진정으로 인간다운 삶인지 다시 생각하게 해주는 내용들이다. 그 책 가운데 이런 이야기가 있다.

한번은 권 선생께서 완행기차를 타고 가는데, 기차 안에서 만난 한 아주머니가 굳이 자리를 양보하며 앉으라고 했다. 선생은 폐결핵을 지병으로 앓아 늘 병색이 있어 보였기 때문에 그 아주머니가 자리를 양보하려 했을 것이다. 지금은 사라진 완행열차는 마치 요즘 지하철처럼 좌석이 정해져 있지 않아 여객이 많으면 서서 가는 경우가 흔했다. 그러니 은근히 자리다툼이 치열했고, 대부분 몇 시간씩 가야 하는 장거리 여행자들인지라 한번 자리 잡고 앉으면 어른이 옆에 서 있어도 좀처럼 자리를 양보하기 어려웠다. 권 선생은 금방 내린다고 하며 고사했지만, 아주머니가 강권하여 "황송하게" 자리에 앉아 갔다고 한다. 권 선생은 아주머니가 범상치 않다고 생각하여 혹시 교회 나가시는 분이냐고 물었다. 자신이 시골교회 집사라고 밝힌 그 아주머니는 권 선생이 자신을 알아본 것을 신기하게 여겨 기뻐하며 다음과 같은 이야기를 들려주었다고 한다.

10여 년 전 아주머니가 몹시 바쁘게 집안일을 하고 있는데 어떤 거지가 찾아왔다. 일에 정신이 팔려 있던 아주머니는 구걸하는 거지가 귀찮아서 퉁명하게 박대하며 내쫓아버렸다. 그런데 돌아서 나가는 거지의 뒷모습을 힐끗 쳐다본 아주머니는 아연실색하고 말았다. 놀랍게도 그 거지가 틀림없는 예수님으로 보였던 것이다. 깜짝 놀란 아주머니는 급히 하던 일을 멈추고 쌀을 한 대접 떠서 달려나갔다. 그러나 그 거지는 보이지 않았다. 낙담한 아주머니가 동네를 샅샅이 뒤졌지만 그 거지는 어디에도 없었다. 집으로 돌아온 아주머니는 주저앉아 통곡을 했다.

그날 이후, 그 아주머니의 눈에는 모든 낯선 사람이 다 예수님으로 보였고, 따라서 만나는 모든 사람을 예수님으로 여기며 대접했다고 한다. 붐비는 완행열차에 서 있던 병약한 권 선생도 그 아주머니의 눈에 예수님처럼 보였을 터였다. 그 아주머니는 이야기를 마치면서 이렇게 말했다. "세상 사람들이 다 예수님으로 보이니까 참 좋아요. 내가 할 수 있는 건 다 해드리고 싶어예." 권 선생은 이 동화 같은 이야기를 들으며 "여태껏 들어온 설교 중에도 진짜 설교"라고 여겼고, 그 시골교회 아주머니 집사를 가장 복된 은혜를 받고 살아가는 분이라고 칭송했다.

젊었을 때 나는 성경 가운데 바울의 서신들, 그리고 그중에서도 로마서를 가장 좋아했다. 바울은 좋은 가문에서 태어나, 최고의 교육을 받은 사람이었다. 그는 오늘날 터키의 지중해 연안에 있는 도시인 다소Tarsus에서 태어났는데, 유대인이었지만 태어날 때부터 로마 시민이었던 것 같다. 그것은 그의 아버지가 크게 성공한 사람이었음을 말해준다. 다소는 당시 지중해에서 가장 큰 무역항 가운데 하나였다. 거기에는 유명한 대학이 있었고, 젊은이들은 최고의 교육을 받을 수 있었다. 성경에 있는 바울의 편지들은 그가 스토아 철학에 정통했음을 잘 보여준다. 그는 아마도 다소의 대학에서 고전 학문을 제대로 배웠을 것이다. 그러나 바울은 정통 바리새인의 아들로 태어난 정통 바리새인, 즉 유대인 엘리트 가문 출신이었다. 따라서 그의 부모는 그를 예루살렘으로 유학 보내 랍비 가말리엘 Gamaliel의 문하에 들어가 공부하게 했다. 가말리엘은 당대뿐 아니라 유대교 역사 전체를 통틀어 가장 위대한 랍비 가운데 한 명으로 꼽히는 사람이다. "라반Rabban" 즉 "우리의 스승"이라고 불리던 그는, 최고의 율법학자로서 외경의 대상이었다. 그 문하에서 바울은 유대 율법을 배웠다.

초대교회에서 바울은 학자로 인식되었다. 가장 오래된 초대교회 미술은 지하 공동묘지인 카타콤에 그려진 벽화인데, 카타콤 벽화에서 바울은 언제나 학자의 옷을 입은 채 책을 들고 있는 학자로 그려져 있다. 그도 그럴 것이 바울의 글은 학자의 글이다. 당대 최고의 헬레니즘-유대교 교육을 받은 그의 편지글은 신약성경에 있는 여러 글 가운데서도 훌륭한 그리스어 문장에 속한다. 또한 그의 글에는 스토아 사상과 용어, 고전적 비유법, 유대 경전과 율법에 대한 해박한 지식, 그리고 신과 인간에 대한 깊은 철학적 통찰이 풍성하게 들어 있다. 특히 그가 로마 교회에 보낸 편지는, 그것이 단순한 편지가 아니라 한 편의 논문이라는 주장이 오래전부터 있을 정도로 논리 정연하다. 바울은 이 편지-논문을 통해, 신의 존재, 죄와 심판, 율법과 은총, 구원과 칭의稱義, 성화聖化와 내적 변화 등 이후 기독교 신학의 중심이 되는 많은 주제와 용어를 설명했다. 그의 논리는 정연하고, 사상은 심오하며, 글에는 조금의 망설임도 없다. 로마서가 바울 사상의 정수를 보여준다는 말은 과장이 아닐 것이다.

지적 욕구가 한창이며, 사변적이고 논리적인 것을 좋아하던 대학생 시절에 내가 바울에게 매료된 것은 당연해 보인다. 그 시절부터 지금까지 사용하고 있는 내 성경책 가운데 로마서 부분은 유난히 손때가 묻어 있어서 로마서는 책을 펼치지도 않고 쉽게 찾을 수 있다. 그 부분을 펼쳐보면, 성경책의 다른 어떤 곳보다 지저분하다. 연필, 만년필, 색연필, 형광펜 등 다양한 필기구로 밑줄을 긋거나 강조를 해놓았는데, 각기 다른 밑줄과 색칠이 덧칠해져 있는 곳이 많다. 더구나 여백에는 메모 같은 글이, 역시 각기 다른 필기구로 빼곡히 쓰여 있다. 여러 차례 반복해서 읽으며 많은 생각을 했다는 뜻일 것이다. 신학교에 들어가 성경을 원문으로 배울 때는 히브리서를 좋아했다. 신약성경 가운데 가장 문장이 뛰어나서 명문으로 손꼽히는 히브리서는 누가 썼는지 모르지만, 역시 지식인의 글이다. 학자가 될 것을 꿈꾸던 젊은 시절의 나는 지적인 것을 선망했던 모양이다. 그 시절 나에게 기독교는 어떤 지적 유희였는지 모르겠다. 나는 바울을 통해 기독교를 알았고, 바울이 있었기에 예수가 있게 되었다고 생각했다.

정확히 언제부터인지는 알지 못하지만, 중년을 넘어서면서 나는 바울보다는 예수, 바울의 편지글보다는 복음서를 더 좋아하게 되었다. 그렇게 된 데에는 여러 가지 이유가 있을 것이다. 무엇보다 학문, 특히 신학적 사유^{思惟}라는 것이 가진 한계를 깨닫게 되었을 것이다. 또한 신학 공부는 남들 못지않게 할 수 있을지 몰라도, 공부를 하면서 알게 된, 마땅히 해야 할 바는 좀처럼 실천하지 못하는 자신에게 실망도 했을 것이다. 그러나 무엇보다, 나는 시간이 갈수록 예수의 가르침이 바울의 신학보다 본질적으로 탁월하다는 사실을 깨닫기 시작했다.

수년 전 동료 몇 명과 같이 일주일에 한 번씩 모여 《논어》를 한문 원문으로 읽은 적 있다. 그때 나는 같은 《논어》에 포함된 글일지라도, 공자와 제자들의 사상 사이에는 어떤 분명한 질적인 차이가 있다고 느꼈다. 약 2년에 걸쳐 《논어》를 다 읽은 후, 우리는 사서^{四書}를 읽는 일반적인 순서에 따라 《맹자》를 읽기 시작했다. 《맹자》를 읽으면서 나는 같은 유교의 경전이지만 《논어》와 《맹자》 사이에도 어떤 본질적 거리가 있음을 알게 되었다. 《맹자》는 인간의 본성을 분석하고, 그것을 정치적 현실과 연결하여 구체적인 실천방안을 제시한다. 전체적으로 맹자는 공자의 사상을 이어받아 그것을 좀 더 확대·심화시킨 것으로 보였다. 《맹자》는 《논어》보다 좀 더 사변적이고, 분석적이며, 체계적인 사상을 담고 있다. 예를 들어, 공자는 인^仁이 무엇이냐고 묻는 제자에게 "사람을 사랑하는 것이다^{愛人}"라고 답한다. 이에 비하여 맹자는 인을 사단^{四端}, 즉 인의예지^{仁義禮智}로 분석했고, 인의예지를 각각 불쌍히 여기는 마음^{惻隱之心}, 부끄러움을 아는 마음^{羞惡之心}, 사양하는 마음^{辭讓之心}, 옳고 그름을 아는 마음^{是非之心}이라고 풀어 설명했다.

《맹자》는 인간과 사회에 대한 놀라운 통찰력으로 가득하다. 그럼에도 불구하고, 《맹자》에는 《논어》를 읽으면서 만나게 되는, 예컨대, 시냇가에서 흐르는 물을 바라보며, "흐르는 것이 저와 같구나! 밤낮으로 쉼이 없구나逝者如斯夫 不舍晝夜"라고 한 대목이나, 인이 무엇이냐고 물은 제자 안연顏淵에게, "하루라도 나를 이기고 예로 돌아가면 천하가 인으로 돌아간다一日克己復禮 天下歸仁焉"라고 한 대목 등 비록 내 수준에서 충분히 이해하기는 어렵지만, 어떤 궁극의 깨달음을 만난 것 같은, 그런 숨 막히는 순간들을 경험하기란 쉽지 않다. 맹자는 위대한 스승으로 숭상된다. 그러나 맹자가 아무리 훌륭한 스승일지라도, 아성亞聖, 즉 공자에 "다음가는 성인"이라는 평을 듣는 데에는 그만한 이유가 있어 보인다.

종교나 사상의 창시자와 그 계승자-해석자들 사이의 이런 질적인 차이는 불교에서도 확인할 수 있다. 부처의 가르침을 결집한 초기 경전인 《담마빠다Dhammapada》나 《숫타니파타Sutta Nipata》는 《법화경》《화엄경》《반야경》같이 그보다 훨씬 후대에 만들어진 난해하고 사변적인 대승불교 경전과 분명히 구별된다. 초기 경전의 내용은 공空이니 바라밀波羅蜜이니, 여래장如來藏이니 하는 개념어로 가득 차 있는 대승경전과 달리, 간단명료하여 소박하기까지 하다. 그렇지만 그 속에, "원한을 원한으로 갚을 때 원한은 결코 가셔지지 않는다. 원한은 자애에 의해서만 가셔진다" "서로 사귄 사람에게는 사랑과 그리움이 생긴다. 사랑과 그리움에는 괴로움이 따른다"와 같은 보편적이고 깊은 가르침을 담고 있다. 우주는 무한한가 유한한가, 영혼과 육체는 같은가 다른가, 라는 질문에 대해 그런 형이상학적 질문에 답하는 것은 독화살을 맞고도 빼지 않은 채 독화살을 분석하는 것과 같다고 부처가 답하는, 그 유명한 '독화살의 비유'가 등장하는 것도 초기 경전인 《니카야》다. 후기 경전들도 이와 같은 부처의 원래 가르침에 기초하고 있겠지만, 전승 및 결집의 오랜 과정에서 재해석이 이루어지고, 생각이 확장되고, 새로운 것이 덧붙여졌을 것이다.

예수의 언행을 묶어놓은 것이 복음서들이다. 복음서 가운데 초기에 결집된 공관복음서를 읽어보면, 예수의 가르침이 바울의 편지들을 포함하여 신약성서에 있는 다른 글과 분명하게 구별되는 것을 알 수 있다. 예수의 가르침은 놀라울 정도로 단순명료하고 현실적이며 일관되다. 말과 행동을 통한 그의 가르침은, 네 이웃을 사랑하라, 는 것으로 간단히 요약할 수 있다. 율법 가운데 제일 큰 것이 무엇이냐는 한 율법학자의 질문을 받고, 예수는, 첫째는 "네 마음을 다하고 목숨을 다하고 뜻을 다하고 힘을 다하여 주 너의 하나님을 사랑하라"는 것이고, 둘째는 "네 이웃을 네 자신과 같이 사랑하라 하신 것이다. 이보다 더 큰 계명이 없다"고 답했다. 그런데 그는 우리 주위에 가장 보잘것없는 사람, 다시 말해서 가장 사랑이 필요하되 사랑으로부터 가장 멀리 있는 사람을 진정한 이웃이라고 가르쳤다. 나아가 그는 바로 그런 사람에게 해준 것이 자신에게 해준 것이라고 말했다. 인간에 대한 사랑을 신에 대한 헌신의 경지로 격상한 것이다. 참으로 놀랍고도 고마운 가르침이다.

누구든지 주위를 둘러보면 '이웃'들이 도처에 있음을 알 수 있다. 부부가 휴일도 없이 밤낮으로 일해도 먹고 사는 일조차 힘겨운 가족, 인간의 기본적 품성을 갖추지 못한 부모 밑에서 학대당하는 아이들, 부모로부터 버려져 기관에서 자라는 아이들, 정부의 생활 보조금만으로 근근이 생존하는 노인들. 조금 더 먼 곳으로 눈을 돌려보면, 세상에는 보통의 한국사람 관점에서 볼 때 그야말로 비참하다고밖에 말할 수 없는 환경에서 사는 사람이 너무도 많다. 먹을 것이 없어 굶어 죽거나, 깨끗한 식수가 없어 병들어 죽거나, 간단한 모기장이 없어 말라리아 같은 치명적인 병에 걸려 죽는 어린이가 부지기수다. 지독하게 가난한 집안에 태어났기 때문에 학교는 문턱에도 가지 못한 채 유년 시절부터 더러운 쓰레기장, 위험천만한 광산, 숨도 쉴 수 없이 무더운 농장, 열악하기 짝이 없는 공장 등에서 그야말로 생존을 위해서 푼돈을 받으며 일해야 하는 어린이는 또 얼마나 많은가. 거기에 종교적 광신자들의 손아귀에 들어가 총을 들고 전선에 나서고 자살 폭탄을 터뜨려야 하는 소년들, 인신매매에 팔려 성적 노예로 살아야 할 소녀들, 그리고 아무런 희망도 없어 마약과 조직폭력의 세계로 빠져드는 청소년은 또 얼마나 많은가.

세상에는 경제적으로 고통당하는 사람만 있는 것이 아니다. 억압적이고 정의롭지 않은 관습과 제도 때문에 고통받는 사람도 많다. 신석기 시대 이래 정착된 것으로 보이는 가부장적 제도 아래서, 능력을 개발하거나 발휘할 기회를 얻지 못하는 것은 둘째 치고 그

166

인격조차 존중받지 못하는 여성들, 사회의 관습과 대중의 편견 때문에 음지에서 고통당하는 다양한 종류의 사회적 소수자들, 육체적·정신적 장애 때문에 차별당하는 장애인들, 사회정치적 불의에 항거하여 투쟁하다가 다치고, 투옥되고, 고문당하고, 살해된 수도 없이 많은 양심적 시민들. 그리고 한 종교가 지배하는 곳에서 다른 종교를 믿는다는 이유로, 한 이데올로기가 지배하는 곳에서 다른 이데올로기를 주장한다는 이유로, 한 정당이나 체제가 지배하는 곳에서 그 정당이나 체제에 반대한다는 이유로 어려움을 겪는 사람들은 또 얼마나 많은가. 언론, 출판, 집회, 결사의 자유는 인간의 보편적 기본권이라고 하지만, 그 자유를 달라고 요구한다는 이유로 고통당하는 사람도 많다.

예수가 우리 주위에 계신다면, 우리의 가족이나 친구, 스승이나 선배, 아니면 직장 동료나 상사로 계시겠는가? 혹은 유명한 사람, 힘 있는 사람, 돈 있는 사람, 나를 도와줄 사람, 나에게 필요한 사람, 아니면 나를 칭찬할 사람으로 우리 곁에 오시겠는가? 그런 사람들은 누가 시키지 않더라도 우리가 알아서 대접한다. 그런데 그런 사람들을 아무리 잘 대접하더라도 이 세상에 정의와 평화는 오지 않는다. 왜냐하면 세상에 불화와 갈등이 있고, 불의와 부정의가 있고, 소외된 자들이 있는 것이 우리가 바로 그런 사람들만 잘 대접하기 때문이다. 우리는 본능적으로 그런 사람들을 잘 대접하기 마련이다. 그런데 예수는 우리가 본능적으로 잘 대접하지 않는 사람들을 우리의 참된 이웃이라고 했다. 우리 곁에 제일 보잘것없는 사람들, 즉 우리 곁의 예수들을 대접하는 일은 본능에 거슬리는 일이다. 그러니 평화롭고 정의로운 세상은 우리가 본능적으로 대접하기를 꺼리는 사람들을 대접할 때 비로소 실현되는 것이다.

나는 대학 선생을 직업으로 가졌다. 나는 아마도 본능적으로, 공부 잘하고, 예의 바르고, 성실하고, 몸가짐이 단정한 학생들을 좋아한다. 나와 뜻이 같고 비슷한 가치관을 가진 동료와 친하게 지낸다. 누가 시키지 않아도 나는 그런 학생과 동료들을 알아서 잘 대접한다. 그런데 학교에는 성적이 나쁘고, 말썽부리고, 공손하지 않고, 지각·결석을 일삼는 학생도 많다. 한 학기 지내다 보면, 그런 학생들 때문에 언성을 높이고 얼굴을 붉히게 되는 일이 비일비재하다. 또한 왜 그렇게 생각하고 행동하는지, 왜 그런 발언을 하는지, 왜 그런 결정을 내리는지 도무지 이해하지 못할 동료도 수두룩하다. 나는 그런 동료들을 가능하면 멀리하고 맞닥뜨리지 않으려 한다. 그런데 생각해보면 그렇게 나를 불편하게 하고 괴롭히는 학생과 동료들이야말로 내가 대접해야 할, 내 곁에 오신 예수일 것이다.

언젠가 한완상 선생이 자신을 기독교인이라고 정의하는 것을 거부하며 스스로 "예수 따름이"라고 칭하는 것을 들었다. 기독교라는 제도의 한 구성원이 아니라 예수의 가르침을 따르는 사람이 되고 싶다는 말이다. "예수 따름이." 기독교인이라는 도식적인 말보다 훨씬 울림이 큰 말이다. 나도 교회라는 제도에 얽매여 사는 기독교인이 아니라 예수의 가르침을 실천하며 사는 예수 따름이로 살고 싶다. 예수 따름이로 살기 위해서는 복잡한 신학적 사변을 멀리하고, 간단하되 구체적인 행동을 실천해야 할 것이다. 우리 모두 마음에 들지 않는 사람들일수록 내 곁에 온 예수로 여기고 서로 대접한다면, 지금보다는 훨씬 아름다운 세상이 될 것이다. 그들에게 드려야 할 '쌀 한 대접'이 무엇일지 생각해본다. 나를 찾아왔을 때 '화장지 하나'라도 사드려야지, 가버리고 나면 찾아도 소용없다.

계로가 귀신 섬기는 일에 관해 여쭈었다. 선생님께서 말씀하셨다. "사람 섬기 기를 미처 못하거늘 어떻게 귀신을 섬기겠느냐?" "죽음이 무엇인지 감히 여쭙니다." 말씀하시되, "삶에 대해서도 모르거늘 어떻게 죽음을 알겠느냐?" (季路問事鬼神 子曰 未能事人焉能事鬼 敢問死 曰 未知生焉知死)

—《논어論語》〈선진편先進篇〉에서

시작을 근원하여 삶을 알지 못하면 결코 끝으로 돌아가 죽음을 알지 못한다. (非原始而知所以生 則必不能反終而知所以死)

—위의 공자 말씀에 대한 주자朱子의 주註

늙은 소년병의 죽음

학교에서 퇴근하여 집에 온 후 얼마나 되었을까, 전화벨이 울렸다. 처남이었다. 아버지가 쓰러져서 근처 병원 응급실로 갔고, 병원에서 일단 응급조치를 하여 심장은 다시 뛰게 했는데, 그곳에서는 더 이상 손을 쓸 수 없어 대학병원으로 옮겨야 할 것 같다는 연락이었다. 누나에게는 연락을 했는데, 수업 중인 것 같아 자세한 이야기는 하지 않고, 그냥 매형에게 이야기할 테니 가서 들으라고 했다는 것이다. 얼마 지나지 않아 처남으로부터 다시 전화가 왔다. 대학병원으로 옮겼는데, 심장만 뛰고 있는 상태이고, 아무래도 힘들 것 같다는 말이었다. 머릿속에 온갖 추측, 예상, 판단, 계획들이 순서 없이 복잡하게 오가기 시작했다. 다른 무엇보다 아내가 받게 될 충격이 걱정되기 시작했다. 아내에게 전화를 했다. 수업 중인지 전화를 받지 않았다. 울먹이는 처제로부터 전화가 오고, 얼마 후 의사가 오늘 밤을 넘기지 못할 것 같다고 했다는 처남의 전화가 왔다. 아내가 오면 당장 서울로 가야 할 것 같아 옷가지를 챙기고 차편을 알아보기 시작했다.

아내는 평소보다 조금 늦게 밤 11시가 다 되어 왔다. 조급한 마음에 아파트 현관까지 두어 번 내려갔다 오기를 반복한 후, 혹시 전화라도 올까 싶어 더는 나가보지 못하고 안절부절못하며 귀를 예민하게 세우고 거실에서 기다리는데, 현관에서 울음소리와 함께 문 여는 소리가 들렸다. 급히 뛰어나가 보니, 아내는 눈물범벅이 된 눈으로 울면서 들어왔다. 손에는 케이크가 하나 들려 있었다. 오늘 수업에서 만든 케이크인데, 아버지께 드릴 생각으로 만든 것이라고 하면서 엉엉 울기 시작했다. 아내의 눈물을 닦아주며 안아주었다. 수업을 마치고 휴대전화를 열어보니 처남에 이어 처제의 전화가 와 있는데, 이상한 생각이 들어 처제에게 전화를 하여 상황을 알게 되었다는 것이었다. 우리는 심야 고속버스를 타고 용인으로 향했다.

장인어른은 그날 장모님과 함께, 서울에 사는 막내딸이 사드리는 점심을 같이 드시고 기분 좋게 집에 돌아왔다. 처제는 수능을 앞두고 있는 조카에게 합격떡도 전해줄 겸 해서 어른들을 중간지점까지 오시게 해서 모셨던 것이다. 장인은 용인 집에 돌아와서 이른 저녁을 드신 후 막내딸이 아버지 몫으로 챙겨드린 떡까지 맛있게 드셨다. 식사 후 반드시 당신의 그릇을 직접 설거지하는 습관이 있는 장인은 저녁식사 후 그릇을 챙겨 개수대에 놓은 직후 쓰러졌다. 평소 심혈관계가 좋지 않던 장인은 몇 차례 풍을 맞았으며 가벼운 심근경색도 두어 차례 겪었다. 그런데 그때마다 잘 치료되어 최근 수년 동안에는 고령으로 인한 자연스러운 노쇠 증상 이외에는 별 탈없이, 하실 일 하시고 드실 것 드시면서 잘 지냈다. 그러나 이번에는 회복 불가능한 급성 심근경색이었다. 장인은 수원의 한 대학병원 중환자실에서 운명했다. 향년 81세였다.

평안남도 대동군이 고향인 장인은 한국전쟁 때 남으로 내려왔다. 그때 그의 나이는 17세였다. 전선이 북으로 남으로 이동함에 따라 지배자가 바뀌고 또다시 바뀌는 가운데, 전쟁터가 아닌 삶의 현장도 이데올로기와 개인적 원한관계가 복잡하게 얽혀 죽고 죽이는 아수라장이었다. 사회주의 정권에 충성하지 않았던 장인은 생명을 위협받았다. 외아들인지라 고향에 부모와 여동생들을 모두 남겨둔 채 혈혈단신 피난 온 장인은 전쟁통의 남한에서 먹고살 일이 막막했다. 하여 그는 군대에 들어가면 굶어 죽지는 않겠다는 생각이 들어, 입대를 자원했다. 18세가 되어야 입대할 수 있어 나이를 속여야 했다. 징집관이 17살의 어린 장인을 보더니 나이를 물었고, 장인이 18살이라고 답하자, 네가 무슨 18살이냐고 욕지거리를 하며 그냥 가라고 했다 한다. 장인이 18세가 맞는다고 거듭 우기자, 징집관은 옆에 놓여 있던 쌀가마를 한 번 들어보라고 했고, 장인이 그것을 번쩍 들자, 통과시켰다. 쌀가마 하나 들 수 있을 정도라면 앳된 소년이라도 전쟁터에 집어넣고, 전쟁터는 죽음의 장소인데 거기에 들어가야 적어도 굶어 죽지는 않을 수 있던, 그야말로 비정상이 정상이던, 지어낸 이야기 같은 시절이었다.

소년병으로 입대한 장인은 말단 소총수로 그 비극적 전쟁의 한 가운데를 뻘뻘 기어서 통과했다. 전투 중 장인은 폭탄 파편에 맞아 부상했고, 그 파편의 일부를 평생 몸속에 지니고 살아야 했다. 그래서 장인은 풍이 와서 쓰러져도 MRI 검사를 받을 수 없었다. 전쟁 후 장인은 아무것도 없는 남한에서, 당신 맨몸 하나 가지고 그야말로 눈물겹게 자수성가했다. 평안북도 안주 출신의 장모를 만나 가정을 이루었고, 3녀 1남을 낳아 길렀다. 플라스틱 재료 사업에 뛰어들어, 큰돈은 아닐지라도 자식들을 모두 대학까지 보내고, 평안하게 노후를 보낼 수 있을 정도의 기반을 닦았다. 환갑 무렵에는 많은 돈을 빌려주었던 친척 동생 사업이 부도가 나면서, 벌어놓은 재산 대부분을 잃는 아픔을 겪기도 했다. 그러나 자식들은 다 출가하여 그럭저럭 살았으며, 그들을 통해 보게 된 8명의 손자녀도 탈 없이 잘 컸다. 만년은 평안했다. 더구나 적십자사에 의해 이산가족 상봉자로 선정되어 금강산에서 여동생들과 50여 년 만에 해후하기도 했다. 여동생들에게 줄 선물을 포장하며, 소풍을 앞둔 어린아이처럼 들떠 있던 장인의 모습이 지금도 생생하다.

둘째 딸인 아내는 어릴 때부터 장인의 각별한 사랑을 받았다. 아내는 네 자녀 가운데 아버지를 가장 많이 닮았다. 장례 때 문상 오신 장인의 지인들이 아내를 보고, 너는 처음 보지만, 길 가다가 만나면 붙잡고 아무개 딸 아니냐고 물을 만큼 닮았다, 할 정도다. 외모뿐 아니라 성격도 흡사하다. 장인의 급하고, 여리고, 정 많고, 정확한 성품이 아내에게 그대로 있다. 나는 덩달아 장인께 많은 사랑을 받았다. 유학을 마치고 돌아와 포항에 직장을 잡은 나는 매달 한 번씩 서울의 학회모임에 가곤 했는데, 오가는 길이 멀어 그때마다 처가에서 이틀 밤을 잤다. 15년이 넘는 그 세월 동안, 장인은 내가 좋아하는 생태탕이라도 꼭 끓이도록 장모께 당부했고, 장모님은 생태 철이 아니면 다른 생선이나 육고기, 닭개장이나 곰국이라도 반드시 상에 올리곤 했다. 나는 선물 한번 변변히 사가지 못하고, 용돈 한번 제대로 드리지 못하면서, 처갓집을 제집처럼 드나들었고, 나를 위해 손님 대접하듯 준비한 그 정성 어린 음식을 제 집밥 먹듯, 아무렇지도 않게 먹어치우곤 했다. 장인은 한 상 가득 차려진 반찬을 보고도, 늘 찬이 적다고 미안해하시며, 장모를 타박하곤 했다.

군복무 중인 아들이 마침 처가에서 가까운 성남에 배치되었다. 카투사인지라 2주에 한 번씩 외출이나 외박을 나올 때마다, 그 아이는 가까이에 있는 외할머니 집에 가곤 했다. 군에 갔다는 손자가 군복도 입지 않고 뻔질나게 드나드니, 외할아버지는, 너는 군인도 아니다야, 라고 하며 반기곤 했다. 카투사 가운데서도 제일 '빡세다'는 전투부대에서 근무하는 아들은 나름대로 힘든 군 생활을 하고 있었고, 따라서, 옛날 육이오 때 당신이 고생하던 이야기를 하면서, 너는 군인도 아니다야, 하시는 할아버지의 말을 무척 듣기 싫어했다. 그러나 그 아이에게 외할머니 댁은 언제든지 가서 실컷 자고 마음대로 먹을 수 있는 곳이었다. 그 아이는 먹는 일, 자는 일 등 사소한 일상을 두고 할아버지와 다투는 일이 잦았는데, 그럴수록 정이 많이 들었다. 그래서 그랬는지, 부음을 듣고 훈련 중 달려온 아들은, 복받치는 슬픔을 주체 못 한 채, 할머니 손을 붙잡고, 할머니 이제 어떻게 해, 하면서 어린아이처럼 엉엉 울어댔다. 3일장 전체를 통해, 유일하게 소리 내어 울어준 것이 그 아이였다. 다른 것은 몰라도, 정 많고 여린 심성은 외할아버지와 엄마를 거쳐, 그 아이의 유전자 속에 들어간 것이 분명하다. 나는 아들의 울음이 가슴 아프고 고마웠다.

둘째 날 오전에 입관이 있었다. 추석 직후 뵙고 처음이자 마지막으로 장인의 육신을 볼 수 있는 순간이었다. 장모님부터 조카들까지 3대에 이르는 모든 유족이 영안실로 갔다. 장인은 유리 칸막이 너머에 수의를 입고 누워 있었다. 얼굴은 천으로 가린 채였다. 장의사들이 나와서, 다른 곳은 정성을 다해서 다 씻어드렸다, 이제 유족들이 얼굴을 닦아드리면 된다, 얼굴을 닦으면서 마지막으로 하실 말씀도 같이 하라, 고 했다. 먼저 처남과 처남댁이 들어갔다. 처남과 처남댁은 준비된 흰색 거즈를 손에 들었지만, 치솟는 슬픔을 이기지 못한 채 아버지 얼굴에는 손도 대지 못하고, 눈물만 뚝뚝 흘리며 한동안 서 있었다. 장의사가 옆에서, 너무 슬퍼하면 아버님이 홀가분하게 떠나시지 못한다, 평소 하지 못했던 말도 하면서 잘 보내드리라, 고 했다. 처남은, 아버지, 그동안 사랑한다는 말을 한 번도 못했는데, 아버지 사랑합니다, 라고 울먹이며 얼굴을 닦아드리기 시작했다. 장인의 각별한 사랑을 받았던 처남댁도, 감사했다, 사랑한다, 는 말을 눈물에 섞어 하면서 시아버지의 얼굴을 닦아드렸다.

장모에 이어 처형, 처제, 그리고 아내가 들어가 눈물을 비처럼 쏟으며 아버지 얼굴을 마지막으로 닦아드렸다. 아내는, 우리 아버지 잘생기지 않았느냐, 지금 웃고 있는 것 같지 않으냐, 라고 처형과 처제에게 말하면서 정성껏 아버지의 얼굴을 닦았다. 사위들 순서가 되어 세 사위가 들어갔다.

　어머니 돌아가셨을 때도 나는 입관에 참여하지 못했으니, 입관은 처음이었다. 수의를 입고 누워 있는 장인을 보니 도무지 현실 같지가 않았다. 내가 알고 있는 그 육신은, 나리 아바지, 라고 평안도 식으로 나를 부르고, 평양냉면을 즐겨 먹고, 노년 들어 한쪽 다리를 약간 불편하게 걷고, 성격이 급하여 어디를 가든지 출발 두어 시간 전에는 반드시 양말까지 갖추어 신고 기다리며, 고스톱을 치다 규칙을 두고 딸들과 티격태격 다투고, 어디서든 고기반찬이 나오면 술 한 잔 찾곤 하던, 살아 있는 육신이다. 그러나 이제 생을 내려놓고 거기 누워 있는 육신은 나에게, 멀리 오느라 고생했어, 하던 내 장인이 분명한데, 또한 내가 전혀 모르는, 낯선 무엇이었다. 너무도 새롭고 이상하고 당황스러운 존재였다. 장인의 시신은 생과 사의 거리가 꼭 장난처럼, 손바닥 뒤집듯 간단하게 넘어가는 찰나에 불과하다는 사실과, 그 찰나의 거리가 또한 영겁같이 멀고도 멀어, 한 번 넘어가면 결단코 다시 넘어올 수 없다는, 또 다른 사실을 속절없이 증명하고 있었다. 생과 사의 장난처럼 가까운 거리는 너무도 짧아 당혹스러웠지만, 생과 사의 아득한 거리는 너무도 멀어 확실하고 절망적이었다. 장인은 곧 일어날 것처럼 누워 있었지만, 결코 일어나지 못하리라는 것이 너무도 분명했다. 죽음은 황당하고도 명확했다. 그래서 슬펐다.

생을 내려놓은 장인의 육신은 장인이 아닌 것 같았지만, 그 육신이 또한 내 아내를 낳아 기르고, 내 아이들을 귀여워하고, 나를 귀하게 대접하던 내 장인이 분명했다. 수의 입은 장인은 어색하여 장인 같지 않았지만, 수의에 가려지지 않은 그 얼굴을 보니 분명히 장인이 맞아. 나리 아바지, 하고 부르던 장인의 목소리가 환청처럼 들리면서 슬픔이 목구멍에 복받치고 눈물이 쏟아졌다.

손자녀까지 모든 유족이 고인의 얼굴을 닦아주는 의식이 끝나자, 장의사는 장인의 머리를 씻기고 빗기고, 얼굴에 이런저런 것을 발라 정리한 후, 처남과 장모에게 꽃신을 신기게 했다. 장인이 다음 생으로 신고 갈 신이란다. 그리고 다시 유족을 불러 팔다리도 주물러드리고 마지막으로 작별인사를 하라고 했다. 그 후 유족을 내보낸 후 염을 했다. 콧구멍과 귓구멍을 틀어막고, 얼굴을 덮은 후 머리부터 발끝까지 온몸을 감싸고 꽁꽁 묶어 입관할 준비를 마쳤다. 염을 마친 장인의 몸은 마치 하나의 거대한 번데기 같았다. 한 생을 건너 다음 생에서 우화(羽化)할 번데기. 이 생을 뒤로하고 죽음의 아득한 강을 건너 저 생의 강기슭으로 건너갈 번데기. 사람들은 죽은 사람을 그렇게 번데기처럼 만들어 다음 생에서 다시 태어나기를 기원하는지 모르겠다.

유족은 다시 들어가서 장인을 들어 옮겨, 관에 뉘었다. 내 손에 전해지는 장인의 몸은, 차고 딱딱했다. 관에 누운 장인의 머리를 만지며, 장모가 들릴 듯 말 듯 작은 목소리로, 이렇게 가는 거유?, 하신다. 아름다운 메별(訣別)의 인사였다. 그때까지 자식들이 놀랄 정도로 슬픔을 잘 다스리고 있던 장모가 처음 보인 눈물이었다.

용인시립화장장은 마치 휴양지처럼 근사하고 시설이 좋았다. 빨리 간 때문인지 대기 시간도 거의 없이 화장을 시작했다. 고인의 신원을 확인하자마자 유족들이 마음을 준비할 시간도 없이 바로 관이 화로에 들어가고 커튼이 닫혔다. 그렇게 신속하게 처리해주는 것이 오히려 유족을 배려하는 것 같았고, 고마웠다. 유족 대기실은 화장실까지 따로 있을 정도로 널찍했다. 방의 한 면을 완전히 유리창으로 만들어 전망도 좋은데, 바닥은 따뜻하기까지 하여, 계속 눈물을 찍어내는 아내와 훌쩍이는 처남댁이 아니었으면, 가족이 오랜만에 놀러 온 느낌이 들 정도였다. 나를 비롯한 남자들은 대기실 밖으로 나가 매점에서 카페라테를 한 잔씩 사서 먹으면서, 밥벌이와 아이들 키우는 이야기를 하였다.

얼마나 시간이 지났을까, 슬슬 피곤이 몰려오는데, 처남이 급히 오더니 화장이 다 끝났다고 했다. 온 가족이 모여서 화장장으로 갔다. 커튼이 열리더니, 종업원이 유골함 뚜껑을 열어 보여주며, 분골하시겠습니까, 묻는다. 유골을 모시기로 한 대전 현충원은 분골이 원칙이라 했기에, 제일 앞에 서 있던 나는, 네, 라고 대답하며 유골함 안을 보았다. 유골함을 반쯤 채운 순백색의 뼛조각들. 81년의 생도 불에 사르고 나니 참으로 간결하구나. 인간은 육신을 입고 살며, 육신으로 즐거워하고, 육신 때문에 고통스럽다. 입 벌려 음식

떠넘겨야 육신이 유지되고, 남녀가 만나 육신을 섞어야 종족이 유지된다. 육신에 생이 붙어 있으니 육신과 더불어 생도 소멸한다. 그렇게 보면 물질은 인간존재의 본질 가운데 본질이다. 불사르고 남은 장인 육신의 찌꺼기를 보고 있으니, 인간존재의 물질성이 손에 잡힐 듯 뚜렷했다.

숭숭 작은 구멍들이 무수히 뚫린 뼛조각들은 깜짝 놀랄 정도로 깨끗한 흰색이었다. 수천 도 불의 뜨거움을 견디고 남은 유해遺骸. 인간 육신을 불로 사르고 남은 것이 깨끗이 하얗다니 다행이다. 몸과 마찬가지로 마음도 욕심, 자랑, 시기, 집착, 애증, 희망 따위 거추장스러운 것 다 태우고 나면, 그처럼 깨끗한 재만 남을 것인지. 마음에 거머리처럼 찰싹 붙어 있는 그런 것들은 떼어내 태워 없앨 수 있는 것인지. 거추장스러운 것 태우고 남은 마음이라는 것은 도대체 무엇일지. 그 타고 남은 마음의 유해를 두고 해탈이니 깨달음이니 하는 것인지. 마음은 육신의 어디에 자리 잡고 있는 것인지. 육신이 소멸한 후에도 마음은 어딘가에 남아 있는 것인지. 마치 옷걸이에 걸렸던 옷이 바닥으로 툭, 떨어진 후에도 옷걸이는 여전히 걸려 있듯이… 커튼 너머로 기계가 장인의 유골을 가루로 만들고 있는 사이, 눈앞에 장인의 흰 유골이 어른거리며 이런 생각이 어지럽게 오갔다. 이내 다시 커튼이 열리고, 다 되었습니다, 하는 소리와 함께 유골함이 불쑥 다시 나오며 그런 생각들을 흩어버렸다.

화장 절차가 예상보다 빨리 끝나서 대전 현충원에 도착한 시간도 생각보다 빨랐다. 오후 2시에 그날 안장할 유공자들의 합동 장례식이 있을 예정인데, 도착한 것은 11시 조금 지나서였다. 접수를 마친 우리는, 장의차 운전사가 상의도 없이 유족들을 태우고 가서 내려놓은 한 음식점에서 한우곰탕으로 이른 점심을 먹었다. 사흘 내내 병원에서 공급해준 육개장을 질리도록 먹어서 그런지, 아니면 가장의 죽음 앞에서도 살아 있는 식솔의 목숨이란 원래 그런 것인지, 뜨뜻한 곰탕은 술술 잘도 넘어갔다. 어머니가 돌아가시던 날에도 그랬다. 병원으로 저녁 도시락을 싸온 늙은 여전도사가, 산 사람은 먹어야 한다, 며 한 입 뜰 것을 강권했다. 나는 그 말과 도시락이 저주스러웠지만, 밥은 목구멍으로 넘어갔다. 아들이 목숨 부지하려 밥을 떠 넘기는 사이, 어머니는 생이 소진한 육신을 떠나가셨다.

식사 후 우리는 현충원으로 다시 돌아가 유족 대기실에서 한참을 기다려야 했다. 유족들은 혹은 몇 명씩 모여 잡담을 하고, 혹은 잠을 청하고, 또 혹은 밖에 나가 묘역을 구경하면서 시간을 보냈다. 주위 묘역을 둘러보니, 모든 묘에 조화 두어 송이들이 다 꽂혀 있었다. 생화가 더 좋으련만, 하는 마음도 잠깐, 생각해보니 조화가 더 낫겠다 싶었다. 생화를 꽂아놓으면 곧 시들 것인데, 시들어 흉하게 된 꽃을 누가 버려줄 것인가. 생화도 목숨 붙어 있는 육신이니, 생이 떠나버리면 육신은 추하게 시들어 썩기 마련이다. 유족이 늘 드나들며 때맞춰 생화를 갈아줄 수도 없을 것이고, 묘지 관리원들이 치워준다고 해도 한동안은 흉물스런 꽃이 꽂혀 있을 것이다. 조화는 처음부터 생이 붙어 있지 않은 물체이니, 생이 떠나 시들 일도, 썩을 일도 없다. 생을 비우고 난 후 불사르고 남은 육신의 찌꺼기 옆에 꽂힌, 생이 붙어 있는 꽃. 오히려 어울리지 않을지도 모르겠다. 비가 오나 눈이 오나 시들지 않고 환하게 피어 있을 조화들은 거기 묻힌 이들이 한때나마 바랐을, 육신을 가지고 이루지 못한 불멸의 상징처럼 보였다.

대전 현충원의 여러 묘역에는 이루 셀 수 없을 정도로 많은 돌비석이 도열해 있었다. 살아 있는 사람들을 압도하는 죽은 자들의 세상. 죽음의 속절없음과 보편성을 그만큼 실감할 수 있게 해주는 곳이 어디에 더 있을 것인가. 남의 죽음이 슬픈 것은 그 속에서 나의 죽음을 보기 때문인지 모른다. 가까웠던 사람의 죽음이 더욱 슬픈 것은 그 사람과 내 삶이 연결되어 있었기 때문이고, 그의 죽음으로 내 삶의 일부가 사라지기 때문일 것이다. 내 삶의 많은 부분을 차지했던 사람의 죽음은 그만큼 내 삶으로부터 많은 것을 가져가 버린다. 무릇 모든 타인의 죽음은 곧 나의 죽음이다. 죽음은 모든 사람이 혼자 맞이해야 할 절대적 고독이다. 그러나 죽음은 모든 인간, 모든 생명 붙어 있는 것을 엮어주는 공통의 운명이기도 하다. 모든 살아 있는 것을 묶어주는 끈인 죽음. 그러니 죽음을 모르고 어떻게 생을 알 것이며, 죽음 없이 어찌 진정한 인간일 수 있겠는가.

나는 눈앞에 펼쳐진 거대한 죽음의 바다를 바라보며, 갑자기, 언젠가 오게 될 나의 죽음과 화해하고 싶어졌다. 죽음과 화해할 수 있다면, 두려움과 부질없는 욕심에서 벗어나고, 어리석음과 허황함에 빠지지 않을 것이다.

합동 영결식은 강당에서 진행되었다. 장인을 포함하여 모두 10위였다. 각기 다른 날 태어났으나, 같은 날 죽고, 같은 장소에 이웃하여 묻히게 된 각별한 인연인 셈이다. 약 40분 동안 진행된 의식의 대부분은 종교의식이었다. 개신교, 불교, 천주교, 원불교 교역자들이 차례로 나와서 죽음에 의미를 부여하고, 유족을 위로하고, 망자들의 명복을 정중하게 빌어주었다.

합동 영결식을 마치고 장인이 안장될 묘역에 갔다. 새로 조성한 묘역인 듯, 이미 안장한 무덤에도 돌비석이 아니라 나무로 만든 임시 묘비가 세워져 있었다. 장인의 임시 묘비를 보니 장인 이름 앞에 "육군 병장"이라고 쓰여 있다. 나는 장인의 이름 앞에 붙은 "육군 병장"이 너무 어색해서, 적지 않게 당황했다. 그래, 맞구나. 내가 장인에 대해 모르는 것이 너무도 많았구나. 무거운 M1 소총을 들고 전쟁의 한복판에 서 있던 한 소년병의 공포와 고통을. 그 소년병의 몸에 박힌 포탄 파편들을. 81년 그의 삶의 부피와 무게를. 넬슨 만델라가 말했던가, 눈에 보이는 상처는 치료할 수 있어도 눈에 보이지 않는 상처는 의사도 고칠 수 없다고. 마음속에 숨겨진 상처 한두 개 없이 살아가는 사람은 없다. 소년병은 전쟁 이후 기댈 곳 없는 남한 땅에서 혼자 살아남기 위해 몸부림치면서, 눈에 보이지 않는 상처를 수없이 입어야 했을 것이다. 그 상처들은 다른 누구의 눈에도 띄지 않았을 것이고, 어쩌면 본인도 그 존재를 의식하지 못하며 지냈을 수도 있다.

몸의 일부분이 되어버린 소년병 속 포탄 파편은, 60여 년 후, 노인이 된 소년의 육신이 화장터의 화로에서 재로 변할 때야 비로소 제거될 수 있었다. 나는 삽으로 흙을 떠, 전쟁의 흉터를 이제야 지우고 거기 묻힌, 내가 알되 잘 알지 못했던, 한 늙은 소년병의 유골 위에 조용히 뿌렸다.

숭숭 작은 구멍들이 무수히 뚫린 뼛조각들은 깜짝 놀랄 정도로 깨끗한 흰색이었다. 수천 도 불의 뜨거움을 견디고 남은 유해遺骸. 인간 육신을 불로 사르고 남은 것이 깨끗이 하얗다니 다행이다. 몸과 마찬가지로 마음도 욕심, 자랑, 시기, 집착, 애증, 희망 따위 거추장스런 것 다 태우고 나면, 그처럼 깨끗한 재만 남을 것인지. 마음에 거머리처럼 찰싹 붙어 있는 그런 것들은 떼어내 태워 없앨 수 있는 것인지. 거추장스러운 것 태우고 남은 마음이라는 것은 도대체 무엇일지. 그 타고 남은 마음의 유해를 두고 해탈이니 깨달음이니 하는 것인지.

좀 조용히 해봐. 오늘 나 정신 말짱해. 자 그래서, 시간이 뭐야? 한스 카스토르프는 자기 코끝을 너무 세게 한쪽으로 구부려 핏기 없이 하얗게 되도록 만들면서 물었다. 제발 그걸 좀 말해줄래? 우리는 우리 감각으로, 시각과 촉각으로 공간을 인식해. 그런데 시간을 느끼는 기관이 뭐지? 그걸 좀 말해줄 수 있어? 봐, 모르겠지. 그런데 우리는 도대체 어떻게, 정확히 말해서 우리가 아는 게 전혀 없는 것, 그 성분이 뭔지 하나도 열거할 수 없는 것을 측정한다는 거지? 우리는 시간이 흐른다고 말해. 좋아, 마음대로 흐르라고 해. 그렇지만 그걸 측정하려면 […] 그게 측정 가능하려면 일정하게 흘러야 해. 그런데 어디에 그게 그렇다고 쓰여 있지? 시간이 우리의 의식을 위해서 일정하게 흐르는 거는 아니야. 단순히 우리가 그렇다고 추정할 뿐이지, 단지 우리 편의를 위해서. 그러니 우리가 하는 모든 측량이라는 것도 다 관습에 불과해, 말하자면.

— 토마스 만Thomas Mann, 《마법의 산Der Zauberberg》에서

시간과 기억

오늘 작은아이가 군에서 제대했다. 논산 훈련소 연병장에서 초조하게 사진을 찍으며 헤어진 것이 바로 며칠 전 같은데, 벌써 21개월이 흐른 것이다. 햇수로 3년이다. 차를 산 지 이제 겨우 한 2년쯤 된 것 같은데 계산해보니 올해가 5년째다. 지금 살고 있는 아파트에 이사 온 지 한 3년 되었나 했더니, 벌써 6년이나 되었다. 얼마 전 제자들이 만나자고 해서 나갔더니 졸업하고 처음 만나는 녀석들도 있었다. 2004년에 졸업했다는 한 녀석은 졸업 후 처음 만났으니 11년 만에 만난 셈이다. 바로 어제 수업시간에 만난 것 같은데, 녀석은 벌써 30대 후반이 되었다. 10년 세월이 허깨비 같아 어리둥절했다. 대학 후배 한 녀석은 어찌 된 일인지 꼭 10년 만에 한 번씩 만나게 된다. 유학 가기 직전 30대 초에 만났고, 미국에서 돌아와서 40대 초에 만났으며, 그 후 다시 50대 초에 만났는데, 그때 헤어지면서, 이제 환갑 때나 만나겠네, 농담 겸 아쉬움 겸 말했다. 벌써 환갑이 코앞인데 세월은 점점 더 빨라지니, 일상에 묻혀 살다 보면 10년 세월이 인기척도 없이 왔다 간다. 환갑이 아니라 다시 만나기나 할지 모르겠다.

아내와 결혼한 지도 30년 가까이 되어 간다. 큰아이 나이가 서른 가까이 되어 간다는 말인데, 끔찍하다. 탁자 위 사진 속에는 20여 년 전의 그 아이가 오늘도 서너 살 아이의 웃음을 웃고 있다. 은혼식이라는 이름이 붙은 결혼 25주년을 맞으면서, 아내와 둘이 서로 마주 앉아 기막혀 했다. 그것도 벌써 수년 전이다. 그때 우리는 50주년 금혼식까지 맞으려면 둘 다 80까지는 죽지 않고 살아야 한다며 웃었다. 그런데 생각해보면 내 생의 30대-40대-50대를 통과한 25년이 눈 깜빡할 동안 흘렀으니, 50대-60대-70대를 통과할 25년이 얼마나 짧을 것인가. 내가 앞으로 얼마나 더 살지 모르지만, 확실한 것은 남아 있는 시간이 지금까지의 시간보다 더 짧으며, 더 빨리 지나갈 것이라는 사실이다. 나이가 들수록 남은 삶에 대해, 따라서 죽음에 대해 더 자주 생각하게 된다.

거역할 수 없는 시간의 흐름은 인간존재의 가장 절박한 물질적 한계다. 시간 속에 사는 인간이 시간의 흐름에 따르는 육체의 노후老朽와 소멸을 벗어날 방법은 없고, 모든 인간에게 죽음은 필연적이다. 생로병사는 시간이 우리에게 일방적으로 안겨주는, 받고 싶지 않은 선물이다. 플라톤의 《크라튈로스Cratylus》에는 고대 그리스의 철학자 헤라클레이토스Heraclitus(기원전 c.535~c.475)가 남긴, "같은 강에 두 번 발을 담글 수 없다"는 유명한 말이 인용되어 있다. 이 말은 흘러가는 시간의 되돌릴 수 없는 성격을 말해주는 항구적 명제로 남아 있다. 시간이 인간존재를 쇠잔衰殘하게 하는 거역할 수 없는 힘인 이유는 그것이 방향을 가지고 흐르며, 한번 흘러가면 절대 되돌릴 수 없기 때문이다.

그런데 왜 시간은 한 방향으로밖에 흐르지 않을까. 물리학적으로 말하자면 시간의 방향성은 엔트로피entropy의 변화에 의해 설명할 수 있다. 엔트로피는 독일의 루돌프 클라우지우스Rudolf J.E.Clausius, 1822~1888가 에너지 흐름의 방향성을 설명하기 위해 제안한 개념이었다. 자연계에서 나타나는 여러 현상은 에너지의 흐름에 일정한 방향성이 있음을 알려준다. 예를 들어, 더운물을 그냥 두면 반드시 식는다. 그러나 차가운 물을 그냥 둔다고 더워지는 법은 결코 없다. 또한 뜨거운 물에 차가운 돌을 넣으면 물은 식고 돌은 데워진다. 차가운 돌이 더 차가워지고 뜨거운 물이 더 뜨거워지는 법은 없다. 이와 같은 에너지의 방향성을 두고 클라우지우스는 엔트로피가 증가하는 것이라고 설명한다.

그런데 자연 현상이 왜 엔트로피가 증가하는 방향으로 진행해야 하는지를 설명하는 것은 어려운 문제였다. 이것을 해결한 사람이 엔트로피를 확률적인 방법으로 새롭게 정의한 오스트리아 물리학자 루트비히 볼츠만Ludwig Eduard Boltzmann, 1844~1906이다. 그는 상자 안에서 서로 부딪치며 돌아다니는 기체 분자들을 예로 들었다. 분자들이 무질서한 상태로 움직일 확률이 군인들처럼 열과 행을 맞추어 질서 있게 움직일 확률보다 훨씬 더 높다. 무질서한 상태가 질서 있는 상태보다 비교할 수 없을 정도로 더 많은 경우의 수를 가지고 있기 때문에 상자 속에서 분자들은 언제나 무질서한 상태에 있다. 질서 있는 상태가 무질서한 상태보다 얼마나 만들어지기 어려운가를 다른 간단한 예를 통해 살펴볼 수 있다. 상자 안에 100개의 조각을 맞추어 하나의 그림을 만들 수 있는 퍼즐 조각들이 있다고 하자. 이때 퍼즐 조각들이 들어 있는 상자를 마구 흔들어서 그 그림이 만들어질 확률을 A, 만들어지지 않을 확률을 B라고 정하자. 이때 A가 될 수 있는 그림 조각들의 배열(질서)은 단 한 가지 경우밖에 없지만, 그 단 한 가지 이외의 모든 배열(무질서)이 B다. 100개의 조각을 흔들어 만들 수 있는 모양의 수는 100팩토리얼(약 9×10^{157})이다. 따라서 퍼즐 상자를 흔들어 그림이 맞추어질 확률은 $1/9 \times 10^{157}$, 사실상 0인 것이다.

엔트로피는 우주와 자연의 진행 방향을 말해준다. 확률이 낮은 상태를 엔트로피가 낮은 상태, 확률이 높은 상태를 엔트로피가 높은 상태라고 한다면, 엔트로피의 증가는 확률이 낮은 상태에서 높은 상태로 변해가는 것을 의미한다. 왜냐하면 질서보다 무질서 상태가 압도적으로 경우의 수가 많기 때문이다. 퍼즐 조각들을 미리 맞추어 놓더라도(질서) 흔들면 곧 그림이 깨지고(무질서), 처음 흔들었을 때 부분적으로 그림을 형성하던 조각들도 흔들수록 점점 더 형태를 알아볼 수 없는 무질서한 배열로 바뀐다. 잘 가꿔진 정원(질서)도 한두 주만 방치하면 망가져 잡초 밭(무질서)으로 변하기 시작하고, 시간이 지날수록 더욱 황폐해진다. 외부의 힘 혹은 에너지가 질서의 상태를 만들어놓아도, 그 힘이나 에너지가 제거될 경우 시간이 지날수록 점점 더 무질서의 상태로 변하는 것이다. 따라서 엔트로피의 증가는 확률이 더 낮은 쪽에서 높은 쪽으로, 질서가 무질서로 변해가는 것을 의미하기도 한다.

시간이 흐를수록 자연의 엔트로피는 증가하는 방향으로 진행하며, 그 진행은 되돌릴 수 없다. 테이블 위의 꽃병(질서)은 바닥에 떨어져 깨질 수(무질서) 있지만, 바닥에 흩어진 깨진 조각들이 다시 합쳐져 꽃병이 되고 테이블 위로 올라가 놓이는 일은 절대 있을 수 없다. 엔트로피는 시간의 흐름과 더불어 증가하므로, 엔트로피가 감소하지 않고 증가하기만 한다는 말은 시간이 일정한 방향으로만 흐른다는 말과 같다. 결국, 물리적 시간은 되돌릴 수 없는 것이다.

인간은 정신적인 존재다. 물질로서의 인간개체들이 엔트로피가 증가하는 방향으로 흐르는 시간 속에 산다고 할지라도 인간 정신은 그런 시간으로부터 자유로울 수 없는가? 물리학적 우주의 비밀에 가장 근접한 것으로 여겨지는 현존 인물 가운데 한 사람인 영국의 스티븐 호킹Stephen Hawking, 1942~은 그럴 수 없다고 답한다. 《간략한 시간의 역사A Brief History of Time》에서 그는 시간을 "열역학적 시간의 화살" "심리적 시간의 화살", 그리고 "우주적 시간의 화살"로 나누고, 이 셋이 모두 같은 방향으로 흐른다고 설명한다. 심리적 시간의 화살psychological arrow of time이란 사람들이 느끼는 시간의 흐름을 말하는데, 미래는 기억하지 못하고 과거만 기억하는 현상으로 나타난다. 호킹은 무경계 조건no boundary condition이니 상상의 시간imaginary time이니 하는 어려운 개념을 사용하여 우주가 팽창하건, 아니면 수백억 년의 세월이 흘러 다시 수축하건 엔트로피가 증가하는 방향으로 진행될 것이고, 결국 시간의 방향이 바뀌지 않는다고 설명했다. 인간이 느끼는 심리적 시간의 방향은 열역학적 시간 및 우주적 시간의 방향과 같다는 것이다.

열역학적 시간, 우주적 시간, 그리고 심리적 시간은 모두 과거에서 미래로 흐른다. 따라서 인간은 지나온 일을 기억할 뿐 미래를 기억할 수 없다. 미래는 아직 오지 않은 시간이기 때문이다. 시간여행을 할 수 있는 타임머신이 있다면 시간의 화살을 극복할 수 있지 않을까? 영화 〈백 투 더 퓨처Back to the Future〉 제2편에서처럼 타임머신을 타고 미래로 갔다가 다시 돌아온다면 미래를 기억할 수 있다. 그러나 그 미래에 대한 기억은 아직 오지 않은 시간을 미리 기억하는 것이 아니라, 시간을 건너뛰어 가서 보고 온, 이미 과거가 된 시간에 대한 기억이다. 시간을 거슬러 과거로 가거나 시간을 건너뛰어 미래로 간다는 개념은 근본적으로 시간이 일정한 방향으로 흐른다는 것을 대전제로 한다.

시간과 공간이 얽혀 있는 것으로 이해하는 현대의 물리학은 시간을 되돌릴 수는 없어도 느리게 할 가능성을 제공한다. 알베르트 아인슈타인Albert Einstein, 1879~1955이 1905년에 발표한 특수상대성 이론에 의하면 어떤 물체가 관찰자로부터 멀어질 때, 그 멀어지는 속도가 빨라질수록, 관찰자가 볼 때 그 물체 속의 시간이 느려진다. 지구로부터 광속의 60퍼센트 속도로 날아가는 우주선이 있다면, 그 우주선 속의 시계는 지구의 시계보다 20퍼센트 느리게 간다고 한다. 만약 우주선이 절대속도인 빛의 속도로 달릴 수 있다면, 시간은 정지할 것이다.

빛의 속도, 혹은 거기에 근접한 속도를 오랫동안 낼 수 있는 우주선을 만들 수 있다면, 지구의 시간과는 상관없이 우주의 천체를 탐험할 수 있을 것이다. 그러나 인간이 광속에 가까운 속도를 낼 수 있는 우주선을 만드는 것은, 적어도 현재의 과학기술로는 불가능하다. 움직이는 물체는 그 움직임으로 인해서 에너지를 가지게 되고, 그 추가된 에너지가 물체의 질량에 더해지기 때문이다. 속도로 인해 더 무거워진 물체를 가속하기 위해서는 거기에 상응하는 더 많은 에너지가 필요하다. 그런데 물체의 속도가 빛의 속도에 근접하면, 질량이 거의 무한대에 이르게 된다. 그것을 빛의 속도에 근접하게 움직이려면 무한대의 에너지가 필요하다. 물론 무한대의 에너지를 낼 수 있는 기술은 없다. 이런 이유 때문에 내재적 질량이 없는, 예를 들어 빛이나 전파, X선, 감마선 같은 것들만 광속을 낼 수 있다. 우리가 알고 있는 모든 일상의 물체는 결코 빛의 속도로 움직일 수 없는 것이다.

인간의 과학기술이 지금보다 상상할 수 없을 정도로 발전하여 빛의 속도에 가까운 여행을 할 수 있고, 따라서 시간이 거의 흘러가지 않을 정도로 느리게 할 수는 있을지라도, 지나간 시간을 되돌릴 수는 없다. 타임머신을 타고 내가 시간여행을 한다고 해도, 타임머신 밖 시간의 방향은 변하지 않는다. 빛에 가까운 속도로 나는 우주선 속에서도 시간은 흐르며, 거기서 느끼는 시간의 속도도 지구 위에서 내가 지금 느끼는 시간의 속도와 같다. 지구 위에 있는 사람들의 입장에서 본다면 광속 우주선 속의 내가 거의 늙지 않는 것처럼 보이겠지만, 정작 그 속에 있는 나는 지구 위에 있던 것과 똑같은 속도로 늙는다고 느낄 것이다. 모든 인간에게 시간은, 상대적 느림과 빠름의 차이는 있을지라도, 한 방향, 즉 과거에서 미래로 흘러간다. 타임머신을 타고 미래에 갔다 올 수 있어도, 그 미래를 미래가 아니라 과거로 기억하게 된다. 모든 경험은 과거이며, 따라서 모든 기억도 과거에 대한 기억이다. 과거에서 미래로 흐르는 시간의 화살은 인간존재의 삶을 지배한다.

《고백록》에서 시간의 본질에 대해서 깊이 사색했던 아우구스티누스Augustine of Hippo, 354~430는 시간을 기억과 연관시켜 이해했다. 그에 의하면 시간은 미래에서 와서 현재를 통과하여 과거로 흘러간다. 그런데 미래는 아직 존재하지 않아서 없고, 현재는 극히 짧은 순간순간이며, 과거는 이미 지나가서 존재하지 않는다. 아우구스티누스는 더 이상 나눌 수 없는 최소한의 시간 단위가 있다면 그것만이 '현재'라고 할 수 있다고 보았다. 만약 조금이라도 길이(시간의 지속)가 있다면 그것을 미래와 과거로 나눌 수 있을 것이고, 더 이상 현재라고 할 수 없게 된다.

모든 것은 현재에만 존재한다. 그런데 아무리 짧더라도 길이가 있어야 시간이 존재할 수 있다는 사실과 현재는 길이가 없는 짧은 시간이라는 사실은 상충한다. 모든 것은 현재에만 존재하는데 현재는 너무 짧아 아무것도 존재할 수 없는 것이다. 이 역설적 현상을 두고 고민하던 아우구스티누스는 시간의 길이를 마음속에서 찾는다. 사건이 발생할 때 사건 그 자체는 과거로 사라져 없어져도 그것이 관찰자의 마음에 남겨놓은 인상들이 남는다. 그 인상들에 대한 현재의 기억이 시간의 길이라는 것이다. 다시 말해서, 시간은 기억 속에 존재한다는 말이다. 이런 의미에서 아우구스티누스는 "긴 과거는 과거에 대한 긴 기억이다"라고 했다. 지금부터 1600년 전 사람의 생각이라고는 믿을 수 없을 정도로 앞선, 시간의 내면적 차원에 대한 이해다.

인간은 과거를 사는 존재다. 모든 경험은 과거이며, 그 경험에 대한 기억만 현재라는 순간순간에 남아 있다. 아우구스티누스식으로 말하자면, 인간의 삶은 머릿속에 기억이라는 과거의 지층을 쌓으면서 시간의 흐름을 통과한다. 내가 시간의 흐름에 따라 생로병사의 과정을 통과해간다는 의미에서 본다면 시간은 나를 소멸하게 하는, 저항할 수 없는 힘이다. 그러나 시간은 그냥 지나가는 것이 아니라 기억이라는 시간의 지층을 내 머릿속에 쌓으면서 흘러간다. 머릿속에 쌓인 기억의 총합이 내 삶이고, 나다. 기억이 나의 정체성을 만들어내고, 내 세계관을 형성하며, 내 판단을 좌우한다. 기억이 풍성하고 아름다우면 내 삶이 풍성하고 아름다우며, 기억이 단조롭고 내용이 부실하면 내 삶 또한 그러한 것이다. 현재의 삶이 기억의 길이와 부피와 무게를 좌우한다. 어떤 기억을 가질 것이냐는 기본적으로 현재를 어떻게 사느냐의 문제다. 현재는 과거를 결정하고, 과거에 대한 기억은 현재의 삶을 만든다.

그런데 기억의 세계는 물리적 시간의 세계와 많이 다르다. 우선 시간의 길이가 기억의 길이와 비례하지 않는다. 의미 없이 지루한 일상은 아무리 오래 지속되어도 기억되지 않을 수 있다. 그러나 어떤 경우에는 매우 짧은 시간 동안 경험한 일이 기억 속에 영원히 남을 강렬한 인상을 남기기도 한다. 더구나 기억의 세계에는 시간의 화살이 존재하지 않는다. 더 오래된 일이 훨씬 생생하게 기억날 수 있고, 바로 어제 일인데 가물가물할 수 있다. 과거의 일을 기억해보면, 가까운 과거에서 시작하여 먼 과거로, 즉 시간의 역순으로 순차적으로 기억나지 않는다. 기억은 순서가 없으며, 매우 선별적이다. 수십 년이 순식간에 지나간 것처럼 느껴지는 이유는 그 수십 년 동안의 일이 모두 기억나지 않고, 그 가운데 내 뇌리腦裏에 깊은 인상을 남긴 일들만, 그것도 순서 없이 듬성듬성 기억나기 때문이다.

내가 어떤 사람을 안다는 것은 내가 그 사람을 그렇게 기억한다는 말과 다르지 않다. 나와 사람들과의 현실 속 관계는 대부분 순간적이다. 듬성듬성 짧은 시간 속에서 만나고 그 만남의 인상이 내 머릿속에 만들어놓은 기억, 그것이 내가 아는 그 사람인 것이다. 어떤 사람은 스치듯 만났다 헤어져서 다시 만날 일이 없고, 어떤 사람은 일상적으로 만나면서 산다. 같은 집에 사는 가족, 특히 부부라면 상당히 많은 시간을 같이 보내게 된다. 그런데 심지어 부부라고 할지라도 정작 같이 '현재'를 공유하는 시간이 그렇게 많지는 않다. 나는 아내와 같이 있는 시간이 무척 많은 경우에 속한다. 휴일이나 방학 때는 거의 온종일 붙어 있다시피 한다. 그러나 그렇게 같이 있다고 해도, 각자 따로 시간을 보내는 일이 더 많다. 각자 자기가 할 일을 할 뿐 아니라, 같은 텔레비전 방송을 보아도 각기 다른 것을 보고 느끼는 것이다. 같이 살고 있는 아내가 그러하니, 가끔 보거나, 이제는 더 이상 만나지 못하는 사람들은 말할 것도 없다.

현실에서 다시 만나지 못하는 사람은 순전히 기억 속에만 존재한다. 죽은 사람들이 그러하다. 돌아가신 할머니, 할아버지, 어머니, 세상을 먼저 떠난 친구들, 동료들은 내 기억 속에만 존재할 뿐이다. 내가 죽고 나면, 나는 아내와 자식들, 그리고 나를 기억하는 사람들의 기억 속에만 있을 것이다. 시간이 흐르면 기억도 흐려지고, 그 기억을 가진 사람들이 죽으면서 완전히 소멸한다. 기억은 시간으로부터 꽤 자유로운 편이지만, 그렇다고 시간의 흐름을 완전히 벗어날 수는 없다. 죽은 후에도 내가 다른 사람의 기억 속에 살아남는 것은 두려운 일이다. 수백, 수천 년을 두고 기억되는 사람들도 있는데, 그것이 그들이 원했던 일일지 궁금하다. 소설가 이문구 선생은 문학상이 됐건, 기념비가 됐건 자기 이름으로 된 어떤 것도 만들지 말라고 유언했다. 법정 스님은 자신이 죽은 후에는 자신의 저술을 더 이상 출간하지 말라고 유언했다. 이 세상을 떠난 후까지 기억되기를 바라지 않았던 것인데, 살아 있는 동안에도 동상을 만들고 여기저기 이름을 새겨대는 사람들과 비할 바 없이 성숙한 인간들이었다.

기억은 찰나 같은 현재가 끊임없이 과거로 흘러가면서 내 머릿속에 찍어놓은 인상이다. 사라져버린 시간의 퇴적물이며, 지나간 삶의 흔적이다. 그런데 내 머릿속에 그렇게 쌓인 시간의 지층 가운데 그나마 기억해서 떠올릴 수 있는 것은 극히 일부에 불과하다. 더구나 인간의 인지작용 가운데 기억만큼 신뢰하기 어려운 것도 없다. 어릴 때 다니던 초등학교에 가 본 사람이라면 기억이라는 것이 실제와 얼마나 다른지 느꼈을 것이다. 그럼에도 불구하고 우리의 정체성, 판단력, 대인관계, 가치관이 우리 기억에 의존하고 있다. 우리는 그 얼마 되지 않을뿐더러 정확하지도 않은 기억, 지나가 버려 지금은 존재하지도 않는 과거에 대한 기억 때문에 괴롭기도 하고, 슬프기도 하고, 행복하기도 하다. 또한 어디에도 존재하지 않으며, 오직 내 상상이 만들어낸 허구라고밖에 할 수 없는 미래 때문에 걱정하기도 하고 희망을 가져보기도 한다.

내 고통과 행복과 걱정과 희망의 정체는 무엇일까. 나는 자신과 다른 사람들과 이 세상에 대해 도대체 얼마나 제대로 알고 있는 것일까. 허깨비 같은 기억에 의존하여 살고 판단하는 내가 꼭 허깨비 같다.

인간은 과거를 사는 존재다. 모든 경험은 과거이며, 그 경험에 대한 기억만 현재라는 순간순간에 남아 있다. 아우구스티누스식으로 말하자면, 인간의 삶은 머릿속에 기억이라는 과거의 지층을 쌓으면서 시간의 흐름을 통과한다. 내가 시간의 흐름에 따라 생로병사의 과정을 통과해간다는 의미에서 본다면 시간은 나를 소멸하게 하는, 저항할 수 없는 힘이다. 그러나 시간은 그냥 지나가는 것이 아니라 기억이라는 시간의 지층을 내 머릿속에 쌓으면서 흘러간다. 머릿속에 쌓인 기억의 총합이 내 삶이고, 나다. 기억이 나의 정체성을 만들어내고, 내 세계관을 형성하며, 내 판단을 좌우한다.

큰 배움大學의 길은 더럽히지 않은 본디 천성을 드러내는 데 있고, 사람을 사랑하는 데 있고, 지극한 선善에 머무는 데 있다.(大學之道 在明明德 在親民 在止於至善)

— 《대학大學》에서

나는 근로를 신성하다고 우겨대면서 자꾸만 사람들을 열심히 일하라고 몰아대는 이 근로감독관들의 세계를 증오한다. 〔…〕나는 밥벌이를 지겨워하는 모든 사람들의 친구가 되고 싶다. 친구들아, 밥벌이에는 아무 대책이 없다. 그러나 우리들의 목표는 끝끝내 밥벌이가 아니다. 이걸 잊지 말고 또다시 핸드폰을 차고 거리로 나가서 꾸역꾸역 밥을 벌자. 무슨 도리 있겠는가. 아무 도리 없다.

— 김훈, 《밥벌이의 지겨움》에서

공부, 자기자랑, 그리고 밥벌이

이삼 년 전부터 학회에 거의 발을 끊었다. 내 이름이 등록된 학회라고 해보아야 하나밖에 없다. 이제 그곳마저 거의 나가지 않게 된 것이다. 나는 가능하면 학술대회에 참여하지 않는다. 그것은 다른 무엇보다, 사람 많이 모이는 곳에 가기를 꺼리는 내 성향 때문이다. 다른 사람과 같이 있을 때 에너지가 솟는 관계지향적인 사람도 있다고 하는데, 내 경우는 그와 정반대인 것 같다. 내가 반사회적 성향을 가진 것은 아니지만, 대화보다는 독서를 통해 배우고, 여러 사람 속에 있을 때가 아니라 조용히 혼자 있어야 생각이 정리되는 편에 속한다. 더구나 나는 사람들과 처음 사귀는 것을 잘 못하고, 사람을 많이 가려서 사귄다. 따라서 모르는 사람들과 만나 교제하는 일은 내가 좀처럼 하기 어려워하는 일 가운데 하나다.

그동안 이런저런 크고 작은 국내외 학술대회를 불가피하게 다니면서 발견한 것 가운데 하나는, 학술대회를 개최하는 주된 이유가 공부보다는 사교라는 사실이다. 물론 학술대회에는 학자들이 모이고 논문이 발표된다. 학술대회에서 발표되는 논문 가운데는 누가 보아도 많은 시간과 노력의 결과물이라고밖에 볼 수 없는 좋은 논문도 있다. 그러나 학술대회의 논문은 누구의 검증도 거치지 않은 상태에서 발표된다. 따라서 논문 가운데는 초고 상태인 글이 많고, 심지어는 논문이라기보다는 개요 수준의 글을 논문이라고 들고 와서 발표하는 경우도 비일비재하다. 따라서 공부가 목적이라면, 조용한 연구실에 앉아서, 일정한 심사과정을 거친 논문들이 게재된 학술지를 찬찬히 읽는 편이 훨씬 더 효과적이다. 더구나 어느 학술대회든지 시간에 쫓기기 마련이어서 발표자는 이삼십 분 내, 어떤 경우에는 십여 분 안에 논문 한 편을 발표해야 한다. 따라서 많은 시간과 노력을 들여 충실하게 쓴 좋은 논문을 가지고 온 발표자일수록 자신의 발표 내용이 만족스럽지 못하기 마련이다. 나는 학술대회에서 논문을 발표할 때마다 가능하면 완성된 논문을 써서 가곤 했는데, 시간의 부족 때문에 단 한 번도 만족스럽게 발표해본 적이 없다.

　　아마도 이런 사정은 세계의 어느 분야 학술대회나 마찬가지일 것이다. 결국 학술대회는 공부를 위한 장이라기보다는, 공부의 형식을 갖추되, 사실은 같은 분야를 공부하는 사람들이 모여서 교제하는 장이라고 보아야 할 것이다. 그렇다 보니 학술대회는 찬찬히 앉아서 공부하며 글을 쓰는 사람보다는 사람을 만나서 사귀고 대화하기를 즐기는 사람들을 위한 장소가 되기 마련이다. 다시 말해서 학술대회는 글보다는 말이 힘을 발휘하는 곳이다. 따라서 학술대회에 가보면 제대로 된 논문이나 저술은 내지 못했을지라도 말 잘하고 사교성 좋은 사람들이 물 만난 듯 활약하는 모습을 쉽게 볼 수 있다. 나처럼 말보다는 글로 생각을 정리하여 표현하는 데 익숙하고, 사교적이지 않은 사람에게 학술대회 참여는 여간 고역이 아니다.

내가 시간이 갈수록 학술대회 참여를 점점 더 꺼리게 된 데에는 위에서 말한 것 이외에 또 다른 이유가 하나 있다. 학술대회에 참여하면서 내가 깨닫게 된 것 가운데 하나는 학술대회가 결국은 자기자랑을 위한 장소라는 점이다. 학자들이 자랑하고 싶어 하는 것이란, 단적으로 말해서, 자기가 똑똑하다는 사실이다. 논문을 써서 발표하고 학술적 저술을 출간하는 일도 결국은 자신이 해당 분야와 관련하여 얼마나 많이 알고 있는지를 과시하기 위함이다. 학술대회는 그런 일이 단시간에 집단적으로 일어나는 장소다. 논문 발표자는 논문을 통해 자기가 얼마나 똑똑한지 보여주려 하고, 논찬자는 교묘한 비판을 통해 자기가 그 발표자보다 더 똑똑하다는 점을 과시하려 한다. 그러면 청중 가운데 발표자와 논찬자보다 더 똑똑하다고 생각하는 사람이 나서서 질문이나 촌평을 통해 한 수 가르치려 한다. 물론 학자들의 모임이다 보니 발언자들이 말은 정중하고 예의 바르게 한다. 그러나 곰곰이 생각해보면, 자기자랑을 위해서가 아니라면 왜 힘들여 논문을 써서 발표하고, 해당 분야 전문가도 거의 읽지 않을 논문을 읽고 와서 논찬을 하며, 또 굳이 청중까지 나서서 한마디 거드는 것일까 싶다.

유학을 마치고 귀국한 후 딱 한 군데의 학회에만 가입하였다. 그 대신 방학을 제외하고 매달 열리는 그 학회의 학술발표회에 거의 15년간 개근하다시피 참석했다. 젊은 학자가 해야 할 일 가운데 하나가 선학들께 인사드리고 동료 학자들과 사귀는 것이니 그렇게 하는 것이 불가피했다. 열심히 참석하다 보니 사람을 사귀게 되고, 사람을 사귀니 학회에서 이런저런 일을 맡지 않을 수 없었다. 한동안 논문 발표와 논찬을 많이 맡아서 했다. 그러다 보니 자연스럽게 논문도 많이 쓸 수 있었고, 이런저런 프로젝트에도 참여할 수 있었다.

학회 활동은 학계의 동향을 파악하고, 내 시야를 넓히고, 무엇보다 좋은 동지들을 사귀는 데 큰 도움이 되었다. 그런데 학술발표회에 참여하여 논문을 발표하거나, 논찬을 하거나, 아니면 청중석에 앉아 발언하고 나면 늘 마음이 괴로웠다. 논문 발표가 되었건, 논찬이 되었건 그렇게 남 앞에 나서서 말하려는 것이 결국 나 자신을 드러내고 싶어 하는 욕심에서 나온다는 사실을 점점 더 깨닫게 된 것이다. 그런 욕심은 특히 다른 사람의 논문 발표를 들을 때 더 증폭되곤 했다. 다른 사람의 논문 가운데 잘못된 내용이나 비판거리가 될 만한 것이 나오면 그것을 꼭 짚고 넘어가야 직성이 풀렸다. 학문을 엄밀하게 해야 한다는 이유로 그랬을 것이다. 그러나 내 논문에 대하여 다른 사람이 하는 비판은 그것이 아무리 학문적이라고 해도 마음에 상처가 되었다. 시간이 지나면서, 공부보다 사람이 먼저일

텐데, 남의 마음을 상하게 하면서까지 학문이라는 것을 할 필요가 있을까 하는 생각이 들기 시작했다. 그러다 보니 좀 심한 비판을 했다는 생각이 들면 모임이 끝난 후 일부러 찾아가서 양해를 구하게 되었고, 점점 비판적 발언 자체를 하지 않게 되었고, 묵묵히 뒷자리에 앉아 있기 시작하다가 아예 학술대회 참여를 꺼리게 되었다.

나처럼 스스로의 마음을 다스리지 못하고 자기자랑 하기를 좋아하는 사람은 가능하면 자기를 자랑할 수 있는 자리를 피해야 한다. 학자에게 자기자랑 할 수 있는 공식적 자리는 학술대회다. 어떻게 보면 학술대회란 학자들이 대놓고 자기자랑을 하라고 만들어놓은 무대라고 할 수 있겠다. 학자들이 내세울 것은 지식밖에 없다. 그렇다고 학생들이나 비전문가를 대상으로 지식을 자랑하는 것도 웃기는 일이다. 그러니 자기들끼리 학술대회라는 무대를 만들어 지식을 서로 겨루고 자랑할 수 있게 한 것이다. 격투기 선수들이 일반인을 상대로 싸움자랑을 할 수 없어 링과 규칙을 만들어놓고 서로 겨루는 것과 다를 바 없다. 나는 주먹자랑을 하고 싶어 격투기 무대에 입문하여 자천타천으로 많은 경기를 했는데, 치고받고 싸우던 어느 날 갑자기, 도대체 이 짓을 왜 하고 있는가, 하는 질문을 하게 된 격투기 선수와 다를 바 없었다.

그렇지만 내가 하고 싶은 것만 하고, 하기 싫은 일은 언제든지 거절하며 살 수는 없는 것이 세상살이다. 내가 아무리 학술대회에 참여하기 싫어한다고 해도, 학자로 등록된 이상, 대학을 직장으로 가진 이상, 그리고 학문 공동체에 속한 이상 어쩔 수 없이 이런저런 자리에 참여해야 하는 일이 있기 마련이다. 더구나 가까운 선후배가 부탁해오면 좀처럼 거절하기 힘들다. 평소 호형호제하며 가깝게 지내는 사이인지라 그들의 요청을 거절하는 것은 학술대회에 참가하는 일보다 더 괴로운 일이었다. 그리고 생각해보니, 내가 자발적으로 학술대회에서 논문을 발표한 적은 거의 없는 것 같다.

학술대회에 참여하지는 않을지라도 학자라는 소리를 들으며 먹고사는 사람이니 논문이나 책을 쓰지 않을 수 없다. 그동안 몇 권의 책을 출간했다. 처음에는 책을 내야 한다는 의무감 같은 것에 쫓기듯 출간했다. 책을 출간할 때마다 책 소개가 신문에 게재되고, 어떤 신문에는 상당히 긴 서평도 실렸다. 여기저기서 축하 혹은 칭찬하는 말이 들리기도 했다. 나는 그런 말이 공치사라는 사실도 모르고 좋아라 했다. 그래서일까, 2001년부터 2004년까지 2권의 단독저서와 1권의 2인 공저를 출간했다. 거의 1년에 1권씩 출간한 셈이다. 그런데 책을 출간하면 할수록 기쁨은 감소하고, 오히려 자책감이 증가하기 시작했다. 책을 출간한 직후의 기쁨이 사라지고 난 후 냉정하게 책을 읽어보면, 오·탈자부터 의심스러운 내용에 이르기까지, 아차 싶거나 얼굴이 화끈하게 달아오르는 부분이 발견되기 마련이다. 그러면 책을 너무 성급하게 내었다는 생각이 들고, 다시는 책을 함부로 내지 않겠다고 속다짐을 하게 된다. 책을 낼수록 내학문의 한계가 더 뚜렷하게 보였고, 그런 실력으로 책을 낸 것이 창피해졌다. 그러나 공부도 결국은 공명심에서 나오고, 공명심이란 마약과도 같은 것이다. 나는 그 이후에도 2권의 단독저술을 다시 출간했다.

한국은 학자가 100권의 책을 내더라도 논문을 따로 쓰지 않으면 공부를 하지 않은 것으로 평가되는 이상한 나라다. 정부는 한국연구재단이나 외국 평가기관에 등재된 학술지에 게재된 논문만 연구실적으로 인정한다. 그러니 대학들도 같은 방법으로 연구실적을 계산한다. 북한 같은 전체주의 국가를 제외한다면, 정부가 나서서 연구자의 논문에 대해 어떤 것은 인정하고 어떤 것은 인정하지 않는다고 정하는 나라가 우리나라 말고 또 있을까. 어쨌든 국내 모든 대학은 등재지에 일정한 편수의 논문을 게재한 사람만 승진, 재임용하고, 정부나 정부출연 기관은 대학의 연구 역량과 실적을 그 대학 교수들이 국내외 등재지에 게재한 논문의 총 편수로 측량한다. 논문 편수가 곧 연구실적으로 평가되니 연구자들이 논문의 질보다는 편수에 집착할 수밖에 없다. 좋은 논문을 쓰기 위해 시간과 노력을 들이기보다는 여러 편의 논문을 쓰려고 한다. 논문의 질을 따지는 경우는 전혀 없으니 게재되기 쉬운 곳에 가능하면 많은 편수의 논문만 게재하면 되는 것이다. 그러다 보니 소규모 동아리 수준의 학술지들이 생겨나고, 학문의 발전에 별다른 기여를 하지 않는 수많은 논문이 양산된다.

아무리 명저, 역저力著를 출간하더라도 책은 연구실적으로 평가되지 않는 이 기괴한 현상은 오늘날 한국 고등교육계의 한 단면이다. 정부는 논문을 쓰지 않으면 생존할 수 없는 제도를 만들어놓았다. 그동안 많은 교수가 공부는 하지 않으면서 정년까지 월급은 꼬박꼬박 받으면서 살았기 때문일 수도 있다. 그러나 대학의 문제를 대학 스스로 해결하게 내버려두지 않으려는 것은 대학교육에 간섭하고, 자기들에게 편리한 방식으로 문제를 해결하려는 정부의 욕심 이외에 아무것도 아니다. 대학 입장에서는 정부의 제도를 따를 경우 정부의 정책에 부응한다는 핑계를 대면서 교수들을 꼼짝 못 하게 통제할 수 있으니 일거양득인 셈이다. 어쨌든 정부와 대학이 만들어놓은 기준에 맞추어 생존하려다 보니 나도 논문을 양산했다. 처음에는 논문과 아울러 책을 따로 써서 출간했다. 그러나 시간이 가면서 논문과 책을 둘 다 쓰는 일이 힘겨워졌다. 따라서 마지막으로 출간한 책은 그동안 발표했던 논문을 묶어서 낼 수밖에 없었다. 한국의 대학교수들이 논문 생산기계가 되었으니, 어떻게 좋은 책 한 권을 찬찬히 쓸 수 있겠는가. 내가 쓴 논문과 책들을 죽 훑어보면, 이 가운데 10년 20년이 지난 후에도 읽힐 만한 것이 무엇일까, 싶다.

책이 되었건 아니면 논문이 되었건 학자들이 글을 발표하는 것은 자기를 드러내기 위함이다. 학문 발전에 기여하기 위함이라는 근사한 이유가 있겠지만, 만약 학문 발전에 크게 기여하더라도 자기 이름이 전혀 드러나지 않는 일이라면 과연 몇 사람이나 책과 논문을 쓸지 모르겠다. 글을 쓰다 보면 공부의 본질이 자기수양에 있다는 사실을 느끼게 될 때가 있다. 공부를 하면 할수록 모르는 것은 더 늘어나고, 글을 쓰면 쓸수록 만족스럽기는커녕 내 한계만 느끼게 된다. 그러니 공부란 나 자신의 한계를 깨달아가는 작업이다. 그렇지만 그런 깨달음을 넘어 굳이 공개적으로 내 글을 발표하는 것은 아무래도 나를 자랑하려는 마음 없이는 설명하기 어렵다.

여러 종류의 지적인 직업군 가운데 나는 소설가를 최고로 친다. 당대 최고의 소설가는 당대 최고의 지식인이다. 예를 들어, 최인훈의 소설들을 읽어보면 문학적 상상력은 둘째 치고 그 넓고도 깊은 사고가 분단 이후 한국 지성의 제일 높은 봉우리 가운데 하나에서 나왔다는 사실을 실감하지 않을 수 없다. 또한 박경리가 《토지》에서 보여준 한국사나 인간존재에 대한 이해는 어느 한국사학자나 철학자, 종교학자와 견주어도 부족함이 없는 도저^{到底}한 것임이 틀림없다. 그와 같은 방대하고 깊은 지식을 소설이라는 복잡한 장치 속에 녹여내는 일은 학자들이 논문을 쓰는 것과는 비교할 수 없이 어려운 일임이 틀림없다.

내가 소설가들을 대단하게 생각하는 것 가운데 하나는 그들이 자기 자신을 스스럼없이 드러내는 데 있다. 나는 소설가들이, 정도의 차이는 있겠지만, 근본적으로 약간은 자기노출증을 가지고 있다고 생각한다. 모든 문학작품은 작가의 경험세계에서 나온다. 물론 어떤 경험은 자기가 직접 겪지 않은 간접경험일 것이다. 그리고 좋은 소설가라면 순전히 상상만으로 소설을 쓰기도 한다. 그러나 소설가치고 자기의 경험이 녹아 있는 소위 자전적 소설 하나 쓰지 않은 사람은 없을 것이다. 그리고 굳이 자전적 소설은 아닐지라도, 소설 군데군데 작가의 삶과 생각이 녹아 있기 마련이다. 영화배우들이 연기라는 이름으로 대중 앞에 벌거벗은 모습을 드러내는 것과 마찬가지로, 소설가는 소설 속에 자신의 삶과 생각을 드러낸다. 문학 공부한 사람치고 좋은 소설 하나 남기고 싶은 생각을 가져보지 않았거나, 습작을 해보지 않은 사람은 드물 것이다. 물론 나도 습작이랍시고 소설을 써보기도 했는데, 완성도 있는 소설을 쓰는 것은 둘째고, 소설에 내가 드러나는 것을 견디기 어려웠다. 제대로 된 소설가라면 복잡한 소설적 장치 속에 자신의 모습을 숨길 수 있을 것이지만, 나는 그런 역량도 없었다. 어쨌든 좋은 소설을 위해 자기 자신을 드러내는 소설가들에게 찬탄하지 않을 수 없다.

논문이나 학술서적은 소설처럼 나를 드러내지 않아도 되니 편하다. 그러나 그것이 음악이건 영화건 아니면 논문이건 공개된 자리에 내보내는 작품은 근본적으로 자기를 드러내기 위함이다. 아무리 훌륭한 논문이라도 아무도 읽지 않고 그 가치를 몰라준다면 의미가 없다. 학자들 가운데는 본인 스스로 글을 쓰지 않고 사후에 제자들이 배운 것을 정리하여 출간한 책으로 유명해진 경우도 있다. 예를 들어, 현대 언어학의 기념비적 저술인 소쉬르 Ferdinand de Saussure의 《일반언어학 강의 Cours de linguistique générale》는 제네바 대학에서 한 강의를 제자 두 사람이 필기하여 소쉬르가 죽은 후 출간한 것이다. 그러나 이런 경우는 매우 드물다. 학자는 논문이나 글을 써야 그 능력을 인정받고 이름을 알릴 수 있다. 미국에는 "출간하라 아니면 죽는다 Publish or Perish"는 유명한 말이 있다. 대학에 새로 임용된 소장학자들이 해당 분야에서 권위 있는 학술지에 논문을 게재하거나 좋은 연구서를 출간하지 못하면 정년보장을 받지 못하고 쫓겨난다는 뜻이다. 학자들은 글을 써서 이름을 알리고, 그 이름값으로 먹고산다.

대학에서 20년 가까이 있다 보니, 대학에서 하는 학문도 하나의 제도라는 생각을 하게 된다. 모름지기 제도는 구성원이 많아지고 이해관계가 복잡하면 불가피하게 만들어지는 것이다. 학문이라는 것에 수많은 사람의 이해관계와 욕심이 얽혀 있으니, 그것들을 일정하게 정리해주는 제도가 필요한 것은 사실이다. 다른 모든 제도와 마찬가지로 학계라는 제도도 그 자체의 기제機制에 의해 움직이고, 그러다 보니 원래의 목적에서 멀어지는 길을 가기 마련이다. 그러나 제도란 그 구성원에게 강제하는 힘이 있으니, 그 속에 있는 한 그 힘에 속박될 수밖에 없다. 나는 지금 그 제도 속에 갇혀 옴짝달싹할 수 없게 되었다.

제도로서의 학문은 인간의 공명심과 다양한 이해관계를 교묘하게 결합시켰다. 이 제도 속에 있는 한 의무적으로 논문을 쓰지 않을 수 없고, 역설적이게도, 많은 논문을 쓰기 위해서는 제대로 된 공부를 할 수가 없다. 공부란 자기극복의 과정인데 공부를 할수록 자기를 드러내야 하는 신세가 되었다. 나는 언제 이 제도에서 벗어나 제대로 된 공부, 자기자랑이 아니라 자기성찰을 위한 공부를 할 수 있을까. 그런 공부를 하고 쓴 책이라야 시간이 흘러 다시 읽어보아도 크게 부끄럽지 않을 것이다. 공명심과 깨달음 사이에서 흔들리는 내 공부가 위태롭다.

내가 대학이라는 제도 속 학문이 가진 한계를 알면서도 벗어나지 못하는 이유는 공부가 밥벌이이기 때문이다. 나는 공부를 해서 먹고산다. 그렇기 때문에 아무리 지겹고 힘들어도 제도 속 공부를 그만둘 수가 없다. 세상에 지겹지 않은 밥벌이가 어디에 있겠는가. 먹고살기 위해서 하는 일이란 운명적으로 지겨울 수밖에 없는 것 같다. 생업에는 말 그대로 목숨들이 붙어 있다. 나와 아내와 아들이 내 월급에 의존해 생존하고 있다. 연로한 아버지와 장모께는 용돈이라도 드려야 한다. 딸아이가 사실상 경제적으로 독립했으니, 그나마 식솔이 줄어들어 다행이다. 그 목숨들이 먹고살아야 하니 직장을 그만둘 수가 없고 공부를 하더라도 그 울타리 안에서 해야 한다. 어느 직장이건 지겹고 힘들기만 하지는 않을 것이다. 나도 내 직장에서 즐겁고 행복하고 보람 있을 때가 적지 않다. 그러나 마음대로 그만둘 수 없다는 사실, 그것이 직장생활을 지겹게 만든다.

이 세상에 먹고사는 일만큼 중요한 것이 있을까. 그리고 예수만큼 남들이 먹고사는 일에 관심을 가진 이가 또 있었을까. 2000년 전 팔레스타인 땅 가난한 목수의 아들이었던 그는 배고픔을 알았을 것이다. 먹고사는 일의 절박함을 누구보다 더 잘 알았기에 그것을 다른 무엇보다 더 중요하게 여겼다. 그는 40일 동안 굶는 것을 견디는 시험을 거친 후 사람들 앞에 나서기 시작했고, 무엇을 먹을까 무엇을 마실까 걱정하지 말라고 위로했으며, 가난하고 소외된 사람들과 같이 먹고 마시는 것이 일상이었고, 부활한 후 제일 먼저 한 일도 제자들을 찾아가서 같이 먹는 일이었다. 그리고 예수는 제자들에게 매일 "일용할 양식"을 줄 것을 신께 기도하라고 가르쳤다. 예수의 가르침 가운데서 내가 가장 좋아하는 부분이다. 일용할 양식을 달라는 간구는, 죄를 사하여 달라는 간구와 악에서 구해달라는 간구에 앞서서 등장하는, 인간이 신에게 해야 할 제일 첫 간구다. 예수는 40일을 굶은 자신을 유혹하는 마귀에게, 사람이 떡으로만 살 것이 아니라 하나님의 말씀으로 산다, 고 답했다. 그 말은 떡과 하나님의 말씀을 모두 먹고살라는 뜻이니, 떡을 무시한 것이 아니라 하나님의 말씀에 버금가는 수준으로 격상한 셈이다.

먹지 않고 살 수 없으니, 먹이를 버는 일은 생명을 살리는 일이다. 모름지기 생명을 살리는 일은 모두 거룩한 일이다. 그러니 먹고 살기 위해 하는 일은 거룩한 일이다. 삶이 바닥에 가까워 먹고사는 일이 고달프고, 아무리 벌어도 목숨 부지하기가 힘들다면, 그 목숨이라도 부지하게 해주는 일은 더욱 거룩하다. 한 사람이 벌어 여러 목숨을 부지하고 있다면, 그 밥벌이 또한 더욱 거룩할 것이다. 그러나 거룩한 일이라고 아무리 의미를 부여해도 밥벌이는 지겹기 마련이다. 하루 일해야 하루 간신히 살 수 있고, 여러 목숨이 달려 있어 더럽고 치사해도 때려치울 수 없다면 더욱 지겨운 일이다. 그러니 밥벌이의 지겨움과 밥벌이의 거룩함은 동전의 양면이거나 태생적 쌍생아이리라. 밥벌이로서 내 공부도 본질적으로, 어쩔 수 없이, 지겹고도 거룩하다.

아드소, 선지자들 그리고 진리를 위해서 죽을 수 있는 자들을 두려워해라. 그런 자들은 대체로 많은 사람을 함께 죽게 하거나, 종종 저들보다 먼저, 때로 저들 대신 죽게 하는 법이다. 호르헤가 악마 같은 짓을 한 것은, 자기의 진리를 너무 방탕하게 사랑한 나머지 거짓을 파괴하기 위해서라면 무슨 짓이든 할 수 있었기 때문이다. 호르헤가 아리스토텔레스의 두 번째 책을 두려워한 것은, 그 책이 아마도 모든 진리의 얼굴을 일그러뜨리는 방법을 정말로 가르침으로써 우리가 우리 자신의 망령의 노예가 되지 않게 했기 때문일 것이다.

—움베르토 에코Umberto Eco,《장미의 이름》에서

세월호

원래 성향이 은둔적이라서 그런지 몰라도, 사람들이 나를 알아보는 장소에 가능하면 가지 않으려 한다. 얼굴이나 이름을 공공연한 자리에 내놓는 것이 그렇게 불편할 수 없다. 그러다 보니 인터뷰 같은 것도 딱 질색이다. 방송 인터뷰는 물론이고, 사진이나 이름이라도 내야 하는 신문사 인터뷰도 거북하다.

한번은 어떤 학술 심포지엄에서 논문을 발표했더니 취재하러 왔던 한 방송국 피디가 카메라를 들이대며 간단히 인터뷰를 하자고 했다. 내가 무척 곤혹스러워하며 인터뷰는 하지 않았으면 좋겠다고 하니, 그래도 시청자를 위해서 간단히 몇 말씀만 해달라고 우겼다. 나는 끝까지 그의 요구에 응하지 않았고, 피디는 별난 사람 다 보았다는 듯한 표정으로 카메라를 접고 가버렸다. 또 언젠가는 책을 하나 내었더니 모 신문사 기자가 어떻게 알고 전화를 해왔다. 인터뷰를 하자는 것이었다. 나는 인터뷰는 하지 않는다고 일언지하에 거절했다. 그랬더니 사진도 이름도 내지 않을 테니 책을 소개할 수 있게 몇 가지 질문을 하겠다고 했다. 나는 질문을 이메일로 보내면 아는 대로 자세히 답하겠다고 했고, 결국 그 기자는 이메일로 질문을 보내왔다. 다른 신문의 기자도 비슷한 용무로 연락을 해왔기에 이메일로 질문을 보내라고 했다. 아마 두 기자는 이름값도 없는 시골 학교 서생이 꽤 유난스럽게 군다고 생각했을 것이다.

아무리 사람 모이는 곳에 가기를 꺼린다고 해도, 학자로 등록했고 그 이름으로 먹고사니 학회에는 나가지 않을 수 없다. 하여 나는 딱 한군데의 학회에 등록하여, 오직 그곳에만 나간다. 그 학회는 매년 봄과 가을에 학술 심포지엄을 개최하며, 심포지엄 후에는 참가자들에게 저녁식사를 대접하는 것이 관례다. 2014년 봄 심포지엄은 서울 서대문의 감리교신학대학에서 개최되었다. 심포지엄이 끝난 후 나는 참가자 무리에 섞여 식사장소로 이동했다. 식당에 도착해보니 우리가 일찍 간 편이었다. 온 순서대로 앉는 것이 뒤에 오는 사람에 대한 배려인지라, 우리 일행은 한쪽 구석에 있는 식탁으로 갔다. 그곳에는 이미 한 사람이 자리 잡고 앉아 있었다. 육십 대 중후반쯤 된, 안면이 있는 분이었다. 그날 심포지엄이 거의 끝날 때쯤 그가 들어오던 것이 기억났다. 나중에 다른 사람들 말을 들어보니, 기독교 관련 학술모임에 빠지지 않고 참여하는 목사라고 했다.

그 식탁에 같이 앉은 다른 사람들은 모두 학회 임원이었고 평소 잘 아는 사이였다. 그러니까 그 목사만 일종의 이방인인 셈이었다. 그런데 그 목사는 그런 어색한 자리에 익숙한 듯, 자기가 수저를 돌리고, 물 잔에 물을 따랐다. 만약 내가 그처럼 모르는 사람들 사이에 앉았다면 생각하지도 못했을 목사의 행동이 약간 부담스럽기는 했지만, 나는 그에게 사의를 표했다. 식사가 나오기를 기다리며 우리는 이런저런 이야기를 나누었다. 그런데 내 앞에 앉아 있던 감신대 교수가 느닷없이, 학생들에게 세월호 이야기를 하느냐, 무어라고 이야기하느냐, 고 물었다. 세월호 참사가 있은 지 한 달 정도밖에 되지 않았던 시점인지라 대한민국 온 국민이 집단 트라우마를 안고 있던 때였다. 당황한 나는, 이야기하지 않는다, 나 스스로가 그 문제를 감당하지 못하고 있어서 학생들에게 뭐라고 말할 준비가 되어 있지 않다, 고 답했다. 같이 앉아 있던 사람들도 대부분 대학교수였는데, 내 말에 동의한다는 듯 고개를 끄덕이거나 그렇지요, 저도 그래요 등 간단히 반응하는 분위기였다.

다들 머릿속에는 세월호가 가득 차 있는데, 감히 뭐라고 말을 꺼내기 힘든 것이 분명했다. 그래서인지 감신대 교수와 나의 대화가 있은 후, 잠시 아무도 말을 하지 않으며, 날라온 반찬이나 집어 먹고 있었다. 그런데 갑자기, 그 목사가 대각선 방향에 앉아 있던 나를 쳐다보며 이렇게 말하기 시작했다. 세월호 사건은 이단인 구원파를 심판하기 위해서 하나님이 일으킨 것이다. 세월호가 원래 출발할 시간에 출발하지 않았고, 원래의 항로대로 운행하지 않았다. 그것은 하나님께서 배를 침몰시키기 위해 일부러 그렇게 한 것이다. 나는 더 듣고 있을 수가 없어서, 아니, 하나님이 구원파를 벌하기 위해서 그 많은 무고한 어린 생명을 수백 명씩 죽였다는 겁니까, 그게 지금 말이 되는 소리라고 하는 겁니까, 라고 말했다. 피가거꾸로 솟구치는 것 같았다. 끓어오르는 분노를 억제할 수 없어, 목소리가 심하게 떨렸고, 목소리가 높았다. 내 반응이 의외였던지 목사는 잠시 멈칫했다. 그러나 이내 그는 하나님이 세월호를 침몰시키기 위해 어떻게 했는지 다시 설명하기 시작했다. 나는 다시, 그런이야기 더 듣기 싫으니 그만하세요, 라고 면박을 줄 수밖에 없었다. 나는 일찍이 내가 모르는 사람에게 그렇게 화를 내본 적이 없었으며, 그렇게 대놓고 면박을 준 적도 없었다. 그는 다시 한 번 잠시 멈칫하더니 자기주장을 또다시 펴기 시작했다.

동석했던 사람들은 이 황당한 사태에 어찌할 줄 몰라 했다. 옆 식탁에 앉아 있던 한 여자 교수가, 어이가 없다는 표정을 지으며 나보고 거기 있지 말고 자기 식탁으로 건너오라고 거들었다. 그 목사를상대하지도 말라는 뜻이었다. 그러나 나는 자리를 옮기는 것이 오히려 더 이상해서 애써 그냥 앉아 있었다. 다행히 그사이에 본 음식이 들어왔고 우리는 학회 관련 이야기를 하며 밥을 먹었다. 그러나그 와중에도 그 목사는 하나님이 왜, 어떻게 세월호를 침몰시켰는지 계속 강변하고 있었다. 우리는 아예 그를 무시할 수밖에 없었다.

학회 심포지엄 뒤풀이 식사를 마친 후 몇몇 가까운 동료와 함께 다시 모였다. 나는 식사 중 있었던 일을 이야기해주었다. 그랬더니 광주의 한 대학 교수가 자기 학교 교수 가운데도 그런 이야기를 하는 사람이 있더라고 했다. 일행 중 또 다른 사람도 그런 식의 이야기를 들어본 적이 있다고 하였다. 생각이 부족하거나 이상한 신앙을 가진 목사의 이야기로 여기고 있던 나는 다시 충격을 받았다.

집에 돌아온 나는 왜 일부 기독교인이 세월호 참사를 신의 섭리로 이해하는지 곰곰이 생각해보지 않을 수 없었다. 그러던 중 내가 가르치는 어떤 과목 과제로 학생들이 제출한 독후감을 읽다가 또다시 가슴이 철렁하는 경험을 해야 했다. 학생들이 읽은 책 가운데 하나는 김동춘의 《전쟁과 사회》였다. 한국전쟁이 일반 민중에게 가져다준 고통에 대한 실증적이고 사회학적인 분석인데, 전쟁의 비극과 후유증을 적나라하게 보여주는 훌륭한 저술이다. 학생들은 대부분 남북 양쪽에서 민간인을 상대로 자행되었던 잔인한 학살행위, 자기 국민을 버리거나 죽인 정부의 무책임, 전쟁 이후에도 지속되는 전시체제와 그 악영향 등 책에서 새롭게 알게 된 내용을 언급하며 한국전쟁을 역사적으로 성찰하기 마련이다. 그런데 놀랍게도 몇몇 학생은 그 비극적인 전쟁이 일어난 것도 다 하나님의 뜻이라는 의견을 당당하게 피력하고 있었다. 일제강점기 때 신사참배를 한 것에 대한 벌이다, 전쟁을 통해 공산주의가 무엇인지 가르쳐주어 남한이 반공국가가 되게 했다, 혹은 왜 하나님이 전쟁을 일으켰는지 잘 모르지만 전쟁이 당시 우리 민족에게 가장 필요했기 때문에 일으켰을 것이다, 라는 식의 논리였다.

인터넷을 찾아보고 나서 나는 이런 해괴한 논리가 일부 교수와 목사들에 의해서 공공연하게 피력되고 있음을 알게 되었다. 세월호 참사와 같이 기가 막혀 이성이 마비되는 것 같은 사건뿐 아니라 수많은 목숨을 앗아간 해일이나 태풍 같은 자연재해, 그리고 역사 속의 온갖 비극적 사건에 대해서도 모든 것이 신의 뜻이라고 주장하는 것이다. 심지어 어떤 신학대학 교수는 출간된 논문을 통해 임진 왜란이 조선인들에게 기독교를 전파하기 위한 하나님의 섭리였다고 버젓이 주장했다. 그런 글을 학술 논문이라고 쓴 사람이나, 그것을 심사하여 통과시킨 심사자들이나, 세상에는 참으로 나와 같은 세상을 사는 것이 맞는가 싶은 사람이 많다는 생각을 하게 된다.

인간은 세상을 자기 방식으로 이해하기 위해 노력하는 독특한 동물이다. 현생 인류의 생물학적 분류명이 '호모 사피엔스^{homo} ^{sapiens}'다. 라틴어 '사피엔스'는 판단하는, 분별하는, 현명한 등의 뜻을 가진 단어다. 따라서 호모 사피엔스는 사물을 '판단하는 인간'이라는 뜻이 되겠다. 판단하고 분별한다는 것은 주체적으로 사유한다는 뜻이다. 사유하여 사물을 판단하고 분별하는 인간은 자기를 둘러싸고 벌어지는 온갖 일이 왜 벌어지는지 알고 싶어 한다. 이유를 아는 것이야말로 판단과 분별의 시작이요 끝이기 때문이다. 따라서 사람들은 자기와 관계된 사람들의 말과 행동은 물론이고 자기의 삶과 멀리 떨어져 있는 사람들의 일에 대해서도 해석하고 의미를 부여하려 한다. 자연현상에 대해서도 마찬가지다. 물론 우리 주위에서 벌어지는 인위적, 자연적 현상 가운데는 어렵지 않게 이해할 수 있는 것도 많다. 제자가 주는 선물, 이웃이 건네는 어색한 인사, 대통령이 시장 상인에게 내미는 손 등의 의미를 몰라 고민하는 경우는 없다. 그리고 해가 떴다 지고, 달이 찼다 이지러지고, 바닷가에 파도가 몰려오고, 가을에 낙엽이 지는 것에 당황해하지도 않는다.

호모 사피엔스는 자기가 분별할 수 없는 것, 즉 이유를 모르거나 설명할 수 없는 현상을 견디기 어려워한다. 자연과학이 발달하지 않았던 시절의 인류에게 일식이나 월식, 혜성의 출몰, 화산분출과 지진, 큰 가뭄이나 홍수와 같은 예외적이거나 삶을 위태롭게 하는 자연현상은 두려움의 대상이었다. 수많은 인명을 앗아가는 전쟁, 전염병, 기근 등의 현상도 마찬가지였다. 따라서 근대 이전의 인간들은 자신들이 가진 세계관, 지식, 사유의 한계 내에서 그런 현상들을 해석하고자 노력했다. 그런 해석들이 가진 공통점 가운데 하나는 자연현상 속에서 초자연적 의미를 찾는 것이었다. 대규모 자연재해를 죄에 대한 심판으로 여겼고, 혜성이나 일식이 나타난 것을 그 전조로 보았다. 오래된 신화와 전설, 종교적 설화들은 그런 해석의 기록들이라고 할 수 있다.

베르그송Henri Bergson이 말한 것으로 기억하는데, 인간은 자기에게 익숙하지 않은 새로운 일이 벌어지면 그것을 자기에게 익숙한 것을 통해 해석하는 습성이 있다. 즉 인간은 완전히 새로운 것을 인식할 능력이 없다는 것이다. 그만큼 인간의 사유는 일정한 범주를 벗어나지 못하고, 그 범주 안에서만 작동한다. 그런데 이 세상에는 인간의 사유가 미칠 수 없는 일이 너무도 많다. 어떤 일은 너무도 엄청나서 그것을 자기의 세계관 내에서 자기에게 익숙한 방식으로 해석

할 경우 자기모순에 빠져 그 세계관 자체가 위기에 빠진다.

1755년 11월 1일 아침 9시 40분 포르투갈의 리스본과 그 인근 지역에 대지진이 발생했다. 리히터 규모 9에 해당하는 재앙적 지진이었는데, 리스본 시내 한복판 땅이 5미터 간격으로 갈라질 정도였다. 약 40분 후 엄청난 규모의 해일이 리스본 해안을 넘어 시내를 덮쳤다. 이 지진과 해일로 인해 포르투갈, 스페인, 그리고 모로코에서 약 5만 명이 사망했다. 인류 역사상 가장 큰 피해를 준 지진 가운데 하나인 '리스본 대지진'이었다. 이 지진은 선한 신의 섭리를 믿어왔던 당시 사람들에게 큰 혼란과 공포를 일으켰다. 왜냐하면 지진이 일어난 날이 교회의 최대 명절 중 하나로서 모든 성인을 기념하는 만성절萬聖節; All Saints Day이었기 때문이다. 더구나 포르투갈은 신실한 기독교 국가였고, 리스본에는 수많은 크고 작은 성당이 있었다. 사람들은 자기들 방식으로 대지진을 판단하고 분별하여 의미를 부여하기 시작했다. 신학자들과 사제들은 이 대재앙이 하나님의 심판이라고 주장했다. 우주를 지배하고 인간사에 일일이 관여하는 선한 신에 대한 믿음을 대지진과 직접 연결시킨 것이다. 그러나 철학자들과 지식인들은 구체적 사례를 거론하며 그런 주장을 정면으로 반박하였다. 리스본의 수많은 성당은 파괴되고, 당시 세계 최대 공립병원이었던 왕립 만성병원Royal Hospital of All Saints은 화재로 불타 치료받던 환자 수백 명이 죽었지만, 리스본의 유명한 홍등가는 거의 피해를 당하지 않았던 것이다.

리스본 대지진에 대한 교회의 섭리론적 해석은 자충수였다. 그렇지 않아도 계몽주의에 영향을 받아 당시의 신학적 세계관에 의문을 품고 있던 수많은 사람이 신을 끌어들여 그 비극을 설명함으로써 결과적으로 선한 신의 존재를 의심스럽게 만들어버리는 교회의 논리에 실망했고, 신학은 조롱거리가 되었다. 프랑스 사상가 볼테르^{Voltaire}는 《캉디드^{Candide}》라는 풍자소설 속에서, 선한 신이 다스리는 이 세상은 "가능한 모든 세상 가운데 최고의 세상"이며 이 세상 모든 일은 최상의 목적을 위해서 일어난다는 종교적 믿음을 리스본 대지진을 예로 들어 조롱하고 비난하였다. 사람들은 리스본 대지진에 대한 좀 더 합리적인 해석을 찾았다. 지진이 초자연적 간섭이 아니라 자연적 원인에 의해 발생하는 자연현상이라는 생각이 대두했고, 다양한 과학적 해석이 제시되었다. 과학적 지질학, 근대 지진학의 시작이었다.

2014년 11월 13일, 유럽우주국^{ESA}이 10년 전에 발사한 우주선 로제타^{Rosetta}호가 내려보낸 탐사선이 '67P/추류모프-게라시멘코'라는 이름의 혜성 표면에 착륙했다. 로제타호는 10년 동안 64억 킬로미터를 날아서, 총알보다 38배 빠른 속도로 태양 주위를 돌고 있던 지름 6킬로미터의 그 작은 혜성에 도착했다. 참고로 태양과 지구 사이의 거리가 약 1억 5000만 킬로미터다. 태양과 지구의 거리라는 것도 도무지 감이 잡히지 않는 천문학적 거리인데, 그것의 42배가 넘는 거리를 날아 혜성에 도착한 것이다. 이때 혜성은 지구에서 5억 킬로미터 이상 떨어져 있었는데, 그것은 빛의 속도로 30분이 걸리는 거리였다. 유럽우주국 통제센터와 로제타가 서로 교신하려면,

예를 들어 관제센터에서, 여보세요, 했을 때 로제타가, 네, 라고 답한 것을 다시 관제센터가 듣는 데만 1시간이 걸리는 셈이다. 과학자들은 그 먼 거리에서 상상하기 힘든 속도로 움직이고 있는, 우주에서 본다면 먼지 한 톨같이 작은 물체 위에 정확하게 탐사선을 착륙시킨 것이다. 그들은 로제타가 보낸 사진과 각종 자료를 통해 혜성의 정확한 모양은 물론이고 그것이 암모니아, 메탄, 유황 등이 섞여서 내는 고약한 냄새를 풍기며, 두꺼운 먼지층으로 뒤덮인, 45억 년 된 거대한 얼음 덩어리라는 사실을 알게 되었다.

로제타의 혜성 착륙 성공은 현대 과학의 일대 쾌거다. 인간의 과학적 지식이 어느 지경에 이르렀는지, 참으로 놀랍기만 하다. 과학기술은 보통사람들이 그 속도를 따라갈 수 없을 정도로 빠르게 발달하고 있다. 인문학적 성찰과 사회과학적 탐구도 크게 증진되어 인식의 지평을 넓히고 있다. 인간은 자기 자신과 자기를 둘러싼 세계에 대하여 과거와 비교할 수 없을 정도로 아는 것이 많아졌다. 그럼에도 불구하고, 이 세상에는 인간이 모르는 것이 여전히 너무도 많다. 이제 인간은 지진이 왜 일어나는지 안다. 그러나 언제 어디에서, 어떤 규모의 지진이 발생할 것인지는 여전히 알지 못한다. 또 인간은 각종 동물의 복제에 성공했고, 최근에는 복제로 인간 줄기세포까지 만들어 인간 복제도 시간문제가 되었다. 그러나 아직 인간은 수정이 이루어질 때 남녀 성별이 어떻게 결정되는지 알지 못하며, 따라서 남자와 여자를 선별해서 낳지 못한다. 아는 것이 많아질수록 모르는 것이 많아지기 마련이다. 인간이 세상에 대해 아는 것이 많아질수록, 무엇을 모르는지도 알게 된다. 우리는 방대한 지식과 어처구니없는 무지가 뒤섞인 세상에서 살고 있다.

호모 사피엔스는 무의미한 세상을 견디기 어려워한다. 힘들고 고통스러울지라도 의미 있는 일은 그래도 견뎌낼 수 있다. 의미 없는 삶만큼 괴로운 것이 어디 있겠는가. 30년 가까이 가정주부로 살아온 아내는 갱년기를 지나며, 왜 사는지 모르겠다, 는 말을 가끔 했다. 힘들여 키워놓은 아이들은 다 장성해서 집을 떠났고, 고생해서 뒷바라지한 남편은 대학교수가 되어 자기 일에 바쁘다. 아이들을 키우고 남편 공부 뒷바라지할 때는 힘이 들어도 목표가 있으니 의미 있는 고생이었다. 그러나 나이 50이 훌쩍 넘고 자신의 삶을 돌아보니, 내 삶의 의미가 무엇인가, 하는 생각이 들었던 것이다. 아내가 그런 이야기를 하며 힘들어할 때 내가 해줄 수 있는 가장 좋은 일은, 아내가 의미 있는 삶을 잘 살아왔다는 사실을 환기해주는 것이다. 당신은 나에게 제일 중요한 사람이오, 당신 없이는 나는 살 수 없소, 목숨 하나가 당신에게 달려 있으니 얼마나 의미 있는 삶이오, 라고 말해주는 것이다. 나보다 훨씬 더 재능 있는 아내가 가부장적 결혼제도와 이기적인 남편 때문에 자신의 능력을 개발하고 펴지 못하는 현실이 그런 말로 개선되지는 않는다. 그러나 선물이나 외식이나 여행 등 그 어떤 것보다 이런 말을 들을 때 아내가 위로받는다는 것을 안다.

사람들은 무슨 일이든지 거기에서 의미를 찾고 싶어 한다. 견디기 힘든 일일수록 그렇다. 그런데 리스본 대지진이나 세월호 참사와 같은 일은 아무리 노력해도 그 속에서 의미를 찾기 어렵다. 세월호 참사는 내가 살면서 겪었던 모든 사회적 비극의 정점이었다. 그렇게 충격적이고, 화나고, 어처구니없고, 참담하고, 절망적인 일은 일찍이 겪어본 적이 없었다. 지금까지 내가 기억하는 가장 충격적인 사건은 1980년 5월의 광주에서 자행되었던 공수부대에 의한 민간인 학살이었다. 그런데 그때의 비극은 영상자료로 거의 남아 있지 않아서 군인들에 의해 살해된 시민의 처참한 사진이나 몇몇 증언 기록을 통해서 접할 수 있을 뿐이었다. 그러나 세월호 참사는 거의 실시간으로 전해지는 화면을 통해 바로 내 앞에서 일어나는 일처럼 볼 수 있었고, 충격은 그때보다 훨씬 컸다. 나는 참사가 일어난 직후부터 세월호와 관련된 어떤 뉴스도 보지 않았다. 차마 볼 용기가 없었다. 티브이 뉴스를 보다가 세월호 이야기가 나오면 다른 방송으로 돌렸다.

세월호 사고가 일어난 직후 나는 '참회록'을 하나 썼다. 거기서 나는 이렇게 고백했다. "이번 사고로 희생당한 수많은 고귀한 생명들, 특히 꽃 같은 어린 학생들의 비극적 죽음 앞에서 저는 모든 가치관이 마비되는 충격을 느낍니다. 이 개명천지에서 어떻게 그런 참담한 일이 벌어질 수 있는지, 저의 이성과 학식은 어떠한 설명도 해주지 못합니다." 살아갈수록 내가 모르는 일, 모르기 때문에 의미를 발견하기 힘든 일이 너무 많다는 사실을 더욱 절감한다. 그것이 내 한계이고, 나아가 인간의 한계이리라. 모든 일이 의미 있을 수 없다. 의미 없는 일은 의미 없는 대로 받아들이며 사는 것이 필요하다. 의미를 발견하기 어려운 일에 억지로 의미를 갖다 붙이다 보면 위에 언급한 목사처럼 되기에 십상이다. 인간이 벌인 일에 신을 끌어들이고, 자기 생각을 신의 뜻과 동일시하는 것이다. 세월호 참사는 인간의 욕심과 어리석음이 뒤얽힌 문제다. 구체적으로 누구의 욕심과 어떤 어리석음이 얽혀 있는지 밝히면 된다.

사람들이 이해할 수 없는 일을 이해하려 하고, 무의미해 보이는 일에 의미를 부여하려고 하는 것은 무의미하고 이해할 수 없는 일이 불편하고 두렵기 때문이다. 무엇을 믿는가보다 무엇을 두려워하고 걱정하는지가 그 사람에 대해 더 많을 것을 말해준다. 이창래의 소설 어딘가에서 읽은 대목이다. 이해할 수 없고 무의미해 보이는 일들은 그냥 그대로 받아들여야 한다. 인간이 어떻게 불편과 두려움 없이 살겠는가.

냇물 위로 뻗은 마른 나뭇가지 끝
저녁 햇빛 속에
조그만 물새 하나 앉아 있다
수척한 물새 하나
생각에 잠겼는가
냇물을 굽어보는가
물에 비친 자신의 모습을 보는가
조으는가

조으는가
꿈도 없이

— 황동규, 〈풍장 70〉(전문)

산에 오르며

포항에 사는 즐거움 가운데 하나는 경주가 자동차로 30분 거리에 있다는 점이다. 신라 천 년의 수도였고 세계적인 관광지인 경주에는 볼거리, 즐길 거리, 먹거리가 풍성하다. 아이들이 어렸을 때는 경주월드라는 놀이공원에 즐겨 갔다. 일 년 동안 놀이공원을 마음대로 이용할 수 있는 시즌패스라는 것을 두 장 사서 아이들로 하여금 실컷 놀 수 있게 했다. 우리 부부는 입장권만 사서 들어간 후, 아이들이 놀이시설 타는 것을 보거나, 아니면 커피를 마시면서 쉴 수 있었다. 경주월드는 수도권의 유명한 놀이공원에 비해서 규모도 작고 화려하지도 않다. 그러나 웬만한 놀이시설은 다 갖추어져 있고, 너무 넓지 않아 실컷 돌아다녀도 그리 피곤하지 않으며, 무엇보다 사람들이 별로 없어서 주말이나 공휴일에 가더라도 기다리지 않고 지치도록 놀이시설을 이용할 수 있어 좋았다. 아이들이 크고 난 후에는 경주월드에 더 이상 가지 않는다. 그러나 경주 보문단지 쪽에 갈 일이 있어 경주월드를 지날 때면, 놀이기구 타며 즐거워하던 아이들이 생각난다. 경주월드는 나에게, 마치 찍어놓은 한 장의 사진처럼 언제나 과거의 공간이다.

뭐니 뭐니 해도 경주에서 제일 볼만한 것은 각처에 흩어져 있는 유물과 유적들이다. 불국사나 석굴암, 그리고 안압지나 경주박물관같이 유명한 곳은 손님들이 올 때마다 가게 된다. 몇 번을 갔는지 기억도 나지 않을 정도로 자주 갔다. 그런데 경주에서 정작 내가 좋아하는 곳은 그런 데가 아니다. 황룡사지는 건물 하나 없이 주춧돌들만 놓여 있지만 금당金堂터에 올라 주위를 돌아보면 그곳에 있던 거찰巨刹이 눈에 보이는 듯 그려져, 갈 때마다 가슴이 뛰는 곳이다. 유명한 감포 감은사지에서 경주로 가다가 만나게 되는 기림사祇林寺는 신라 시대에 창건된 고찰인데, 그곳의 대적광전은 먼 길을 일부러 가서 볼 만큼 빼어나게 아름답다. 또한 경주 외곽에 있는 용담정龍潭亭은 최제우가 득도한 곳으로, 동학과 천도교의 성지다. 산 계곡을 따라 걸어 올라가다 발 닿게 되는 용담은 숲과 계곡물이 어울리며 한 별천지를 이루어, 모든 인간의 평등함을 깨닫고 여종들을 딸과 며느리로 삼은 한 선각자의 정신이 느껴지는 곳이다.

경주에서 우리 부부가 제일 즐기는 곳은 남산이다. 남산은 집에서 차를 타고 한 시간 이내에 갈 수 있고, 그리 크거나 높지 않아 어렵지 않게 적절한 시간에 오르내릴 수 있다. 신라인들이 불국토로 생각했던 곳인지라 '노천 박물관'이라 불릴 만큼 유물이 많아 심심하지도 않다. 남산에는 여러 등반로가 있다. 서남산의 대표적인 등산로는 삼릉골로 오르는 길이다. 삼릉 인근은 경주 소나무라고 불리는 구불구불하게 생긴 소나무의 군락지로 유명하다. 삼릉 근처의 소나무는 모두 하늘 높이 솟아 있는 건목建木인데, 잡목이 거의 섞여 있지 않아 사방을 둘러보아도 커다란 소나무만 빽빽한 숲을 이루고 있다. 구불구불 하늘로 향하는 삼릉의 소나무들은 단 하나도 같은 모양새가 없어, 전체적으로 기막힌 미학적 구성미를 형성한다. 왕릉이 세 개나 있어 오래전부터 관리를 잘해왔기 때문에 그렇게 멋진 소나무 숲이 조성될 수 있었을 것이다. 삼릉계곡을 따라 올라가다 보면 이내 소나무의 크기가 작아지고 잡목이 늘어나 여느 동네의 야산 같은 느낌이 든다. 그러나 오르다 보면 군데군데 많은 유적을 만날 수 있다. 숨을 헐떡이며 정상에 거의 다 가면 거대한 바위 절벽에서 튀어나오는 것 같은 마애여래좌상을 볼 수 있다.

우리는 서남산보다는 남남산 쪽을 더 좋아한다. 서출지에서 출발하여 칠불암으로 오르는 길이다. 우리가 이 길을 좋아하는 것은 등산로가 좋고, 상대적으로 사람이 적으며, 무엇보다 다 오른 후에 느끼는 만족감이 크기 때문이다. 서출지에서 시작하는 이 등산로는 완만한 산책로 같은 길이 한동안 이어진다. 산책로 바로 옆으로 흐르는 계곡의 물소리를 들으며 나무숲 속으로 난 길을 걷다 보면, 등산이 아니라 산책을 하고 있는 느낌이 든다. 길도 대체로 흙길인지라 발바닥에 닿는 감촉도 좋고 발이 편안하다. 그렇게 기분 좋게 한

동안 오르다 보면 어느덧 길은 조금씩 가팔라진다. 갈수록 점점 더 가팔라지는 길을 약 한 시간가량 오르면 숨이 차고 허벅지가 땅겨 좀 쉬었으면 하는 생각이 들기 마련인데, 그즈음부터는 허리를 펴기도 힘들 정도로 가파른 오르막이다.

동네 야산부터 지리산, 한라산 같은 높은 산에 이르기까지 모름지기 산이라는 이름에 걸맞은 곳이라면, 숨이 차도록 힘들여 올라야 정상에 오를 수 있다. 산이 높고 험할수록 더욱 그렇다. 요즘은 거의 산 정상 근처까지 차나 케이블카를 타고 오를 수 있는 곳이 많다. 재작년인가, 아내와 같이 지리산에 가서 노고단에 오른 적이 있었다. 노고단이면 해발 1500미터가 넘는 높은 봉우리다. 그런데 우리는 그때 노고단 바로 턱밑까지 차를 몰고 가서 주차를 한 후, 마치 동네 산책하듯 1시간 정도 슬슬 걸어 노고단에 올랐다. 그러나 그것을 등산이라고 할 사람은 없다. 지금부터 약 30년 전 동료들과 같이 화엄사 인근의 펜션에 놀러 간 적이 있다. 그때 우리는 젊은 객기에 예정도 없이 화엄사부터 노고단까지 올라가 보았는데, 아침에 출발했지만 내려오는 도중에 어둠이 내릴 정도로 시간이 오래 걸리는 여정이었다. 오르는 길 또한 멀고도 험하여, 내려올 때는 다들 다리가 풀려 고생했던 기억이 지금도 새롭다.

대학 시절 친구들과 함께 설악산에 몇 번 오른 적 있었다. 내가 갔던 설악산 등반로 가운데 제일 힘든 것은 내설악 수렴동 계곡 쪽으로 올라 외설악으로 내려오는 길이었다. 그때는 버스가 용대리까지밖에 가지 않아 거기서부터 백담사까지 5시간을 걸어서 올라야 했다. 백담사에서 봉정암까지가 7~8시간, 봉정암에서 대청봉까지가 3시간 거리였다. 따라서 당시 내설악으로 올라 대청봉을 거쳐 외설악으로 내려가려면 백담사에서 1박, 봉정암에서 1박을 해야 했다. 최소한 2박 3일에 필요한 먹을 것, 입을 것, 취사도구, 텐트와 침구 등을 짊어지고 산행을 해야 했던 것이다. 한 사람이 져야 할 배낭의 무게가 30킬로그램 정도 되었던 것으로 기억한다. 지금처럼 산행을 도와주는 표지나 계단, 보행 데크, 안전선 같은 시설도 전혀 되어 있지 않은 시절이었다. 그냥 서 있어도 무릎과 엉덩이뼈가 뻐근할 정도로 무거운 배낭을 짊어지고 몇 시간씩 맨 산을 오르는 일은 여간 고역이 아니었다.

용대리에서 백담사로 이어지는 길은 차가 다닐 정도로 넓고, 경사가 완만했다. 거기다 길옆으로는 산에서 내려오는 엄청난 수량의 계곡물이 흘러 걷는 내내 청량한 기분을 느끼게 해주므로 그런대로 걸을 만했다. 서울에서 아무리 빨리 출발해도 오후에야 용대리에 도착할 수 있었고, 거기서부터 5시간을 걸어 백담사 계곡에 도착하면 이미 저녁이었다. 백담사 계곡은 분지처럼 넓은데 계곡물이 여울을 이루어, 요란한 물소리 때문에 텐트 속에서 잠을 설칠 정도였다. 백담사에서 봉정암까지 가는 길은 처음에는 완만하여 오를 만했다. 그러나 수렴동 계곡을 지나면서 길은 점점 가파르고 험해져, 육체적 고통이 점점 가중되었다. 짐은 무겁고 길은 험한데 올라야 할 길도 멀어, 아침 일찍 백담계곡을 출발했다 할지라도 도중에 점심을 해먹어야 했다. 등산로 표시도 되어 있지 않은 길을 찾아가며 오르고 올라 쌍폭이라 불리는 근사한 폭포가 나오면 봉정암이 멀지 않다는 뜻이었다. 그런데 쌍폭을 지나 봉정암까지 이르는 마지막 길은 거의 네 발로 기면서 가야 할 정도로 가팔라, 오르다 보면 숨이 깔딱깔딱한다고 깔딱고개라고 불렸다.

젊음의 만용이었는지, 한번은 친구 민병무와 내가 태풍이 올라오는 것을 무시하고 설악산에 간 적이 있었다. 퍼붓는 빗속에 깔딱고개를 올랐다. 맨몸으로 올라도 힘겨울, 절벽 같은 깔딱고개를 수십 킬로그램 나가는 배낭까지 지고 벌벌 기어오르다 보면 육체적 고통의 한끝을 경험하기 마련이었다. 천 근같이 무거운 걸음을 한 걸음씩 간신히 뗄 때마다 여기를 왜 왔던가 하는 생각이 났고, 다시는 오지 않으리라, 거듭거듭 다짐했다. 이를 악물고 기어오르지만 한 걸음도 더 뗄 수 없을 만큼 기진하기를 여러 번, 그때마다 오르기를 멈추고 터질 것 같은 심장을 진정시켜야 했다. 한참을 오르다 절벽에 간신히 달라붙은 채, 숨을 헐떡이며 바위에 기대기 위해 뒤로 돌아서는데, 눈에 익숙한 산수화 하나가 앞에 펼쳐졌다. 기이하게 솟은 기암괴석의 봉우리에는 위태롭게 소나무들이 박혀 있는데, 그 사이로 안개 같은 조각구름이 둘린 그림. 옛 산수화 속 선경이 상상의 그림이 아니라 진경眞景이라는 사실을 나는 그때 처음으로 알게 되었다. 그 풍경은 눈물 나게 아름다웠다. 설악산에서 얻을 수 있는 것 가운데 하나가 아름다운 경치라면, 가장 아름다운 경치는 내 몸이 가장 고통스러울 때 볼 수 있는 모양이었다.

눈앞에 펼쳐진 선경은 마치 마약 같은 진통효과가 있어, 죽을 것 같은 고통을 잊고 다시 절벽을 기어오르게 했다. 그러나 봉정암에서 하룻밤 자고 소청봉, 중청봉, 대청봉으로 오르다 보면 숨이 넘어갈 것 같은 고통을 다시 경험하게 된다. 그때마다 산에 오른 것을 후회하기 마련이었다. 단지 정상에 오른 후의 만족감이 그 모든 것을 잊게 하여, 산에서 내려온 후에는 만족감만 가득하고, 얼마 후 다시 산행을 하게 되는 것이었다. 어디 등산만 그렇겠는가. 인간의 삶에서 가치 있는 것치고 고통을 수반하지 않는 것이 무엇일까. 하나의 가치를 버리지 않고 얻을 수 있는 또 하나의 가치라는 것이 있을 수 있는지 모르겠다.

아내와 내가 좋아하는 경주 남산은 제일 높은 봉우리가 해발 466미터인 그리 높지 않은 산이다. 따라서 설악산에서 경험했던 것 같은 극한의 고통과 후회를 경험하지는 못한다. 더구나 칠불암에 이르는 가파른 오르막 바로 직전에는 길 바로 옆에 약수터가 있다. 오르막을 오르기 전에 목도 축이고 숨도 고를 수 있는 것이다. 거기서부터 이어지는 오르막은 허리를 펴지 못할 정도로 가파른데, 친절하게 계단을 깔아놓았다. 그런데 계단이 얼마나 가파른지 서너 개 위의 계단이 바로 코앞에 붙을 정도로 몸을 숙여 몸과 계단을 거의 평행하게 만들어야 올라갈 수 있다. 거기까지 오르느라 몸은 이미 지쳤는데, 입에서 단내가 나고, 발이 몸을 데려가는 것이 아니라 몸이 발을 질질 끌고 갈 지경이 되어, 더 이상 못 가겠다 싶을 때쯤 느닷없이 평지가 나타난다. 거기가 바로 칠불암이다.

칠불암 바로 옆 절벽에는 국보로 지정된 칠불암 마애불상군이 있다. 절벽에 셋, 그리고 그 절벽 앞 돌기둥 4면에 넷, 합하여 모두 일곱 분의 부처가 있다고 하여 칠불암이라고 불린다. 이 마애불상 군은 오랫동안 보물이다가 2009년에 국보로 승격했다. 나는 보물 급 문화재가 국보로 승격할 수 있다는 사실을 그때 새롭게 알았다. 10여 년 전, 경주대학에서 한국미술사를 가르치는 정 모 교수와 같이 학생들을 데리고 이곳을 답사한 적이 있다. 물론 그때는 이 마애 불상군이 보물이었는데, 마애불상군 앞에서 국보와 보물의 차이가 무엇이냐고 묻는 나의 질문에 대해, "한 끗 차이"라고 명쾌하게 정 교수가 답했던 것이 두고두고 기억난다. 절벽과 바위에 새겨져 천 년 넘는 세월 동안 그곳에 서 있던 일곱 불상이 2009년 새롭게 가 지게 된 그 "한 끗"이 무엇일지 궁금하다. 마애불상군 앞마당에 오 를 때쯤이면 누구나 기진맥진하기 마련인지라, 그 고통 속에 칠불 암 마당에 도착하여 불상들을 바라보면 찬탄이 절로 나온다. 나이 들어 체력이 과거보다 약해진 문화재위원들이 옛날보다 칠불암에 더 힘들게 올랐고, 그래서 마애불상군이 더 아름답게 보였을지도 모르겠다. 봉정암 오르는 언덕에 달라붙어 숨이 넘어갈 것 같은 고 통 속에서 본 풍경이 가장 아름다웠던 것처럼.

칠불암으로 오를 경우 우리의 목표는 칠불암이 아니라 신선암 마애보살상이다. 신선암 마애보살상은 칠불암 마애불상군이 새겨 진 거대한 바위 절벽 수십 미터 위에 있다. 거기로 가기 위해서는 마애불상군 앞마당에서 땀을 식히고 팍팍한 다리를 두드려 편 후, 오른쪽으로 이어지는 길로 계속 가야 한다. 조릿대 숲 사이로 난 짧은 길을 지나면, 네 발로 기다시피 해야 오를 수 있는 바윗길이 나타난다. 약 10여 분 벌벌 기어서 올라야 왼편으로 신선암 쪽을 표시하는 이정표가 나온다. 이정표 쪽은 절벽 한쪽 끝을 빙 돌아서 가는 길이다. 그 길 아닌 길이 끝날 때쯤, 반걸음만 잘못 디디면 백 길 낭떠러지로 추락하는 절벽의 모퉁이를 덜덜 떨며 억지로 돌아야 신선암 마애보살반가상이 거대한 절벽에 양각된 것을 볼 수 있다.

보물로 지정된 신선암 마애보살상은 경주나 남산, 혹은 신라의 불상을 소개하는 책자라면 어디서나 볼 수 있다. 여성적 아름다움이 실로 경탄스러운 작품이다. 언젠가 동행했던 동료 한 사람은 약간 붉은빛을 띠는 보살의 입술이 특히 매력적이라고 하며 그 입술에 입을 맞추기까지 했다. 양각이 깊지 않아 한낮보다는 햇빛이 옆에서 비치는 아침에 그 모습이 훨씬 더 잘 드러난다고 하는데, 화관을 쓰고 꽃을 든 보살의 모습은 한낮에 보아도 충분히 아름답다. 네 발로 설설 기면서 간신히 올라와야 하는 그 절벽에 달라붙어, 정과 망치로 돌을 쪼아 그런 걸작을 만들어낸 신라 석공의 불심과 솜씨는 와서 볼 때마다 놀랍다. 그 작품을 만든 것이 어떤 절박한 개인적 기원祈願의 표현이었는지, 아니면 보살의 가피加被를 바라는 뭇 중생을 위한 것인지 나는 알지 못한다. 그러나 한 걸음 밖이 백 길 낭떠러지인 그 위태로운 곳에 굳이 보살상을 새겨낸 그 석공의 간절함만은 천 년 세월을 넘어 생생하게 전해진다.

신선암 마애보살상 감상을 마치고 절벽 모퉁이를 되돌아가면 사람이 오가는 길 위쪽으로 넓고 편편한 바위가 있다. 올 때는 길이

험하고 마음이 급하여 잘 보이지 않기 마련인데, 돌아갈 때는 눈에 잘 띈다. 같은 길을 오가더라도 눈에 보이는 것은 갈 때와 올 때가 전혀 다른 법이다. 그곳에 올라가 앉으면 눈앞에 가리는 것이라곤 풀 한 포기 없다. 완전히 열린 시야에 우리가 출발한 지점부터 칠불암에 이르는 남산의 모습은 물론이고 산 앞의 논과 길, 선덕여왕이 묻혀 있는 낭산狼山과 그 너머의 먼 산까지 거칠 것 없이 다 들어온다. 기막힌 풍광이다. 우리 부부가 남산, 특히 칠불암길을 좋아하는 것은 그 자리에서 볼 수 있는 바로 그 풍광 때문이다. 그곳에 나란히 앉아 보온병에 담아온 커피를 마시며 아래로 펼쳐진 그림에 감탄하는 것이 남산을 오를 때마다 행하는 우리 부부의 의식이다. 그곳에 앉아 마시는 커피 한 잔은 유난히 만족스럽다. 내 발로 힘들게 걸어 땀 흘리며 그곳에 올랐기 때문이다. 다른 무슨 이유가 있겠는가.

아내와 같이 올랐던 산 가운데 유난히 힘들었던 곳은 팔공산 갓바위다. 팔공산 갓바위는 대학입시 수능시험 하루 전 티브이 뉴스에 반드시 등장하는 기도의 명소다. 관봉이라는 팔공산의 한 봉우리 위에 자연석으로 만든 여래좌상이 있는데, 그에게 소원을 빌면 반드시 한 가지는 들어준다는 전설이 있다. 그 불상의 정식 이름은 관봉석조여래좌상인데, '갓바위 부처'라는 이름으로 훨씬 더 널리 알려져 있다. 입시 철은 물론이고 새해 첫날이나 매달 음력 그믐부터 초이레까지는 소원을 빌기 위해 수많은 사람이 전국에서 몰려든다고 한다.

우리가 갓바위에 올라가 보기로 마음먹은 것은 대구-포항 간 고

속도로를 지나다닐 때마다 갓바위라는 이정표를 보았기 때문이다. 더구나 밤에 그 근처를 지나다 보면, 사방이 깜깜한데 갓바위로 오르는 산길만 가로등이 환하게 켜져 있어서, 저기가 어떻기에 저렇게까지 해놓았나 하는 생각이 들곤 했다. 그러나 우리가 대구-포항 간 고속도로를 지나는 것은 대부분 서울을 오가는 길이다. 따라서 이정표를 볼 때마다 한번 가야지, 가야지 하면서도, 서울까지 오가는 길이 멀고 바빠 좀처럼 그 결심을 실행하지 못하고 있었다. 그러다가 안식년을 맞아 그동안 가보고 싶었던 곳들을 다녀볼 기회가 있었다. 제주도, 지리산, 목포, 통영 등을 다녀온 아내는 갓바위에 한번 가보자고 했다. 갓바위는 포항에서 고속도로로 약 30분 거리에 있으니 금방 갔다 올 수 있을 것 같았다.

갓바위 주차장은 고속도로 출구에서 나와 약 10분이면 닿을 수 있는 곳이었다. 우리는 넓은 주차장에 차를 세워놓고 잘 닦인 이차선 차도에 붙은 인도로 오르기 시작했다. 그런데 길이 의외로 가팔랐다. 포장된 길이라고는 해도 거의 허리를 꼿꼿이 펼 수 없을 정도로 경사가 심한 길을 30분가량 올라가니 넓은 평지가 나왔다. 거기에 오르고 나서야 주차장부터 거기까지 셔틀버스가 운행된다는 사실과, 왜 그 짧은 거리에 셔틀버스가 다니는지 알 수 있었다.

우리는 근처에 있는 절인 선본사 약수터에서 목을 축인 후 본격적으로 갓바위에 오르기 시작했다. 길은 콘크리트로 포장되어 있었는데, 초입부터 경사가 심했다. 조금 오르다가 등산용 지팡이를 양쪽에 짚으면서 천천히 올라가는 한 아주머니를 지나치게 되었다.

걸음이 느리고 불편해 보였다. 아주머니의 인상이 푸근해서, 갓바위까지 올라가는 데 얼마나 걸리느냐고 물었다. 아주머니는, 오르기에 따라 다르다, 빨리 오르는 사람은 30분에도 오르고, 천천히가면 2시간 넘게 걸릴 수도 있다, 그냥 보통 속도로 가면 1시간 이내에 갈 수 있을 것이다, 라고 말했다. 내가 다시, 길이 가파른데 계속 그러냐, 고 묻자, 그이는 웃으면서, 이거는 시작이지요, 올라가면 완전히 계단이에요, 라고 하는 것이 아닌가. 아주머니의 걸음이아무래도 불편해 보여, 괜찮으시냐, 고 했더니, 늘 오르는 곳이라괜찮다, 나는 천천히 갈 테니 내 걱정하지 말고 먼저 오르시라, 고했다.

아주머니를 지나쳐 조금 가자마자 바로 계단이 시작되었다. 갓바위는 1시간 동안 계단을 올라야 닿을 수 있는 곳이었다. 아내와나는 산행을 할 때 멀더라도 가파르지 않은 길을 선호한다. 무릎 관절이 좋지 않은지라 경사가 급한 길, 특히 계단을 오랫동안 오르내리는 일은 여간 고역이 아니기 때문이다. 우리는 올라도, 올라도 끝나지 않는 계단을 오르고 또 올랐다. 몇 번을 쉬었는지 모른다. 4월의 서늘한 산 기온인데도 땀이 비 오듯이 흘러, 입고 있던 점퍼를벗어야 했다. 아내와 나는 숨을 헐떡이며, 초입에서 만났던 그 아주머니는 그 몸으로 어떻게 여기를 오르는 것인지 모르겠다, 고 혀를내둘렀다. 그런데 놀라운 것은 갓바위를 향해 계단을 오르는 사람들 가운데 할머니가 의외로 많다는 점이었다. 불자들이 흔히 입는느슨한 회색 바지를 입고 간단한 배낭을 진 할머니들은 땀을 뻘뻘 흘리면서도 쉬지 않고 그 가파른 계단을 하나씩 오르고 있었다. 십 중팔구 자손들을 위해 간구할 일념으로 노구를 이끌며 그 고통스러운 계단을 오르고 있을 터였다. 놀라운 모성이었다.

숨이 턱에 차고 무릎에 통증이 느껴질 때가 되어서야 갓바위 정상에 도착했다. 드디어 갓바위 부처의 옆모습이 보였다. 불상은 매우 인상적이었다. 자연석으로 만든 관을 쓰고 있는데, 전체적인 모습이 근엄하면서도 자애로워, 정말 한 가지 소원쯤은 들어줄 것 같은 느낌이 들었다. 아내는 자기가 본 불상 가운데 제일 마음에 든다면서, 감탄사를 연발했다. 아마 힘들여 올라왔기 때문에 더욱 그렇게 보였을 것이다. 불상 앞마당은 평평하고 널찍한 콘크리트 구조물인데, 삥 둘러 철제 난간이 설치되어 있었다. 난간 밑은 수백 길 낭떠러지다. 난간에 기대고 서서 바라보니 천하가 다 발아래에 있고, 경치는 더없이 좋았다.

사람들은 갓바위 부처 앞에 연신 절을 하거나, 자리에 앉아 염주를 돌리며 무언가를 기원하고 있었다. 불자가 아닌 우리로서는 그 세계를 짐작하기 어려웠지만 그 간절함만은 느낄 수 있었다. 설악산 봉정암에 부처의 진신사리를 모시고, 경주 남산 절벽에 부처와 보살을 새기고, 팔공산 갓바위에 불상을 세운 것은 그런 곳에 올라가며 경험할 육체적 고통의 크기보다 더 큰 삶의 짐을 짊어지고 살기 때문이리라. 사람마다 짊어지고 가야 할 고통의 크기는 다르다. 그러나 우리 각자가 져야 할 삶의 무게는 남산이나 갓바위에 오르는 고통과는 비교할 바 없이 크다. 굳이 불상 앞에 엎드려 간구하지 않더라도, 우리처럼 남산 절벽에 앉아 커피라도 한 잔 마시며 저 밑에 두고 온 자기 삶을 잠시 내려다보는 일도 필요하지 않겠는가. 억겁의 시간이 쌓인 지층 위에 앉아 찰나 같은 내 삶을 내려다보고 있노라면, 내 삶뿐 아니라 모든 인간의 삶이 애틋하고도 대견하게 보이는 것이다.

눈앞에 펼쳐진 선경은 마치 마약 같은 진통효과가 있어, 죽을 것 같은 고통을 잊고 다시 절벽을 기어오르게 했다. 그러나 봉정암에서 하룻밤 자고 소청봉, 중청봉, 대청봉으로 오르다 보면 숨이 넘어갈 것 같은 고통을 다시 경험하게 된다. 그때 마다 산에 오른 것을 후회하기 마련이었다. 단지 정상에 오른 후의 만족감이 그 모든 것을 잊게 하여, 산에서 내려온 후에 는 만족감만 가득하고, 얼마 후 다시 산행을 하게 되는 것이 었다. 어디 등산만 그렇겠는가. 인간의 삶에서 가치 있는 것 치고 고통을 수반하지 않는 것이 무엇일까. 하나의 가치를 버 리지 않고 얻을 수 있는 또 하나의 가치라는 것이 있을 수 있 는지 모르겠다.

왜 어떤 물건이 나누어져
단지 몇 명이 아니라 많은 사람이 가질 때
더 부유하게 만들 수 있는 것입니까?

그러자 그가 말했다. […]

선물의 크기는 그것이 전하는 사랑과 비례한다.
그리하여 사랑이 커지면 커질수록
더 많은 영원한 선이 영혼에 부어진다.

그리고 서로를 돌아보는 사람들의 수가 많으면 많을수록
사랑해야 할 것도 늘어나고, 사랑도 늘어난다.
하나가 다른 하나를 거울처럼 비추면서.

— 단테Dante Alighieri, 《신곡》에서

영원에 잇대어 살기

나는 포항 도심에서 멀리 떨어진 거대한 신흥 아파트 단지에서 산다. 약 6~7년 전부터 아파트가 우후죽순 격으로 들어서기 시작했는데, 그 짧은 시간 동안 그야말로 없는 것이 없는 주거단지가 만들어졌다. 이름 있는 건설회사들의 아파트가 모여 있어서 그런지 음식점이나 커피점이 하나 들어와도 고급스러운 프랜차이즈 분점들이 들어오고, 또 그런 것들이 장사가 잘되는 것 같다. 아파트 시세로 말하자면 경기도 중소도시 아파트 전셋값에도 미치지 못하지만 포항에서는 비싼 축에 드는 단지라서 그런 모양이다. 한번은 아내가 안과에 가야 할 일이 있어 동네 안과 의원에 갔다가, 잘못 들어왔나 싶을 정도로 당황했던 적이 있다. 바닥에 대리석이 깔린 의원의 시설이 너무 고급스럽고 화려해서, 마치 특급호텔 커피숍에 온 것 같았기 때문이다. 그렇게 꾸미기 위해서 얼마나 많은 돈을 썼을 것이며, 그것을 만회하기 위해서 어떤 방법으로 돈을 벌려고 할 것인지, 다시는 가고 싶지 않았다. 이런 곳에 살다 보니 삶 자체가 자본주의 소비문화의 늪에 빠진 느낌이 들곤 한다.

어느 날, 아내와 같이 동네 산책을 하다가 한 아파트 상가 모퉁이, 사람들 눈길이 잘 닿지 않는 곳에 이발관이 하나 있는 것을 발견했다. 이곳에는 상가 건물마다 거의 예외 없이 미장원이 하나씩 있고, 더구나 남성전용 미용실도 여러 군데 있어, 저 사람들이 다들 어떻게 먹고사나 싶을 정도로 머리손질 하는 곳이 많다. 그런데 그곳은 빨간색, 흰색, 파란색의 줄이 사선으로 빙빙 돌아가는 원통형의 이발관 표시가 있고, "이발관"이라는 간판이 있는, 그야말로 옛날식 이발관이었다. 저런 곳에는 노인들이나 가려니 생각하며 한동안 별 관심 없이 지나다니던 어느 날, 나는 그 이발관 문에 붙어 있는 안내판을 보고 깜짝 놀랐다. "이발요금 6천 원, 어르신과 어린이는 무료"라고 쓰여 있었기 때문이다. 6천 원이면 10년 전에나 있었을 것 같은 가격이었다. 더구나 아이들과 노인들은 무료라니. 참 별난 곳이라는 생각이 들었다. 그런데 지나다니면서 유심히 살펴보면 이발소 문이 닫힌 경우가 잦았다. 어두워지면 일찌감치 문을 닫는지 밤에도 불을 밝히고 영업을 하는 날은 거의 없는 것 같았다.

그 이발관에 머리 깎으러 간 것은 그로부터도 한참 후였다. 머리를 잘라야 할 때가 되었는데, 아내가 거기에 한번 가보자고 한 것이다. 미장원에 갈 때마다 쑥스러워 아내와 함께 가던 버릇이 있는 나는 버릇대로 아내와 함께 그 이발관으로 갔다. 이발관에 들어서자, 김치 냄새가 훅, 하고 났다. 텅 빈 이발관에 있는 것이라곤 이발 의자 3개, 그 앞에 길게 서 있는 거울 3개, 작은 인조가죽 소파 하나, 그리고 옷걸이 하나가 전부였다. 에어컨은 없고 키다리 선풍기가 한 대 있었다. 고급스러운 응접실같이 장식된 요즘 미장원이나 미용실에 비하면 소박함을 넘어 차라리 초라하다고 해야 할 정도의 시설이었다.

문소리를 들었는지, 칸막이 뒤에서 늙수그레한 이발사가 황급히 입을 닦으며 나왔다. 점심을 먹고 있었던 모양이었다. 내가, 식사 중이신 것 같은데 기다릴 테니 다 드시라, 고 했더니, 이발사는 방금 다 먹었다고 하며 머리 감는 세면대에 가서 급히 칫솔질을 하고 손을 씻었다. 이발사는 육십 대 초중반쯤 되어 보였는데, 사람을 대하는 것이 매우 공손하고 정중하였다. 나를 부를 때 사장님, 이라고 하지 않고 선생님, 이라고 하는 것도 듣기 좋았다. 또한 그는 모든 말을 "…니다"로 끝맺었다. "…요" 투의 말은 단 한마디도 하지 않았다.

그 늙은 이발사는 기계 한 번 대지 않고 순전히 가위만 가지고 정성스럽게 내 머리를 잘랐으며, 귀밑머리와 뒷머리는 비누거품을 바른 후 이발소용 접이식 면도칼로 깔끔하게 정리했다. 6천 원짜리 이발이라 머리는 내가 감아야 할 것으로 생각하고 있었는데, 머리까지 감겨주었다. 머리를 얼마나 조심스럽게 감기는지 두피는 손대지 않고 머리카락만 만지는 것 같았다. 다 감긴 후 눈에 묻은 물을 닦아주는 손길도 아픈 상처에 소독약 칠하듯이 조심스러웠다. 머리를 말리고 난 후에도 다시 가운을 씌우더니 내 전후좌우를 오가며 튀어나온 머리카락을 하나하나 잘라내었다.

놀랍도록 정성스러운 이발이 끝나자, 이발사는, 선생님 다 되었습니다, 라고 했다. 나는 내 머리 하나 손보는 데 그가 들인 정성에 감복하여, 6천 원 받아서 되겠습니까? 감겨주지는 않고 잘라만 주는 곳도 다들 만 원 가까이 받는데요, 라고 했다. 내 딴에는 칭찬과 감사의 말이었다. 그랬더니, 6천 원이면 충분히 받는 것입니다, 라는 답이 우물쭈물 돌아왔다. 아이들과 어른들은 무료로 깎아주시는 건가요, 했더니, 네, 그냥 해드립니다, 했다. 그가 깎아준 내 머리 모양은, 원했던 것보다 무척 짧은 것이 미장원에서 손본 것처럼 예쁘지는 않았다. 그러나 나는 그의 공손한 태도와 말투, 그리고 머리 깎는 데 들이는 정성에 큰 인상을 받고 이발소를 나섰다.

그 이발소에 세 번째인가 갔더니, 마침 다른 손님이 없었다. 그날은 아내 없이 나 혼자 이발소를 간 날인지라 이발을 하면서 이발사와 말을 주고받기 시작했다. 이발을 하면서 내 편에서 먼저 이발사나 미용사에게 말을 건네기는 평생 처음이었다. 대화의 일부를 옮겨 적자면 이렇다.

— 언제부터 이발을 하셨습니까?
— 한 15년 됐습니다. 가게는 이번에 처음 열었습니다.
— 네? 그러면 그동안 기술을 배워놓기만 하신 셈이네요?

— 아닙니다. 회사에 다니면서 봉사를 하기 위해서 이발 기술을 배웠습니다. 한 3개월 학원에 다니면서 기술을 배우고 자격증을 땄습니다. 그때 기술 배우느라 고생했습니다. 기술 배우고 쭉 봉사를 했으니 이발은 계속해온 셈입니다.

— 양로원 같은 곳에서요?

— 네….

— 그러면 회사는 어디를 다니셨습니까?

— 해병대 제대하고 포항제철에 바로 입사해서 몇 년 전에 정년했습니다. 정년퇴직하고 몇 년 집에서 놀다가, 뭔가 해야 되겠다 싶어 가게를 열었습니다.

— 지나다니다 보면 문이 닫힌 날이 많던데, 요즘도 봉사를 나가십니까?

— 네… 이발비가 없어서 이발 못 하는 분이 의외로 많습니다. 노인들 이발해드리면 그렇게 고마워하고 좋아할 수 없습니다. 손님들 생각하면 가게를 비우면 안 되는데, 저를 기다리는 분이 많아서 자주 비우게 됩니다.

— 문에 보면 아이들과 어르신들은 무료라고 되어 있던데….

— 네…, 그냥 깎아드립니다.

나는 죽비로 머리통을 얻어맞는 듯한 충격을 받았다. 그러니까 그 이발사는 세계적인 대기업을 다니며 안정적인 생활을 했지만, 순전히 봉사를 위해 이발 기술을 배웠고, 지금까지 이발 봉사를 하고 있었다. 포항제철을 정년퇴직할 때까지 다녔다면 이발소를 연 것도 돈이 궁해서는 아닌 것 같았다. 나는 인간의 욕심들이 서로 충돌하며 삐걱거리는 이 세상이 그나마 이 정도 굴러가는 것은 바로 그런 사람들이 여기저기 윤활유처럼 섞여 욕심의 충돌에서 발생하는 마찰을 줄여주고 있기 때문이 아닌가, 하는 생각이 들었다. 이 세상에서 영원에 잇대어 산다는 것이 그런 삶을 사는 것은 아닐까.

인간은 순간을 살면서 영원한 삶을 꿈꾸는 존재다. 영생을 갈망하는 이유는 죽음이라는 피할 수 없는 운명 때문이다. 죽음은 절대적으로 보편적이고, 예외 없는 운명이다. 죽기가 두렵고 싫으니 인간보다 오래 살거나, 오래 산다고 생각되는 온갖 것들을 동경한다. 예를 들어, 동아시아에서 영생불사를 상징하는 대표적인 사물로 십장생이 있다. 해·산·물·돌·달(또는 구름)·소나무·불로초·거북·학·사슴이 십장생이다. 해, 달, 산, 물, 돌, 구름은 자연물이니 생사의 세계에서 멀고, 소나무는 병들거나 일부러 베어내지 않으면 수백 년을 사는 나무다. 그런데 거북, 학, 사슴의 수명은 생각보다 그리 길지 않아 대개 50년을 넘기지 못한다. 그렇지만 인간의 평균수명이 40살을 넘은 것이 그리 오래되지 않으니, 옛사람들의 눈에 그 정도만 해도 무척 오래 사는 것으로 보였으리라. 재미있는 것은 불로초라는 가공의 식물이다. 먹으면 늙지 않는 선경仙境의 식물이라고 하니, 인간에게 영생불사를 실현해주는 풀이다.

무슨 분야든지 완벽한 해답이라는 것은 존재하지 않는다. 먹기만 하면 영생을 가져다주는 불로초는 상상에 불과할 수밖에 없다.

아무리 몸부림쳐보아도 죽음은 불가피하다. 그래서 사람들은 육체와 영혼을 분리해 육체는 소멸해도 영혼은 영원히 죽지 않는다고 생각하게 되었다. 영혼불멸에 대한 믿음이다. 영혼불멸에도 여러 가지 형태가 있다. 그렇지만 영혼이 딱 한 번 육체와 결합하여 살다가 육체가 죽으면 다시 영혼의 세계로 돌아간다는 생각과, 영혼이 계속해서 다른 육체와 결합하여 여러 생을 산다고 믿는 생각으로 나눌 수 있다. 뒤의 것이 윤회輪廻사상이다.

윤회는 2400년 전 소크라테스부터 19세기 철학자 니체, 그리고 21세기의 영화 〈클라우드 아틀라스Cloud Atlas〉에 이르기까지 동서고금을 불문하고 어디에서나 발견할 수 있는 대단히 보편적인 믿음이다. 인간의 영혼을 이데아의 세계와 연결된 불멸하는 존재로 본 플라톤은 《파이돈Phaedo》과 《공화국》에서 독특한 윤회설을 소개했다. 그에 의하면 육체를 입고 사는 동안 영혼이 육체적인 것들로부터 얼마나 분리되었고, 얼마나 순수한 이성의 힘을 추구하였느냐에 따라 다음 생이 정해진다. 즉, 영원한 진리인 이데아를 많이 본 영혼은 바로 철학자나 시인의 몸을 입을 수 있지만, 그렇지 못한 영혼은 죽은 자의 세계 하데스Hades에 가서 오랜 훈련을 받은 후 자기에게 합당한 단계의 육체를 입는다고 한다. 이때 아주 방탕한 삶을 산 영혼은 벌을 받고 동물로 다시 태어날 수도 있다. 영혼은 천 년 단위로 아홉 번의 윤회를 한 후 다시 고향으로 돌아가지만, 다시 윤회를 시작하고, 이런 운명은 영원히 반복된다.

윤회에 대한 믿음은 여러 종교와도 긴밀하게 연결되어 있다. 힌

두교와 자이나교, 마니교, 북아메리카 원주민 종교, 사이언톨로지 Scientology는 말할 것도 없고 유대교와 기독교에도 윤회를 믿는 분파가 있다. 요즘은 심리분석학과 최면술 등을 이용하여 사람의 전생을 추적한다고 주장하는 사람들도 생겨났다.

죽음의 불가피성에도 불구하고 죽음이 끝이 아니기를 바라는 인간의 갈망은 윤회에 대한 믿음은 아닐지라도 육체가 죽은 후 영혼이 가게 될 유토피아적 세계를 꿈꾸기도 한다. 천국, 천당, 극락 등이 그런 세계다. 예를 들어, 꾸란은 천국에 대해서 매우 구체적으로 묘사한 것으로 유명하다. 꾸란에 의하면 천국에서 사람들은 "시원한 그늘"로 덮인 정자에 "퍼져 앉아" "훌륭하고 비싼 비단옷을 입고" 좋은 음식과 온갖 종류의 과일을 자유롭게 먹으며, "영광과 고상함"을 즐기고, "머리를 아프게도 하지 않고 취하게도 하지 않는 포도주"를 마신다. 그들 옆에는 "눈길을 삼가는 아름다운 큰 눈을 가진 순결한 여자들"도 있어 그들과 결혼하여 후손을 번성시킨다. 천국에는 "나빠지지 않는 물로 된 강" "맛이 변하지 않는 젖으로 된 강" "쾌락을 주는 기름으로 된 강" "수정처럼 맑은 꿀로 된 강" 들도 있다. 무엇보다 천국에서 사람들은 "죽음도 맛보지 않고" "이글거리는 불의 형벌"도 당하지 않는다.

꾸란이 묘사하는 천국은 꾸란이 기록된 7세기 초 아라비아에서 살던 사람들이 경험하던 삶의 고통이 무엇이었는지 역설적으로 알려준다. 천국에 대한 묘사 가운데 먹는 것에 대한 이야기가 유난히 많은데, 그것은 그만큼 태양이 내리쬐는 덥고 건조한 지역에서 일하며 먹고 사는 일이 큰 고통이었음을 말해준다. 그들은 더러운 물과 쉽게 변질되는 동물의 젖, 그리고 늘 부족한 식량으로 고생했을 것이며, 신선한 과일은 사치나 마찬가지였음이 틀림없다. 또한 천국에 대한 꾸란의 묘사는 당시 사람들이 가장 가지고 싶었던 것이 무엇인지 알려준다. 비단옷, 다양한 과일, 아름답고 순결한 여인, 높은 지위와 명성, 많은 자손 등이 거기에 속한다. 사람들은 아라비아의 폭염 아래서 힘겹게 일하는 대신 시원한 정자에 드러누워 그런 것들을 즐길 수 있기를 꿈꾸었던 모양이다. 그런데 천국을 진정으로 천국답게 만든 것은 거기서 다시는 죽음을 겪지 않고 영원히 살 수 있다는 점이었다. 돌려 말해서, 죽음이야말로 사람들을 가장 괴롭히는 궁극적 고통이었던 것이다.

기독교 성경에는 천국에 대한 구체적인 묘사가 거의 등장하지 않는다. 기독교인들이 구약성경이라고 부르는 고대 히브리인들의 성경은 죽어서 가는 유토피아적 세상에 대한 언급 자체가 없다. 고대 히브리인들은 지상에서 잘 사는 것을 이상으로 여겼다. 많은 동물과 재산을 모아 높은 명예와 지위를 누리고, 아름다운 아내를 얻어 많은 자손을 두며, 오랫동안 건강하게 사는 것이 그들이 꿈꾸던 축복받은 삶이었다. 그러나 아무리 행복하게 살던 사람일지라도 일단 죽으면 그것으로 끝이다. 죽은 사람은 한글 성경이 '음부^{陰府}'라고 번역하는 죽은 자들의 세상인 스올^{Sheol}에 가야 한다. 스올은 땅 깊은 곳에 있는 어둡고, 적막하며, 사람들로부터 잊힌 망각의 장소이고, 고통스러운 곳이다. 한번 음부에 들어간 사람은 산 자들의 땅에 되돌아올 수 없고, 산 자들과 교통할 수도 없으며, 신과도 단절되어버리고 만다. 그런 곳에서의 삶이 어떤 것인지는 분명하지 않아도, 사람들이 흔히 꿈꾸는 영생과는 거리가 먼 것은 분명하다.

우리에게 익숙한 영생의 개념은 바빌로니아 포로기 이후에 유대인들의 사상 속에 자리 잡은 것으로 보인다. 예수 시대에 이르러 그것은 상당히 보편적인 믿음이었다. 그런데 신약성서에서 영생에 관하여 제일 많이 언급한 것은 요한복음이다. 놀라운 점은 요한복음이 영생의 내세적 성격이 아니라 현재적 차원을 강조한다는 사실이다. 요한복음에 의하면 신은 사람들에게 영생을 주기 위해서 예수를 보냈고, 예수를 믿고 따르는 자는 이미 영생을 얻었다. 예수는 영생을, "유일하신 참 하나님과 그가 보내신 자 예수 그리스도를 아는 것"이라고 정의했다. 참으로 놀라운 가르침이다. 신과 예수를 '아는' 것이 영생이라는 말이다.

예수는 팔레스타인 아람어^{Palestinian Aramaic}를 모국어로 사용했다. 아람어로 '안다'에 해당하는 동사는 '예다^{yeda}'다. '예다'는 깊은 수준의 앎을 의미하며, '이해하다' '인정하다' 그리고 '배우다' 등의 뜻에 가까운 말이다. 아람어의 형제 격인 성서 히브리어에서 '예다'에 해당하는 단어는 자음은 같고 모음만 다른 '야다^{yada}'인데, 이 말도 비슷하여 '관계하다' '친밀하게 사귀다' '분명히 알다' 등의 뜻을 가지고 있다. 결국 영생은 예수를 이해하고 배우는 일, 친밀한 친구처럼 분명하게 아는 일이다. 그런데, 예수의 가르침은 사람들, 특히 가장 도움이 필요한 사람들을 돌보는 것이 곧 신을 섬기는 일이다, 라고 간단히 요약할 수 있다. 요한1서는, 하나님을 사랑한다고 말하면서 사람을 미워하는 자는 거짓말쟁이라고 단정한다. 눈에 보이는 사람들을 사랑하지 않으면서 보이지 않는 하나님을 사랑할 수 없다는 것이다. 예수를 배우고 '아는' 일이 영생이라면, 영생은 그의 가르침을 실천하는 것, 곧 사람들에게 사랑을 베푸는 것이다.

보에티우스Boethius, c. 480~524나 아퀴나스Thomas Aquinas, 1225~1274 같은 기독교 사상가에 의하면 영원은 무한한 시간이 아니라 초超시간적 신의 존재방식이다. 그렇다면 인간에게 영생은 무한히 사는 것이 아니라 영원인 신과 관계하며 사는 것, 즉 영원에 잇대어 사는 것이다. 신과 예수를 '아는' 것이 영생이라는 말이 바로 그 뜻이다. 신은 사랑이고 예수는 신의 사랑을 말과 행동으로 체현했다. 제대로 예수를 '아는' 사람이라면 그가 가르친 사랑을 실천할 것이다. 사람들에게 사랑을 베풀며 사는 이들은 이 세상에서 이미 영생하는 사람, 즉 영원에 잇대어 사는 존재들이다.

세상 무슨 일이든지 소수의 사람이 그 분야의 일 대부분을 한다. 국민학교나 중학교 시절 반 전체가 대청소할 때를 생각해보면, 모든 학생이 빗자루, 걸레, 먼지떨이 등 도구는 하나씩 다 들고 있어도 정작 청소를 하는 친구는 얼마 되지 않았다. 우연히 그런 것이 아니라 대청소를 할 때마다 그랬다. 군사독재에 맞서서 거리로 나섰던 대학생들은 전체 대학생 가운데 극히 일부분에 불과했다. 대학생 때 단 한 번도 거리시위에 나선 적이 없었던 나는 그 사실을 너무도 잘 알고 있다. 청소나 민주화나 소수가 한 일을 전체가 누렸다. 사랑을 베푸는 일에서도 그러할 것이다.

전체 결과의 80퍼센트가 전체 원인의 20퍼센트에서 일어난다는 파레토[Pareto] 법칙이라는 것이 있다. 20퍼센트의 운전자가 전체 교통위반의 80퍼센트를 범하고, 백화점에서 20퍼센트의 고가제품이 전체 매출의 80퍼센트를 차지한다는 등의 현상을 설명하는 사회경제적 법칙이다. 일본의 생물학자 하세가와 에이스케[長谷川英祐] 홋카이도 대학 교수는 《일하지 않는 개미》에서 이 법칙이 개미나 꿀벌처럼 집단생활을 하는 곤충 세계에도 발견된다고 했다. 〈개미와 베짱이〉 우화가 말해주는 것처럼 개미는 열심히 일하는 삶의 대명사로 여겨진다. 구약성경 잠언도 "게으른 자여 개미에게 가서 그가 하는 것을 보고 지혜를 얻으라"고 했다. 그런데 하세가와의 연구에 의하면 어떤 개미 집단이든지 일개미의 70퍼센트는 거의 일하지 않고 빈둥대며, 10퍼센트는 평생 일하지 않는다. 20퍼센트의 개미가 일해서 전체를 먹여 살리는 것이다. 더욱 재미있는 것은 그 20퍼센트의 부지런히 일하는 개미만 모아놓아도 그 가운데 80퍼센트는 놀고 20퍼센트만 일한다는 사실이다. 파레토의 법칙이 모든 집단생활 속에서 상당히 보편적으로 나타나는 증거라고 할 수 있다.

2 대 8의 법칙은 도덕적 행동에서도 일어나지 않겠는가. 착한 사람 20퍼센트가 사회 전체의 도덕적 윤활유 역할을 해서 그 사회가 도덕적 파산상태에 빠지는 것을 방지하고 있는지도 모른다. 도덕적으로 선한 일이란 결국 사랑을 베푸는 행위다. 생활 속에서 조그만 사랑이라도 베풀고 사는 사람들이야말로 신을 '아는' 사람, 영원에

잇대어 사는 사람, 지상에서 이미 영생을 사는 사람들이다. 이 세상은 인간들의 욕망으로 가득 차 있다. 그러나 그 속에서도 누군가는 크고 작은 사랑과 자비를 베풀며 산다. 그렇게 사랑이 실천되는 순간순간, 영원의 문이 열리고 지상은 영원과 연결된다. 나처럼 나머지 80퍼센트에 속한 사람들은 그렇게 20퍼센트의 사람들이 열어놓은 영원의 빛을 목격하고, 그 빛을 쬐는 것이리라.

하세가와 교수에 의하면 일하는 개미도 피로가 누적되면 더 일을 할 수 없게 된다. 일하는 개미들이 일을 못 하면 개미집의 생태계에 이상이 감지된다. 먹이가 줄어들고, 알이 잘 부화하지 못하며, 개미집이 부실해지는 것이다. 이런 비상사태가 벌어지면 지금까지 놀고 있던 게으른 개미들이 비로소 일을 시작한다. 인간 세상의 도덕적 생태계도 그와 같았으면 좋겠다. 남에게 사랑을 베푸느라 자기를 돌보지 못한 사람들에게 삶의 피로가 누적되어 더 이상 사랑을 베풀지 못하게 되고, 도덕적 생태계가 흔들릴 때, 나처럼 사랑을 받기만 한 사람들이 서툴게라도 행동에 나서야 할 것이다. 언제부턴가 그 이발소 문에 붙어 있던, 어르신과 어린이는 무료, 라는 안내판이 사라졌다. 그 이발사의 선행에도 조금은 피로가 누적된 모양이다.

우리는 화로 옆에 밤늦도록 조용히 앉아 있었다. 나는 행복이 얼마나 단순하고 검소한 것인지 다시 한 번 느꼈다. 포도주 한 잔, 구운 밤 한 톨, 다 낡아빠진 화로 하나, 파도 소리. 그뿐이었다. 그리고 지금, 여기가 행복이라고 느끼기 위해 필요한 것이라곤 행복이란 단순하고 검소한 마음이라는 사실뿐이었다.

— 니코스 카잔차키스Nikos Kazantzakis, 《그리스인 조르바》에서

아내 손을 잡고 통도사 불이문을 지나다

아내와 나는 부산이나 김해공항에 가기 위해서 수차례 경부고속도로를 따라 오간 적 있다. 포항에서 출발하여 부산이나 김해공항을 가려면 7번국도를 타고 경주를 통과한 후 경부고속도로에 진입해야 한다. 경주에서 경부고속도로를 타고 남행하다 보면 얼마 가지 않아 통도사나들목을 지나게 된다. 양산 통도사는 포항에서 멀지 않은 곳에 있는 거찰이다. 법보사찰인 통도사에는 석가모니의 진신사리를 모신 금강계단金剛戒壇을 비롯하여 동종銅鐘, 봉발탑奉鉢塔, 팔상도八相圖 등 여러 가지 국가문화재급의 유물이 있고, 풍광 또한 수려하다. 나는 학생들을 인솔하고 답사 차 그곳에 몇 번 갔었다.

경부고속도로를 따라 통도사나들목을 지날 때마다 아내는 통도사에 가보자고 했다. 고등학교 졸업 직후 친구들과 같이 통도사로 여행한 적이 있는데, 다시 한 번 가보고 싶다는 것이었다. 아내가 그런 요구를 할 때마다 나는 다음에 시간을 내어 가보자고 하며 차일피일 미루었다. 그러다가 작년인가, 김해공항에 아들을 데려다 주고 돌아오는데, 아내가 따로 시간 내어 온다는 말은 더 이상 믿을 수 없으니, 오늘 잠깐이라도 들러보자고 강경하게 요구했다. 방학이라 집에 돌아가도 특별히 할 일도 없던 나는 아내의 단호한 태도에 주눅이 들어 그렇게 하자면서 하릴없이 통도사로 향했다. 그러나 새벽 4시에 일어나 3시간 이상 운전을 했더니 몸이 몹시 피곤했다. 나는 매표소 밖에 있는 입구 주차장에 주차하지 않고 그냥 차를 몰고 경내 주차장까지 갔다. 아내에게 얼른 경내를 구경시켜주고 떠날 요량이었다.

아내와 나는 통도사 본사 경내를 이곳저곳 돌아다녔다. 몇 차례 다녀온 곳인지라 특별히 인상적인 것은 없었다. 다만 그날은 어쩐 일인지 금강계단이 열려 있어 처음으로 그곳에 올라가 볼 수 있었다. 통도사에 몇 차례 갔었지만, 단 한 번도 금강계단이 대중에게 개방된 것을 보지 못했던 터라 나는 아내와 함께 금강계단에 올라가서 부도를 중심으로 한 바퀴 돌아볼 수 있었다. 7세기 중엽 절을 세울 때 자장慈藏에 의해 만들어졌다는 종 모양의 부도는 금강계단의 정중앙에 놓여 있는데, 1500년 가까운 풍화작용의 흔적이 표면에 그대로 남아 있어 전체적으로 무척 노쇠해 보였다. 돌도 늙는구나. 1500년 늙은 그 돌 안에는 그보다 1000년은 더 오래되었을 석가모니의 사리가 여러 겹의 사리장엄에 싸여 모셔져 있을 것이다.

석가모니는 자신의 유해 조각이 이 멀고 먼 땅까지 와서, 1500년 동안 숭배되고 있는 것을 어떻게 생각할까. 각자 자기 자신과 진리를 등불로 삼고^{自燈明 法燈明} 자기 자신과 진리에 의지하라^{自歸依 法歸依}는 유언을 남긴 그는 틀림없이 중생의 어리석음을 안타깝게 여길 것이다. 그러나 옛 스승의 가르침에서 멀어지지 않은 오늘의 종교가 어디 있겠는가.

위대한 스승들은 한결같이 진리의 형체 없음을 가르쳤다. 그러나 형체 없는 진리의 막막함을 끝까지 견뎌낼 수 있는 사람은 많지 않은 것 같다. 사람들은 진리가 눈앞에 보이기를 원한다. 그 소원의 간절함은 온갖 종류의 가시적 진리의 표상들을 만들어낸다. 불교의 사리숭배는 아마도 대표적인 예에 속할 것이다. 석가모니는 다비^{茶毘} 후 8곡^斛4두^斗, 즉 여덟 섬 너 말의 사리를 남겼다고 한다. 그 양으로 보아 영롱한 구슬 같은 사리가 그만큼이었을 수는 없고, 불태우고 남은 모든 유골과 재를 다 합친 것이 그만큼 되었을 것이다. 어쨌든 석가모니의 사리는 전 세계로 전파되어 온갖 종류의 불탑과 부도 속에 모셔졌고, 사리숭배의 원형이 되었다. 제대로 된 선승 가운데 자기 뼛조각이 숭배의 대상이 되는 것을 경계하지 않은 사람이 없다. 부처가 불사리 신앙을 좋아했을 리 만무하다. 그러나 평생 깨달음은커녕 그 근처에도 가보지 못하는 것이 범부^{凡夫}들이니, 깨달은 자의 뼛조각이 깨달음의 정화^{精華}처럼 신비하게 보이는 모양이다. 죽은 스승의 뼛조각을 모셔놓고 신앙하는 일이 다반사가 되었다.

기독교에서도 성인의 시신이나 유물을 숭배하는 전통이 일반화되어 있다. 예수회 선교사로 성인의 반열에 오른 프란체스코 하비에르^{Francisco Xavier}의 시신은 발가락, 손, 귀, 치아, 머리카락 등으로 분리되어 여기저기에서 숭배되고 있다. 1554년 성 베드로 대성당에서 일반에게 공개된 그의 시신을 참배하던 한 여성은 그의 좌우 발가락 두 개를 잘라 도망가기도 했다. 가시적 진리를 가까이에 두면서 그 효험을 보고자 하는 인간의 욕망은 그토록 원초적인 것이다. 레닌, 마오쩌둥, 김일성의 방부 처리된 시신은 공산주의적 진리의 불멸하는 화신이 되어, 썩어 없어지지도 못할 운명에 처했다. 그들은 인간은 죽은 후 완전히 소멸한다고 믿었던 유물론자들이었다. 유물론의 대표자들이 죽어서 썩지도 않는 박제물이 되어 보존되고 있으니, 그 역설이 기막히다. 개신교는 그런 성인·성물 숭배는 없다고 주장한다. 그러나 개신교도들이, 많은 경우 엄밀한 기준이나 분명한 증거도 없이, 순교자들을 양산하여 그들을 요란하게 기리는 것을 보면 반드시 그런 것 같지도 않다. 더구나 성경에 대한 문자주의적 태도는 신적 진리를 활자화된 인간언어로 한정하는 행위로서, 역시 진리 유형화 작업의 하나라고 할 수 있다.

나는 1500년 묵은 석가모니의 무덤을 돌면서, 내 시신이 숭배의 대상이 되어 이리저리 나뉘어 보존되거나, 아니면 방부 처리되어 썩어 없어지지도 못할 운명이 아님을 감사했다. 생명이 떠난 육체는 썩어 흙이 되어야 마땅하다.

영원히 변하지 않을 것 같은 돌도 세월이 흐르면 늙기 마련이며, 영원할 것 같은 진리의 가시적 표상도 세월이 흐르면 퇴색된다는 사실은 부도원浮屠院에 가보면 더욱 확실히 알 수 있다. 다른 큰 절과 마찬가지로 통도사의 부도원도 위로 올라갈수록 더 오래된 부도가 배치되어 있다. 큰길에서 가까운 제일 아래쪽의, 그러니까 세운 지 얼마 되지 않는 부도들은 거북이 받침돌과 이무기 지붕돌 사이에 놓인 거대한 대리석 공덕비를 하나씩 옆에 끼고 있다. 그 뒤로는 여러 고승의 부도가 열을 지어 서 있는데, 멀리 뒤에 있는 오래된 것일수록 작고 아담하며, 어떤 것은 무덤의 주인이 누구인지 알려주는 글자 하나 새겨 있지 않다. 아주 오래된 것은 작기도 하거니와 심하게 풍화되어 그 앞의 부도들에 비해 초라하기까지 하다. 무덤의 크기가 깨달음의 크기는 아닐 것이니, 옛 선사들의 깨달음이 그 제자들의 깨달음만 못하지 않았을 것이다. 왜 사람들은 시간이 갈수록 더 큰 부도를 만든 것일까. 시간이 갈수록 깨달음은 점점 더 어려워지고, 그럴수록 스승의 깨달음을 가시적으로 만들어 스스로 위안하고자 하는 것은 아닐까.

　송광사와 해인사에 갔을 때 구산九山과 성철性澈의 부도를 보고 매우 놀라며 실망한 적이 있다. 송광사 방장을 지낸 구산의 부도는 기단만 3층인 거대한 사리탑이다. 그 옆에는 사리탑 높이의 연혁비가 있어 구산의 삶을 돌에 새겨 영구히 칭송하고 있었다. 해인사 방장을 지낸 성철의 사리탑은 기하학적으로 설계된 현대식 부도인데, 탑 자체는 그리 크지 않다. 그러나 그 사리탑이 놓인 삼층 기단의 크기는 물론이고 기단을 둘러싼 원형의 테두리와 돌을 깔아놓은 그 주위의 전체적인 넓이가 얼마나 넓은지 사리공원이라고 칭할 만했다. 그 공원 한쪽에는 거대한 돌 세 개를 이어서 기록해놓은 성철의 행장行狀이 있다. 하루 일하지 않으면 하루 먹지 않는다는 원칙一日不作 一日不食 속에 밥풀 하나도 버리지 못하게 했다던 구산이나, 평생을 누더기 걸치고 살면서 진리를 향해 용맹정진했다던 성철에 관한 이야기가 모두 거짓이 아니라면, 결코 그들은 그런 거창한 무덤을 만들라고 유언하지 않았을 것이다. 나는 구산과 성철의 거대한 부도를 보면서, 스승을 기리려는 제자들의 진솔한 마음이 아니라 스승의 죽음을 자기들을 위해 이용하려는 욕심과 어리석음을 보았다.

경내 구경을 대충 마친 후 나는 아내에게, 사실은 매표소에서부터 걸어 올라오는 소나무 숲길이 좋은데 오늘은 피곤하니 다음에 올 때 한번 걸어보자고 말했다. 그랬더니 아내는 옛날 친구와 같이 걸었던 그 소나무 숲길이 생각난다면서, 어차피 점심도 먹어야 하니 걸어갔다가 오자고 고집을 부렸다. 괜히 말을 꺼냈다 싶으면서도 할 수 없이 나는 아내와 같이 소나무 숲길을 걸어 내려갔다 와야 했다.

통도사는 차를 탄 채 매표소에서 표를 산 후 본사 경내에 있는 넓은 주차장까지 들어갈 수 있기 때문에 많은 사람이 그렇게 한다. 그러나 차를 타고 통도사 본사 경내까지 들어가면 통도사를 방문하는 큰 즐거움 가운데 하나를 놓치게 된다. 매표소부터 본사 경내까지 걸어서 약 30분 거리의 한적한 소나무 숲길이 있다. 가람으로 향하는 약간 오르막의 숲길이 하늘을 뒤덮은 커다란 소나무 숲 사이로 나 있는 것이다. 길 양편에는 아름드리 소나무가 빼곡히 서 있는데, 위를 올려다보면 소나무 가지들이 서로 잇대고 서서 거대한 소나무 숲 터널을 형성하고 있다. 소나무 숲길 바로 옆에는 상당히 깊고 너른 계곡이 길을 따라 이어진다. 천 미터 이상 하늘로 솟은 영축산에서 내려오는 물이 계곡을 따라 뜀박질하듯 내리흐르는데, 걷다 보면 우렁찬 물소리를 들을 수 있어 자주 계곡 쪽으로 눈이 가곤 한다. 계곡 반대편에는 소나무가 빼곡한 산이 벽을 이루며 하늘로 이어져 있다. 한국의 어느 곳에도 주차장에서부터 바로 이어지는 이만큼 길고 멋진 소나무 숲길을 찾기는 쉽지 않을 것이다.

이날 우리는 경내에서 매표소 쪽으로 걸어 내려갔다가 점심을 먹고 다시 그 길을 따라 돌아왔다. 통도사 소나무 숲길을 거꾸로 걸어본 셈이었다. 경내에서 출발하여 걸어 내려가면 문 세 개를 지나게 된다. 제일 먼저 불이문不二門을 지나고, 그다음에 천왕문天王門을 지나며, 마지막으로 일주문一柱門을 지난다. 그러니까 가람을 향해 길을 걸을 때는 일주문-천왕문-불이문 순으로 통과하는 셈이다. 기둥이 한 줄로 서 있다고 하여 일주문이라고 불리는 문은 진리의 세계인 가람에 들어서기 전에 세속의 잡다한 번뇌와 망상을 떨쳐버리고 한마음으로 진리를 사모하라는 뜻을 담고 있다 한다. 매표소에서 출발할 경우 일주문은 숲길을 따라 한참을 올라가다가 약간 지칠 때쯤 눈앞에 나타난다. 거기서부터 사찰 경내가 시작된다는 뜻이다. 통도사 일주문은 거찰의 일주문답게 문이라기보다는 큰 건물처럼 그 규모가 위세 등등하다.

어느 절이든지 일주문에는 그 절의 문폐라고 할 수 있는 현판이 달려 있기 마련이다. 통도사의 경우 흥선대원군 이하응이 쓴 "영축산통도사靈鷲山通度寺"라는 거대한 한문 현판이 붙어 있다. 이 현판의 글씨는 무척 클 뿐 아니라 균형미와 결기 또한 대단하여 보는 사람을 압도한다. 현판 밑기둥에는 해강海岡 김규진金奎鎭, 1868~1933이 세로로 쓴 글씨가 담긴 편액 두 개가 걸려 있다. 큰 글씨로는 당대 제일이었다는 김규진의 글씨도 이하응 글씨의 위세에 눌려 초라해 보이기까지 한다. 통도사의 대웅전은 금강계단을 볼 수 있도록 한쪽 벽을 뚫어놓은 배례용 법당인데, 그 법당에 붙어 있는 현판인 "대방광전大方廣殿"과 "금강계단金剛戒壇"도 "영축산통도사"와 같은 해서체의 이하응 글씨다. 통도사는 문패부터 성소聖所까지 이하응의 글씨를 얼굴처럼 달고 있는 셈이다. 그의 글씨가 그렇게 중요한 위치에 사용된 것은 그것이 임금 아버지의 글씨이기 때문이 아니라 좋은 글씨였기 때문일 것이다. 다만, "영축산통도사"와 "금강계단"은 금칠을 해놓았는데, 임금의 아버지가 쓴 글씨라서 금을 입혀놓은 것은 아닌가 하는 생각이 들었다. 좋은 글씨라면 금칠을 하지 않아도 빛날 것이며, 좋지 않은 글씨라면 금으로 조각을 해놓아도 추할 것이다.

나는 이하응이 자신의 현판 글씨에 금을 입히는 것을 알았는지, 알았다면 어떻게 생각했을지 궁금했다. 그가 진정한 선비였다면 금칠을 반기지 않았을 것이다. 그러나 이하응 속에 있는 공명심은 그것을 즐겼을지도 모른다. 안동, 봉화, 경주 양동 등지의 고택에서도 여럿 본 적 있는 이하응의 글씨는 하나같이 격조가 높아 그의 예술적 재능을 짐작게 해주었다. 그러나 조선왕조 마지막 나날들의 치욕은 그의 탐욕과 무관하다 할 수 없지 않은가. 아마도 그는 자신이 가장 재능을 발휘할 수 있는 방면이 아닌 쪽으로 너무 큰 포부를 가져 괴로운 사람이었을지도 모른다. 통도사 일주문 현판을 올려다보면서, 만약 그가 권력욕을 억눌러 학예에 힘썼더라면 그 경지가 어떠했을까 하는 생각을 다시 해보았다. 가장 세속적이었던 사람이 쓴 아름다운 현판이 불국토의 문패로 사용되고 있는 모습은 그 자체로 역설이어서, 그 문패 너머의 지경을 짐작하기 어려웠다.

일주문 다음에 있는 천왕문에는 네 명의 천왕이 온갖 삿된 것으로부터 청정가람을 수호하고 있다. 절에 들어가는 사람들의 마음속에 남아 있는 세속의 잡념들을 없애주는 역할도 맡았다 한다. 나는 천왕문의 사천왕을 볼 때마다 최명희의 소설 《혼불》을 생각하곤 한다. 그 소설을 읽기 전까지 사천왕은 마냥 무섭고 괴기하게 보였을 뿐이다. 그러나 최명희는 사천왕이 우락부락하면서도 순진하고, 또 우스꽝스럽기도 하다고 말하면서, 바로 우리 민족의 근본심성이 담긴 얼굴이라고 했다. 나는 《혼불》을 읽은 후 어느 사찰이건 천왕문을 지날 때마다 사천왕을 자세히 살펴보곤 했는데, 그때마다 사천왕의 무서운 표정 속에 놀랍게도 어질고 순수한 마음이 담겨 있음을 확인할 수 있었다. 통도사 천왕문 속의 사천왕도 예외는 아니어서, 그 표정들이 한편으로는 무섭지만 또 한편으로는 장난기 어려 있었다. 그러면서 나는 민족이라는 것이 국가의 이데올로기적 조형물이라는 근래의 이론을 떠올리면서, '우리 민족의 근본심성'이라는 것의 실체가 궁금했다. 우리 민족이 고대 우랄알타이에서 기원한 것인지 아니면 한말 일제하의 시기에 형성된 것이지 모르지만, 소설가가 기왕이면 어질고 순수한 마음을 그 근본심성으로 여긴 것은 반길 일이다.

아내는 "괴물딱지 같은" 사천왕상을 무척 싫어한다. 아내는 《혼불》을 나보다 훨씬 더 애독하였고 사천왕에 대한 내용도 나보다 더잘 알고 있다. 그러나 소설에서 얻은 지식은 현실 속 사천왕상에 대한 어릴 적부터의 혐오감을 극복할 수 있도록 해주지 못했고, 《혼불》을 읽은 후에도 아내는 천왕문 안에 멈추는 법 없이 빨리 지나가곤 한다. 사천왕상을 올려다보며 민족의 근본심성이라는 정체불명의 개념을 생각하던 나는, 벌써 문밖에 나가 기다리던 아내의 성화에 못 이겨 황급히 밖으로 나갈 수밖에 없었다. 일주문과 천왕문을 지난 후 만나게 되는 것은 불이문이다. 불이문은 사찰의 본당에들어가는 마지막 문이다. 다시 말해서 사찰의 진짜 대문인 셈이다. 불이란 부처와 중생, 진리와 무명無明, 생과 사가 둘이 아니라 하나라는 뜻이다. 불이문을 넘어서면 진리의 세계인 불국토가 펼쳐지는데, 그 부처의 세계가 문 바깥, 즉 번뇌와 망상의 세간世間과 다르지않다는 것이다. 아마 그럴 것이다. 중생은 진리를 찾아 불이문을 넘지만, 세간에서 찾지 못한 진리가 불이문 너머에 있을 리 없다.

아내는 경내보다는 경내까지 가는 소나무 숲길을 좋아했다. 오래전 처음 왔을 때는 없던 콘크리트 포장도 되어 있고 하여 기억속의 호젓한 산길과는 어느 정도 거리가 있다고 하면서도 소녀처

럼 즐거워했다. 이렇게 좋은 데를 걸어보지도 않고 그냥 갈 뻔했다
는 말을 여러 번 하였다. 소나무 숲길 한편에는 일정한 간격을 두
고 사람 키보다 훨씬 커다란 석등이 도열해 있었다. 각 석등에는 사
람의 이름이 새겨 있었다. 거기에 이름이 기록된 주인공들은 통도
사에 많은 물질적 공양供養을 한 사람들임이 틀림없다. 비물질적 가
치를 추구하는 가람으로 가는 길을 물질적 가치들이 도열하여 빛을
비추고 있는 것이다. 생각해보면 통도사 전체의 전각과 대문이며
불상과 탑 등도 모두 물질적 공양의 결과물이다. 비물질적 진리도
물질을 통하지 않고는 드러나지 않는 것인가. 해인사 장경판전 속
8만 1258개의 대장경판, 그리고 그 위에 각인된 5200만 개의 한자
는 물화物化된 불교적 진리의 가장 극적인 모습이다.

　소나무 숲길을 걸어 내려간 우리는 입구 주차장 인근의 식당촌
을 다니며 들어갈 만한 식당을 찾았다. 관광지라서 그랬는지, 마음
가는 곳이 없었다. 할 수 없이 다시 매표소 쪽으로 오다가 그나마
덜 요란해 보이는 식당에 들어갔고, 산채비빔밥을 점심으로 먹었
다. 이름만 산채비빔밥일 뿐 콩나물, 무채, 호박 따위가 가득 찬 것
이 산채라고 할 만한 나물도 들어 있지 않아 보였지만, 우리는 맛있
게 먹었다. 새벽부터 일어나서 고속도로를 오간 데다 큰 절을 구경
하고 꽤 긴 거리의 소나무 숲길을 걸은 터라 몸이 적당히 피곤하고
식욕도 동하였던 것이다. 인간은 육체에 뿌리를 둔 존재다. 불국토
가 바로 한 걸음 앞일지라도 배고파 쓰러지면 들어갈 수 없다. 숲길
을 내려올 때만 해도 발이 아프고 슬슬 짜증이 나더니, 산채도 들어

있지 않은 산채비빔밥이나마 맛있게 먹고 나니 한결 정신이 맑아지고 피로도 풀리는 느낌이 들었다. 되돌아 올라가는 발걸음이 가벼웠다.

나는 그날 아내의 손을 잡고 불이문-천왕문-일주문을 차례로 넘었다가 다시 일주문-천왕문-불이문 순서로 되돌아가는 경험을 했다. 불교적 진리의 세계에서 속세로, 그리고 다시 속세에서 진리의 세계로 들락거린 것이다. 그러면서 나는 깨달음의 세계와 무명 세계의 경계가 모호해지는 것을 경험했다. 일주문-천왕문-불이문이 없다면 가람과 세간의 경계는 어차피 없는 것이다. 더구나 가람과 세간을 경계 짓는 마지막 문이 불이문이다. 불국토 안팎의 경계를 표시하는 문이 스스로 그 문 안과 문 밖이 다르지 않다고 말하는 것이다. 그렇다면 그 문은 외적 경계境界를 나타내려는 것이 아니라 그 문 안에서만 진리를 찾으려는 어리석은 마음에 대한 내적 경계警戒를 위해 세워져 있는 것이리라.

아내의 손을 잡고 통도사 불이문을 다시 넘어들어가며, 만약 내가 늘 진리의 손을 잡고 있다면 불이문 안과 밖 구별 없이 내가 있는 곳 어디나 진리의 세계일 것이라는 생각을 해보았다. 아내의 손이 내 손처럼 편안했다.

———

일주문과 천왕문을 지난 후 만나게 되는 것은 불이문이다. 불이문은 사찰의 본당에 들어가는 마지막 문이다. 다시 말해서 사찰의 진짜 대문인 셈이다. 불이란 부처와 중생, 진리와 무명無明, 생과 사가 둘이 아니라 하나라는 뜻이다. 불이문을 넘어서면 진리의 세계인 불국토가 펼쳐지는데, 그 부처의 세계가 문 바깥, 즉 번뇌와 망상의 세간世間과 다르지 않다는 것이다. 아마 그럴 것이다. 중생은 진리를 찾아 불이문을 넘지만, 세간에서 찾지 못한 진리가 불이문 너머에 있을 리 없다.

———

내가 뒤늦게
나무를 사랑하는 건

깨달아서가 아니다
외로워서다

외로움은 병

병은
병균을 보는 현미경

오해였다

내가 뒤늦게
당신을 사랑하는 건

외로워서가 아니다
깨달아서다.

— 김지하, 〈아내에게〉(전문)

잠든 아내를 바라보며

나는 신경이 예민하여 평소 잠을 잘 자지 못한다. 젊었을 때는 지금보다 더했던 것 같다. 기차나 고속버스를 몇 시간씩 타도 잠자는 일이 없었다. 비행기를 타고 태평양을 건너 미국을 오갈 때도 20시간 가까운 비행시간 내내 한숨도 잘 수 없었다. 지금은 잠깐잠깐이라도 기차나 버스에서 잘 수 있다. 그런데 하루에 자는 시간이 딱 정해져 있는 것인지, 낮잠을 자면 밤잠을 자기 힘들다. 따라서 나는 잠이 쏟아져서 쓰러질 정도가 아니라면 낮잠을 자지 않으려 한다. 밤에 피곤하고 졸려서 잠자리에 들어도 금방 잠에 빠져드는 경우는 드물다. 몇십 분 뒤척여야 잠이 온다. 이런저런 걱정거리가 있다든지, 화나는 일이 있다든지, 아니면 글을 쓰고 있는 경우에는 잠 못 드는 증상이 심해진다. 특히 집중해서 글을 쓸 때는 로그오프되지 않아 하드디스크가 계속 돌아가는 컴퓨터처럼, 잠을 자려 해도 뇌 작동이 중단되지 않는다. 새벽까지 잠을 못 이루며 고생하는 경우가 적지 않다.

아내는 잠을 잘 잔다. 낮잠도 잘 자고, 밤잠도 잘 잔다. 나로서는 신기한 능력이다. 주말에 낮잠을 잘 때 아내는 나보고 같이 자자고 한다. 내가 낮잠을 자면 밤에 자지 못한다고 하면, 잠깐 자고 일어나면 된다, 밤에 잘 잠과 낮에 잘 잠은 따로 있다, 라고 말한다. 아내를 따라 낮잠 잤다가 밤에 잠을 이루지 못하여 고생한 경험이 여러 번 있는 나로서는 언제든지 마음만 먹으면 잘 수 있는 것 같은 아내가 부러울 뿐이다.

그런데 아내의 낮잠 자기는 후천적 습관이다. 정확하게 말해서 결혼 후 생긴 버릇이다. 내가 길러준 능력인 셈이다. 결혼 전 아내는 낮잠 자지 않는, 활발하고 건강한 아가씨였다. 그러나 결혼 후 두 아이를 낳아 기르고, 남편 공부 뒷바라지하고, 궁핍한 집안 살림 사느라 자신을 돌볼 수 없었다. 특히 경제적 무능력 상태에서 10년 동안 계속된 유학생활은 아내에게 큰 타격을 주었다. 아내는 아이들과 같이 온종일 집에 있어야 했고, 조금의 돈이라도 벌기 위해 남의 집 아이를 돌보거나, 학교나 남의 집 청소를 하거나, 식당이나 가게에 가서 일해야 했다. 그러다 보니 취미생활을 하거나, 책을 읽거나, 운동을 하는 등 자기 몸과 마음을 관리하고 개발할 시간이 없었다. 아내는 살이 쪘고, 건강이 나빠졌고, 종일 피곤했다. 아내가 낮잠을 자기 시작했다.

박사과정 중 한국 학생들이 한 달에 한 번씩 모여 공부 이야기도 하고, 밥도 같이 먹으며 사귀는 모임이 있었다. 하루는 한 여학생이 발표를 했다. 신약학을 전공한 그 학생은 페미니즘의 관점에서 성경의 몇 부분을 해석하면서, 성경의 가부장적 세계관, 교회의 가부장적 권력구조, 기독교인들의 가부장적 성경해석 관습을 비판했다. 발표 후 토론 겸 잡담이 오갔다. 발표한 학생은 거기 모인 남학생들의 가부장적 가치관과 습관에 대해서 신랄하게 비판했다. 그랬더니 다른 한 여학생이 나를 두고, 그래도 아무개는 페미니스트잖아요, 하는 것이 아닌가. 그 예기치 않았던 발언에 나는 무척 당황했다. 그러나 그 여학생의 발언에 이의를 제기하는 사람은 없었다. 나는 스스로 페미니스트라고 생각해본 적도, 또 내가 그런 사람이라고 말해본 적도 없었다. 그러나 평소 여성의 지적 능력이 남성보다 더 우월하다고 생각한 것은 사실이며, 그런 말을 하고 다닌 것도 사실이었다.

내가 여성의 지적 능력에 감탄하기 시작한 것은 대학 시절이었다. 내가 다닌 학교의 영문과에는 당시 우리나라에서 공부 제일 잘하는 여학생이 모두 모였다고 할 정도로 똑똑한 여학생이 많았다. 아무개는 부산에서 천재로 소문났었고, 아무개는 전남에서 학력고사 최고점을 받았고, 아무개는 초등학교 때부터 고등학교 때까지 전교 1등을 놓친 적 없었다는 등의 소문이 흔했다. 내가 보아도 여학생들은 공부의 달인들이었다. 같은 과목을 듣고 시험을 치르면, 여학생들이 A와 B를 거의 독점하다시피 했다. 남학생들은 대체로

C나 그 이하였다. 물론 남학생 가운데 A를 받는 경우도 있었다. 그러나 그것은 여학생들이 C를 받는 것만큼이나 흔하지 않았다. 따라서 남학생들은 A 받는 것은 아예 포기하고 B라도 받기 위해 서로 경쟁하는 처지였다. 나처럼 중하급에 속하는 남학생들은 여학생들과 같이 들어야 하는 전공과목에서 A 받는 것은 꿈도 꾸기 어려웠다. 나는 단 한 과목의 전공과목도 A를 받지 못하고 졸업한 것으로 기억한다. 그야말로 족탈불급足脫不及이었다.

이처럼 여학생들과 같이 공부하면서, 나는 여학생들의 지적 능력이 남학생보다 월등하다는 사실을 일찌감치 깨달았다. A학점을 여학생들이 독점하는 것을 보고 처음에는 의아하게 생각하다가, 그 다음에는 의심스러워했다가, 얼마 후에는 찬탄하다가, 나중에는 당연하게 여겼다. 나는 아무리 열심히 공부해도 그들을 이길 수 없다는 사실을 알게 되었고, 그것을 진심으로 인정했다. 그래서 나는 여학생들의 지적 능력 앞에 찬탄을 넘어 일종의 열등감을 가지게 되었다. 여성을 바라보는 나의 관점은 근본적으로, 그리고 항구적으로 바뀌었다.

어떤 사람은 이렇게 말할 것이다. 여자들은 남자보다 어학적 재능이 원래 뛰어나니까 영문과 과목들은 여학생이 남학생보다 더 잘할 수 있다, 그러나 수학이나 과학은 전혀 그렇지 않다. 여학생이 남학생보다 수학이나 과학을 못한다는 것은 상당히 보편적으로 받아들여지는 견해다. 심지어 여학생들도 스스로 수학, 과학은 남학생보다 못한다고 생각하는 경향이 있다. 그런데 과연 그럴까. 하버드 대학에서 행한 대단히 흥미로운 실험결과가 있다. SAT라고 불리는 미국의 대학입학 학력고사에는 수학과목이 있다. 이 시험을 치르기 전에 한 여학생 집단에게는 관습적으로 여성성과 연결되는 단어들(예를 들어, 립스틱, 핑크색, 인형)을 보여주고, 다른 집단에게는 성별과 상관없는 중립적 단어들을 보여주었다. 여성성과 관련된 단어에 노출된 후 수학시험을 치른 여학생들의 성적이 중립적 단어를 본 여학생들보다 낮았다. 심지어는 시험을 치르기 전에 '여학생'이라는 난에 체크한 여학생들의 수학성적이 시험을 다 치른 후 거기에 표시한 집단보다 낮았다. 다시 말해서 스스로 여자라는 사실을 인식하게 하는 대단히 간단한 장치도 여학생들의 수학성적에 부정적 영향을 미친다는 것이다.

이처럼 어떤 일을 할 때 미치는 관습의 부정적 영향을 연구자들은 '스테레오타입 위협stereotype threat'이라고 부른다. 여성은 지도를 못 읽는다, 여성은 주차를 잘 못한다, 흑인은 공부를 못한다, 동양 남성은 여성을 비하한다 등 그 집단에 속한 개체의 능력이나 성향과 관계없이 어떤 집단 전체에 내재적 특징이나 능력이 있다고 보고 그것을 일반화한 것이다. 집단의 '스테레오타입 위협'은 그 집단에 속한 개인들이 어떤 일을 행할 때 그 스테레오타입에 맞추어 행하도록 압력을 가한다. 따라서 수학시험을 치르기 전 여학생들에게 그들이 여자라는 사실을 확인해주면, 여자는 수학을 못한다, 라는 '스테레오타입 위협'에 영향을 받게 된다는 것이다. '스테레오타입 위협'을 받고 수학시험을 치르는 여학생들의 뇌를 영상으로 보면 부정적인 사회정보 영역이 활성화되는 것을 확인할 수 있다고 한다.

위에 예로 든 하버드 대학의 실험은 여성이 태생적으로 수학을 못한다는 사회적 통념이 사실인지 알아보기 위해 행해진 수많은 실험 가운데 하나다. 여러 실험의 결과들은 국가와 문화에 따라 다양한 변화와 편차를 보였다. 미국의 경우 지난 30년 동안 남학생과 여학생의 수학성적 차이가 극적으로 줄어드는 경향을 보였다. 그리고 인도네시아와 아이슬란드 같은 국가에서는 수학을 제일 잘하는 학생들의 경우 여학생 성적이 남학생보다 높았다. 미국의 백인 남자는 백인 여자보다 수학을 잘하지만, 아시아계 미국인의 경우 그 반대였다. 흥미로운 것은, 아시아계 미국 여성에게 그들의 아시아적 정체성을 환기해주었을 때 수학성적이 향상되었지만, 그들의 여성성을 환기했을 때는 수학성적이 떨어졌다.

이와 같은 실험 결과들은 여성과 남성 사이에 수학이나 과학과 관련한 태생적 능력의 차이가 있을지라도 그 차이가 다양한 문화적 환경에 의해 받는 영향보다 더 크지 않다는 사실을 말해준다. 역사적으로 여성들은 과학과 수학 분야에서 남성만큼 탁월한 업적을 남기지 못했다. 그리고 역사적으로 여학생들은 남학생들보다 수학점수가 낮은 경향을 보였다. 그러나 그것을 두고 남성이 여성보다 더 뛰어난 수학적 능력을 타고났다고 해석하는 것은 잘못이다. 여성이 남성보다 수학, 과학 분야에서 크게 활약하지 못한 것은 단지 그런 분야를 선택하는 여성이 적었기 때문이기도 하다. 여성에게 어울리는 일과 어울리지 않는 일이라는 사회적 통념 때문에 여성들이 진출하지 못해온 분야는 수학과 과학 분야 이외에도 수없이 많다. 미국 여학생들의 수학성적이 남학생들 성적에 근접하게 된 것도 미국 여성의 태생적 능력에 어떤 변화가 있었다고 설명하기보다, 미국 사회와 문화에서 남녀평등이 보편화된 현상으로 설명하는 것이 더 합리적이다.

더 많은 여성이 수학 분야에 진출하면 수학의 발전에 기여할 여성은 더 많아질 것이다. 2014년 서울에서 열린 세계수학자대회[IMU]에서 마리암 미르자카니[Maryam Mirzakhani]라는 이란 여성이 수학계의 가장 큰 상인 필즈상[Fields Medal]을 받았다. 노벨상에는 수학 분야가 없어 '수학의 노벨상'이라고 불리는 필즈상은 4년에 한 번씩, 최고의 업적을 남긴 수학자에게 준다. 이 상은 4년에 한 번밖에 주지 않을뿐더러 상을 수여하는 연도 1월 1일을 기준으로 만 40세 이하에게만 수여한다. 따라서 40세 이후에는 아무리 뛰어난 업적을 남겨도 이 상을 받을 수 없다. 나이와 상관없이 매년 주는 노벨상보다 훨씬 더 받기 힘든 상이다. 미르자카니는 역사상 최초의 여성 필즈상 수상자였다. 그녀는 이미 1994년과 1995년 국제수학올림피아드[IMO]에서 2년 연속 금메달을 받아 세계 수학계를 놀라게 한 적 있다. 미르자카니가 필즈상을 받은 것은 여성은 수학을 잘 못한다는 통념이 얼마나 잘못된 것인지 잘 보여준다. 앞으로 그 통념이 더 이상 '스테레오타입 위협'으로 작용하지 않게 되고, 재능 있는 여성들이 더 많이 수학을 공부하게 된다면 필즈상은 여성들이 독차지하게 될지도 모른다.

여성과 남성 사이에 어떤 태생적 차이도 없다고 하는 것은 사실이 아니다. 초기의 페미니스트들은 여성과 남성 사이에는 어떤 선천적 차이도 없으며, 차이처럼 보이는 것은 모두 문화에 의해 학습된 것이라고 생각했다. 여성의 능력과 권리를 주장하기 위해서 그런 주장이 필요했을 것이다. 그러나 뇌과학, 인지과학, 아동학, 심리학, 인류학 등이 발전하면서 남자와 여자 사이에는 다양한 종류의 선천적 차이가 있음이 드러나고 있다. 그 차이들 가운데 가장 분명하고 뚜렷한 것이 신체적, 성향적 차이다. 한 집단에 속한 평균의 남성은 평균의 여성에 비하여 신체가 크고 힘이 강하다. 그리고 평균의 남성은 평균의 여성에 비해 더 공격적이고 전투적이다. 그런 차이가 신석기 시대 이래로 남성 우위의 가부장적 사회를 만들게 했다는 것은 아미 잘 알려진 사실이다. 그러나 최근의 과학기술 발전과 사회문화적 변화는 남성적 특징보다 여성적 특징들이 더 이로운 쪽으로 전개되고 있다.

미국 에모리Emory 대학 인류학자 멜빈 코너Melvin Konner의 연구에 의하면 인종과 문화를 불문하고 세계의 어느 집단에서든 남성은 육체적 폭력성과 성性적 충동성이 강한 경향이 있다고 한다. 육체적 폭력성은 상대방에 대한 호감의 결핍과 연결되어 있으며, 성적 충동성은 성적 행위의 결과에 대한 무관심과 연결되어 있다. 물론 모든 남성이 그런 것은 아니다. 그러나 그런 성향을 가진 여성은 거의 없다고 한다. 코너에 의하면 남성에게 많은 호르몬인 테스토스테론은 남성에게 공격성과 성적 충동을 일으킨다. 테스토스테론의 영향을 덜 받는 여성들은 육체적 폭력이나 성적 충동의 영향을 덜 받는다. 여성은 남성보다 더 잘 타협하고 협조하며, 덜 공격적인 방식으로 다른 사람을 대한다.

2013년 미국에서는 오바마^{Barack Obama}의 민주당 행정부와 공화당이 지배하는 의회가 차기년도 예산안을 두고 심각하게 대립한 적이 있었다. 이때 두 진영이 서로 한 발짝도 물러나지 않으려 하자 대립이 첨예해졌고, 결국 연방정부 폐쇄라는 극단적인 상황을 눈앞에 두게 되었다. 이 위기의 상황을 해결한 것은 여성 의원들이었다. 공화당 여성 상원의원들이 민주당 여성 상원의원들에게 협상을 제의했고, 여성 의원들의 주도로 여성 의원과 남성 의원이 각각 절반씩 참여하는 특별위원회가 만들어졌다. 그리고 결국은 대타협이 이루어져 예산안이 통과되었고 연방정부 폐쇄를 피할 수 있었다. 미국 상원에서 여성 의원 비율은 20퍼센트에 불과하다. 그러나 예산안 위기를 해결하기 위한 위원회는 남녀 비율을 똑같이 하여 구성했고, 결국은 타협을 이루어낸 것이다. 이것은 여성이 남성에 비해서 대결을 회피하고 서로 타협하고 협조하는 능력이 더 많다는 것을 보여주는 사례에 속한다. 세상은 육체적 힘보다는 정신적 능력이, 대결보다는 타협을 더 선호하는 방향으로 나아가고 있다. 여성의 고유한 특징이 더 이로운 상황이 전개되고 있는 것이다.

학교에서 학생들을 가르치다 보면 여학생들의 성적이 대체로 남학생보다 더 좋다는 것을 알 수 있다. 내가 일부러 통계를 내어본

적은 없지만, 그동안의 경험을 통해서 확인한 경향은 분명히 그렇다. 물론 여학생 가운데도 D나 F를 받는 사람이 있고, 남학생 가운데도 A⁺를 받는 경우도 얼마든지 있다. 그러나 전체적으로 본다면 여학생의 성적이 남학생의 성적보다 더 좋은 것 같다. 내가 인문학 과목을 가르치기 때문에 그런 결과가 나오는 것일 수도 있다. 그러나 현대의 공교육 제도가 여성의 학습 습관에 더 맞는다는 연구들이 나오는 것으로 보아 내가 가르치는 과목에서만 그런 현상이 나타나는 것은 아니라고 본다. 미국의 경우 1960년대만 해도 전체 대학생 가운데 여학생 비율은 50퍼센트를 훨씬 밑돌았다. 그러나 여학생 비율은 점점 더 증가했고, 1970년대 후반 처음으로 여학생이 남학생보다 많아졌다. 그 후 여대생 비율은 점점 더 높아지고 있다. 현재 미국 사립대학들의 남녀비율은 4 대 6 정도로 여학생의 수가 훨씬 많다. 이렇게 여대생의 수가 증가하는 이유는 복합적이다. 그러나 분명한 것은, 여자는 고등교육을 받지 않아도 된다는 사회적 편견이 사라지면서 점점 더 많은 여학생이 대학교육을 원하게 되었고, 여학생 지원자들의 성적이 남학생 지원자보다 더 우월하게 되었다는 사실이다.

이런 현상은 초중등 과정에서 여학생들이 남학생보다 더 공부를 잘하는 현상과 맞물려 나타난다. 많은 연구자는 현재의 교육제도가 남학생보다 여학생에게 적합하기 때문에 그런 결과가 나타난다고 주장한다. 교사의 지시에 복종해야 하고, 조용히 앉아서 공부해야 하며, 정해진 시간표와 커리큘럼에 따라야 하는 현재의 교육제도가 남학생보다 여학생의 성향에 최적화되어 있다는 것이다. 그 분야 전문가는 아니지만, 딸과 아들을 키우고, 남학생과 여학생을 가르치면서 내가 느낀 것과 상당히 일치하는 주장이다. 앞으로 남학생들의 학습 성향에 맞는 교육제도가 만들어질 수도 있을 것이다. 그러나 적어도 현행 교육제도의 근간이 유지되는 동안에는, 몇 시간 동안 조용히 앉아 선생님 말씀을 잘 들으면서 열심히 필기하고, 숙제도 잘 해오는 학생이 그렇지 않은 학생보다 학업성취도가 높을 수밖에 없다. 따라서 그런 식의 공부 결과를 평가받는 수능시험이나 공무원, 교사, 변호사 시험 같은 분야에서 남성이 여성을 이기기는 점점 더 어려워질 것이다.

그런데 학교 다닐 때 뛰어나게 공부도 잘하고 다양한 능력을 발휘하던 여학생들도 일단 결혼을 하면 그런 능력이 사장되는 경우가 많다. 내 아내만 하더라도 대학 때는 나보다 더 공부를 잘했다. 그러나 결혼 이후 아내는 아내와 엄마로 살아야 했다. 결혼 직후부터 10년 가까이 가정주부로 살던 아내는 내가 공부를 마쳐갈 때쯤 자기도 공부를 하고 싶다고 하였다. 나는 아내가 석사과정 공부를 할 수 있게 도와주었다. 아내는 공부를 아주 잘했고, 교수들로부터 박사과정에 들어오라는 칭찬을 받았다. 그러나 내가 공부를 마치고 귀국하면서 아내도 아이들을 데리고 따라와야 했다. 여성이 결혼 후 능력 발휘할 기회를 얻지 못하거나 경력이 단절되는 현상은 아내의 세대를 넘어 지금도 계속되고 있다. 졸업한 여제자들이 결혼하고 아이들을 데리고 찾아오는 경우가 있다. 엄마가 된 그들은 아이들 시중드느라 점심 한 끼 먹는 것은 물론이고 잠깐이나마 편히 앉아서 차 한 잔 마시기 힘들다. 아이 키우는 일이 요구하는 엄청난 양의 시간과 에너지를 생각해보면, 아이 엄마들이 육아와 일을 병행하는 것이 얼마나 힘든지 짐작할 수 있다.

한국에서 결혼은 거의 일방적으로 여성이 불리한 제도다. 얼마 전 티브이 뉴스에서 서울대학교의 어떤 연구소에서 행한 한국인 부부의 결혼 만족도에 대한 조사 결과를 본 적 있다. 여성은 결혼 시점에서 느끼던 만족감이 3년이면 모두 소멸하는 데 비하여, 남성은 그것이 평생 지속된다고 한다. 이것은 한국의 결혼제도가 남성에게 압도적으로 더 유리하는 말이다. 당연한 결과라는 생각이 든다.

어느 사회든지 결혼과 가정은 가장 안정된, 다시 말해서 가장 변화가 더딘 제도에 속한다. 개항기 이후 한국 사회는 엄청난 속도로 변해왔다. 정치, 경제, 사회, 문화, 과학기술, 가치관 등 삶의 모든 영역에서 가히 상전벽해桑田碧海 수준의 변화가 있었다. 절대왕정이 민주적 공화정이 되었고, 농사지어 먹고살던 빈국이 선박과 자동차를 만들어 파는 OECD 회원국이 되었다. 좁은 씨족공동체 사회는 세계로 나가고 세계인이 들어오는 전 지구적 사회로 변했으며, 전통적 공동체 문화는 세계인을 대상으로 한 현대적 상업문화로 바뀌었다. 발달한 서구문물 앞에 경악을 금치 못했던 사람들이 서구인들조차 가지고 싶어 하는 휴대전화를 만들고 있으며, 삼강오륜을 이야기하던 사람들은 사라지고 자본주의적 가치관이 지배하고 있다. 그러나 이 모든 변화 속에서도 여전히 가부장적 전통은 견지되고 있다. 결혼과 가정은 가부장적 전통이 유지되고 재생산되는 가장 중요한 기제로 작동되고 있다. 여성에게 출산, 육아, 가사는 책임이요 의무다. 그러나 남성에게 그것은 자발적 기여의 대상, 즉 그 책임을 나누어지면 좋지만 그렇지 않을지라도 사회적 비난의 대상은 아닌 것이다.

유유상종이라고 했던가. 보수적인 것들은 보수적인 것들과 친밀성이 높다. 보수적 결혼 및 가족제도는 다른 보수적 제도들에 의해 지지된다. 보수적 종교, 교육, 사회문화 집단들이 가부장적 가치관을 진리처럼 견지하려 한다. 천주교를 비롯한 보수적 기독교계는 신의 말씀이나 전통이라는 이름 아래 여성의 사제수품이나 목사 안수를 금지하여 남성이 교권을 독점한다. 보수적 아버지, 선생, 목사, 그리고 대중매체는 남녀유별이라는 명목 아래 여성을 차별하고, 희생과 인내와 순종을 여성의 덕목으로 칭송하며, 여성을 가정이라는 '여성의 영역'에 가두려 한다. 그런 제도 속에서 자란 여성들은 자기도 의식하지 못하는 사이에 가부장적 가치관을 내면화하여 거기에 맞추어 살기 마련이다.

출산, 육아, 가사는 숭고한 일이다. 그러나 숭고한 일은 자발적으로 행할 때 진정으로 숭고하다. 아무리 숭고한 일이라고 해도 그 책임을 전적으로 여성에게 지우는 것은 불합리하다. 더구나 모든 여성이 출산, 육아, 가사에 대하여 태생적 의무가 있다고 하는 것은 터무니없이 잘못된 주장이다. 여자가 선천적으로 그런 일에 더 어울리니 그것을 해야 한다는 말은 가부장적 이데올로기다. 종족과 가정을 유지하기 위해서는 누군가 그런 일을 해야 하는데, 나(남자)는 하기 싫으니 힘이 없는 네(여자)가 하라는 말이다. 많은 여성은 그런 일들을 하고 싶어 하지만 어떤 여성은 그것보다 다른 일을 더 원한다. 남자들과 마찬가지로 여자들도 자기가 원하는 일, 자기가 잘할 수 있는 일을 할 기회를 가져야 할 것이다. 나의 어머니에게 그런 기회는 존재하지 않았고, 내 아내에게도 거의 주어지지 않았다. 내 딸과 제자들에게는 기회가 조금씩 열리고 있다. 그 딸들의 딸의 시대에는 남자와 여자가 완전히 평등해지고, 거기에 기초한 새로운 결혼제도가 만들어지기 바랄 뿐이다.

낮잠 든 아내를 바라보면서, 아내, 엄마, 주부로 살아온 그의 30년에 대하여 고맙고 미안한 마음을 금할 수 없다.

유유상종이라고 했던가. 보수적인 것들은 보수적인 것들과 친밀성이 높다. 보수적 결혼 및 가족제도는 다른 보수적 제도들에 의해 지지된다. 보수적 종교, 교육, 사회문화 집단들이 가부장적 가치관을 진리처럼 견지하려 한다. 천주교를 비롯한 보수적 기독교계는 신의 말씀이나 전통이라는 이름 아래 여성의 사제수품이나 목사안수를 금지하여 남성이 교권을 독점한다. 보수적 아버지, 선생, 목사, 그리고 대중매체는 남녀유별이라는 명목 아래 여성을 차별하고, 희생과 인내와 순종을 여성의 덕목으로 칭송하며, 여성을 가정이라는 '여성의 영역'에 가두려 한다. 그런 제도 속에서 자란 여성들은 자기도 의식하지 못하는 사이에 가부장적 가치관을 내면화하여 거기에 맞추어 살기 마련이다.

내 실업失業의 대낮에 시장 바닥을 어슬렁거리면,
그러나 아직, 나는 아직, 바닥에 이르려면 아직, 멀었구나.
까마득하게 멀었구나.
나는 탄식한다.
아, 솔직히 말하겠다. 까마득하게 멀리 보인다.
까마득하게 멀리 있는 것이 보인다. 내 발 바로 아래에 놓인,
비닐 보자기 위에 널퍼덕하게 깔아놓은,
저 냉이, 씀바귀, 쑥, 돌갓, 느릅나무 따위들이여,
그리고 그 옆의, 마찬가지로 널퍼덕하게 깔아놓은,
저 멸치, 미역, 파래, 청각, 김가루, 노가리 등이여.
그리고 또 그 옆의, 마찬가지로 널퍼덕하게 깔아 놓고 앉아서,
스테인레스 칼로 홍합을 까고 있는,
혹은 바지락 하나하나를 까고 있는,
혹은 감자 껍질을 벗겨 물 속에 넣고 있는,
바로 내 발 아래에 있는, 짓뭉개져 있는,
저 머나먼, 추운 바닥이여,
나의 어머님이시여.

— 황지우, 〈신림동 바닥에서〉(전문)

흥해 장터에서

아내는 전통시장을 좋아한다. 우리 아파트에서 걸어서 5분 거리에 커다란 농협 하나로 마트가 있지만 그곳에서 사는 물건은 제한되어 있다. 아내는 하나로 마트에서 파는 농산물이 품질에 비해 비싸다고 하면서, 웬만하면 그곳에서 과일과 채소를 사지 않는다. 농협에서 운영한다는 곳인데 왜 그런지 모르겠다. 우리가 하나로 마트에 가서 그나마 정기적으로 사는 것은 우유밖에 없다. 다른 곳에 비해서 그곳 우유가 약간 싸기 때문이다. 그냥 운동 삼아 걸어갔다가 우유 한두 병 사고, 혹시 할인품목 가운데 살 만한 것이 있으면 사는 정도다. 과일이나 채소는 다른 중소형 마트나 전통시장, 혹은 길가 노점에서 산다. 그런 곳이 하나로 마트보다 더 싸고 물건도 좋기 때문이다.

하나로 마트가 생기기 전에는 아파트촌에 꽤 규모 있는 5일장이
섰다. 아파트촌 공터에 상인들이 정기적으로 와서 물건을 팔기 시
작하면서 시작된 장이었다. 그것에 가보면 채소, 과일부터 생선, 건
어물, 생닭, 과자, 튀김, 국과 죽, 두부, 떡, 옷가지, 꽃과 모종 등 그
야말로 없는 것이 없었다. 주변에 중소형 마트 몇 개밖에 없던 때인
지라 장이 서면 사람들이 모였고, 제법 시끌벅적한 것이 장터 같은
분위기가 났다. 한 청년이 트럭을 개조한 두부 기계에서 직접 만들
어 파는 두부는 특히 인기가 좋아서, 연신 두부를 만들어내어도 그
것을 사려는 사람들이 줄을 길게 늘어서 있었다. 즉석에서 만들어
파는 어묵튀김도 마찬가지여서, 막 튀겨낸 뜨끈뜨끈한 어묵을 사려
는 사람들로 늘 북적였다. 큰 가마솥에 국을 끓여 파는 아주머니는
얼마나 손이 큰지 육개장 5천 원어치 사면 아내와 내가 몇 끼니를
먹을 수 있을 정도로 담아주곤 했다.

그러나 아파트촌에 상가 건물이 점점 들어서면서 5일장은 장소
를 몇 번 옮겨야 했고, 그때마다 규모가 조금씩 줄어들었다. 결정적
인 타격은 농협 하나로 마트였다. 그 대형 마트가 생긴 후에도 장터
가 열리기는 했지만, 이전에 비해서 규모가 형편없이 줄었다. 하나
로 마트가 생긴 후 장터에 갔더니 채소와 과일을 파는 사람들만 몇
몇 모여 장을 열었는데, 예전 같은 장터 분위기가 전혀 나지 않았
다. 어떤 아주머니에게 과일을 조금 사며, 장이 아주 작아졌네요,
라고 했더니, 하나로 마트 생긴 다음부터 그래요, 하나로 마트가 이
렇게 큰 타격일 줄 몰랐어요, 라는 답과 긴 한숨이 돌아왔다. 농협

이라는 조직은 말 그대로 농촌의 협동조합인데, 도대체 누가 누구를 위하여 대형 마트를 만드는지 모르겠다. 거대한 건물을 지어놓고 정작 농수산물은 지하 한편에서만 판다. 지하와 1층의 진열대 대부분을 차지하고 있는 것은 공산품이다. 외국산 맥주와 포도주는 또 얼마나 많이 팔고 있는지. 거기다 2층에 가면 대형 프랜차이즈 식당가가 자리 잡고 있다. 농협이라면 깨끗하고 편리한 건물을 지어놓고, 거기에 농민들이 와서 자기 물건을 팔게 하면 좋을 것 같은데, 그렇게 하지 않는 것을 보면 내가 알지 못하는 어떤 사정이 있는 것 같다.

대형 마트는 건물이나 직원 등 투자 및 유지에 많은 돈이 들어가기 마련이다. 그 많은 돈을 투자하여 대형 마트를 만든 사람들은 그만큼 돈 욕심이 많고 돈 버는 데 익숙한 사람들이다. 투자한 만큼 수익을 얻으려 할 것인데, 큰돈을 들였으니 큰 수익을 남기려 할 것이다. 그러니 대형 마트 물건값이 전통시장에 비해서 비싼 것은 당연하다. 전통시장에 드는 투자 및 유지비는 대형 마트에 비할 바 아닐 것이다. 물론 그만큼 주차, 냉난방, 물건 찾기, 구매하기, 사후관리 등에서 소비자가 불편하다. 그렇지만 그 불편한 만큼 물건값이 싸다. 물론 대형 마트에서도 전통시장 못지않게 싼 물품이 몇 가지라도 있기 마련이다. 그러나 그런 것들은 소위 미끼 상품이고, 전체적으로 대형 마트가 전통시장에 비해서 훨씬 비싸다. 더구나 그런 미끼 상품은 대형 마트가 자신의 우월적 지위를 이용하여 납품업체에 손해를 떠넘기며 억지로 가격을 낮춘 것들이라, 헐값에 팔아도 대형 마트 입장에서는 손해 보는 일도 없다고 한다.

　포항에서 제일 큰 전통시장은 죽도시장이다. 동해안에서 제일 큰 전통시장이라고 알려진 죽도시장은 포항 도심에 자리한 거대한 상설시장이다. 그곳에는 그날그날 잡혀 오는 각종 수산물을 비롯하여 건어물, 채소와 과일, 제사 및 결혼용 음식, 옹기, 한복, 학용품 등 그야말로 없는 것이 없다. 한번은 집에 놀러 온 친척일가를 데리고 죽도시장에 간 적 있었다. 죽도시장을 포구의 어시장쯤으로 알고 있던 그들은 끝도 없이 이어지는 시장 골목과 거기에서 팔고 있는 다양한 물품을 보고, 세상에 이렇게 큰 시장도 다 있느냐, 며 감탄사를 연발했다. 아내와 나는 죽도시장에 가끔 가는 편이지만, 시장이 워낙 넓어서 갈 때마다 길을 잃고 헤매곤 한다.

　전통시장은 치열한 삶의 현장이다. 생존의 본능과 돈 욕심을 우아한 규칙도 없이 민낯으로 맞닥뜨려야 하는 곳이다. 따라서 그런 데 익숙하지 않은 사람에게 그곳은 불편할 뿐 아니라 무섭기조차 할 수 있다. 동료들과 같이 죽도시장 이야기를 하다 보면, 물건이 다양하며 싸고 좋지만 막상 가기가 두렵다는 말이 꼭 나온다. 시장 상인들이 공격적이라서 마음 편하게 장을 볼 수 없다는 것이다. 물건을 살펴보거나 흥정하다가 사지 않으면 상인들이 험한 반응을 보여 가기 싫다는 것이다. 물론 모든 시장 상인들이 다 그런 것은 아니지만, 대체로 대형 마트 종업원들처럼 친절하지 않은 것은 분명하다. 생선 파는 좌판 할머니에게, 그거 한 마리에 얼마예요, 라고 묻는 순간 벌써 할머니는 생선 대가리를 칼로 내리치며, 조개 파는 아주머니에게, 그거 한 바가지에 얼마예요, 하면 아주머니는 말없이 검은 비닐봉지에 조개 한 바가지를 담는다고 아내는 말한다. 얼마라는 대답은 비닐봉지에 물건을 담아 건네면서 한다. 식겁하여, 아니 그게 아니고요, 그냥 얼마냐고 물은 건데요, 하면 험한 말을 듣기 십상이다. 이제 요령이 생긴 아내는 꼭 사고 싶은 물건에 대해서만 값을 물어본다. 어쨌든 그렇게 드센 상인들을 몇 번 상대하다 보면 전통시장이 불편해진다. 젊은 사람들이 전통시장에 잘 가지 않는 이유 가운데 하나도 거기에 있지 않나 싶다.

죽도시장 같은 전통시장 상인들은 다 자기 점포를 가지고 있다. 물론 길가에 소쿠리를 내놓거나 손수레를 밀고 다니며 장사하는 사람들도 있다. 그러나 그 수는 얼마 되지 않는다. 더구나 들은 말에 의하면 그렇게 길에 나와 파는 사람 가운데는 멀쩡한 점포를 가진 상인들도 있다고 한다. 죽도시장에 서너 평짜리 건어물 가게라도 하나 가진 사람이라면 벌이가 나 같은 월급쟁이가 견줄 수 없는 수준이라고 한다. 길가에 쪼그리고 앉아 커다란 플라스틱 대야에 가득 담긴 조개를 까서 파는 할머니를 보고, 저 할머니 벌이가 당신보다 나을걸, 했던 아내 말이 생각난다. 그러니 전통시장이라 할지라도 죽도시장같이 사람이 모이는 곳은 돈이 흥청거리는 곳이다.

장터의 진면목은 3일장이니 5일장이니 하는 비상설 시장에 가야 볼 수 있다. 우리는 포항 시내에서 열리는 토요장터뿐 아니라 인근의 안강장, 구룡포장에도 가보았다. 그러나 우리가 제일 즐겨 가는 곳은 흥해장이다. 흥해는 포항시에 속해 있는 읍이다. 그러나 포항이 지금처럼 큰 도시가 되기 전에는 이 일대의 중심이 흥해였다. 조선 시대만 하더라도 포항은 흥해군에 속한 일개 면에 불과했다. 포항이 흥해보다 더 커진 것은 육이오전쟁 이후, 좀 더 정확하게는 1970년대에 포항제철이 건설되면서부터였다. 포항시 외곽에서 차로 불과 5분 거리에 있지만, 흥해는 여전히 고읍古邑의 자취를 간직하고 있다. 몇 년 전 4차선 신작로가 놓이기 전만 해도 신호등도 없고 보도도 따로 없는 왕복 2차선 길이 읍내를 가로지르는 제일 큰길이었다. 동서와 남북으로 이어진 이 두 개의 길이 만나는 곳이 읍의 중심이다. 흥해장은 그 중앙교차로와 인근 도로에서 열린다.

흥해장은 2, 4, 7, 9일, 즉 열흘에 4일 열린다. 이 가운데 2, 7일장이 규모가 크고, 4, 9일장은 훨씬 소박하여, 사실상 5일장이라고 할 수 있다. 가는 날이 장날이라고, 다른 일로 흥해에 나갔다가 우연히 큰 장에 몇 번 가보았던 우리는 장의 규모도 크고 값도 싸서 흥해장에 재미를 붙이기 시작했다. 우리가 사는 아파트에서 흥해까지는 차로 10분 거리밖에 안 되니 바람 쐴 겸 부담 없이 다녀올 수 있다.

장날이 되면 아내와 나는 점심시간이 끝날 무렵 집을 나서서 흥해로 향한다. 큰 장이 열리면 이름난 식당마다 북적이기 때문에 한창 사람이 많은 시간을 피해서 점심을 먹으려는 심산이다. 흥해에는 음식이 좋고 손님을 푸근하게 대하는 식당이 적지 않다. 우리집 근처에는 일 년 동안 매일 한 집씩 가도 다 가보지 못할 정도로 식당이 많다. 그렇지만 신흥 아파트촌이라 그런지 대부분은 프랜차이즈 지점이다. 그런 식당들은 대개 원래 음식을 만들던 사람들이 운영하는 곳이 아니다. 프랜차이즈에서 공급하는 재료를 간단히 조리해서 내는 음식이라서 맛이 천편일률적이고 쉽게 질린다. 영혼이 없는 맛이라고나 할까. 우리는 아무리 이름난 곳이라고 해도 프랜차이즈 지점에는 가능하면 가지 않으려 한다. 그러나 흥해에는 오랫동안 자기 이름 걸고 음식 장사를 해온, 동네 사람들이 즐겨 찾는 식당들이 있다. 그런 곳의 음식은, 혀끝만 건드리는 프랜차이즈 음식과 달리 깊이가 있고, 반찬 하나라도 제대로 만들어낸다. 더구나 흥해는 음식값도 포항에 비해서 저렴하다. 아내와 내가 흥해장에 가는 즐거움의 하나가 흥해에서 사 먹는 점심이다.

흥해에서 큰 장이 열리면 중앙사거리에서 흥해상설시장으로 연결되는 길가에 좌판이 죽 늘어선다. 주로 할머니, 아주머니들이 플라스틱 바구니에 각종 채소나 과일을 담아놓고 파는 것이다. 몇 번 가면서 알게 된 것은 그 좌판에도 일정하게 정해진 자리가 있다는 사실이다. 언제나 같은 할머니, 아주머니들이 같은 곳에 앉아서 물건을 판다. 버스정류장에 가까울수록 내놓은 물건이 많고 다양한 것으로 보아서 아무래도 행인이 많은 쪽이 좋은 목인 듯하다. 같은 좌판 행상이라고 해도 버스 정류장 쪽은 그 규모가 웬만한 과일가게 못지않다. 더구나 상설시장 옆, 행상이 가장 많이 모이는 넓은 길에는 커다란 햇볕막이 천막까지 친 행상들이 모여서 제법 큰 규모로 장사를 한다. 그곳은 읍에서 임대료를 받고 대여하는 곳이 아닌가 싶다. 어쨌든 그곳이 홍해장의 중심이라고 해야 할 터인데, 거기서 장사하는 사람들은 일대의 3일장, 5일장을 돌아다니는 전문적인 행상인 것 같다. 그런가 하면 길가 여기저기에 시든 푸성귀가 담긴 플라스틱 바구니를 한두 개 펼쳐놓고 쪼그려 앉아 있는 할머니도 많다. 시골 장터에도 강한 자와 약한 자가 있고, 가진 자와 못 가진 자가 있으며, 누가 말해주지 않아도 다들 자기 위치를 아는 모양이다.

늦은 점심을 먹고 장터에 가보면, 좌판에서 점심 먹는 것을 볼 수 있다. 길가 좌판에 앉아 있는 할머니, 아주머니들은 대개 국수를 먹는다. 아마도 간편히 빨리 먹을 수 있고, 시장통 국수라서 무엇보다 싸기 때문에 그런 것 같다. 뙤약볕에 앉아 퉁퉁 불은 국숫발을 집어 목구멍으로 넘기는 할머니들의 주름지고 고단한 얼굴을 보고 있노라면, 먹는 일의 본질이 생존에 있다는 사실이 외면하고 싶을 정도로 적나라하다.

요즘 텔레비전은 먹거리를 다루는 프로그램으로 넘쳐난다. 우리나라의 음식을 넘어 세계의 먹거리들이 방영되고, 전국 방방곡곡의 맛집이 소개되며, 더 맛있는 음식을 만들기 위한 다양한 요리비법이 밝혀지고, 요리가 무슨 시합인 양 서로 겨루며, 유명한 요리사들이 연예인처럼 되었다. 그런 프로그램들을 보고 있노라면, 음식이 목숨을 부지하는 끼니가 아니라 취미생활마냥 즐기는 기호嗜好품인 것 같다. 생존을 위해서 먹는 것이 아니라 즐거움을 위해서 먹는 것 같다. 그런데 다시 생각해보면, 도대체 인간이 왜 음식을 먹는가.

인간의 목숨이 육신에 붙어 있고, 육신은 음식이 들어와야만 생명이 유지되는 유기체이니 먹는 것 아닌가. 먹는 일은 가장 원초적인 행위에 속한다. 그렇기에 물욕, 성욕 등 인간의 본능적 욕구 가운데도 식욕은 가장 절실하고 가장 기본적인 것이다. 모름지기 식욕은 모든 다른 본능을 가능케 하는, 모든 본능의 어머니가 아니겠는가. 그렇기에 먹는 일은 숭고한 행위이며, 최소한의 존엄성을 가져야 한다. 그러나 사람과 차가 오가는 북새통의 길가에 앉아, 오가는 사람들의 눈길로부터도 보호받지 못한 채 쪼그리고 앉아 허연 국숫발을 입에 물고 오물거리는 할머니들을 보고 있노라면 먹는 일의 본질이 알몸 그대로 드러나서 민망하기까지 하다.

흥해장 같은 장터에 가면 아내는 계획했던 것보다 더 많은 물건을 사곤 한다. 생각하지 못했던 싸고 좋은 물건을 만나게 되기 때문이기도 하거니와, 길바닥에 쪼그리고 앉아 상추나 쑥갓 한 줌이라도 팔아보려고 하는 할머니들의 간절한 눈빛을 그냥 지나치지 못하기 때문이다. 한번은 어떤 할머니로부터 무엇인지도 모르는 채소를 사기도 했다. 그 할머니는 그야말로 상노인으로서, 지나치다 보면 눈에 잘 띄지도 않을 정도로 몸집이 작았다. 그이는 상추 한 줌이 담긴 작은 플라스틱 바구니 딱 하나를 내놓고 있었는데, 그 뒤로 이름을 알 수 없는 채소 두 단이 바닥에 깔려 있었다. 바구니에 담겨 시든 상추는 텃밭에서 따온 모양으로, 작고 크기도 일정하지 않아 상품성이 전혀 없어 보였다. 아내가 바로 옆에서 마늘을 사는 동안 그 할머니는 상추를 오백 원에 다 가져가라고 거듭해서

청했다. 상추는 이미 필요한 만큼 샀지만, 아내가 지갑에서 백 원짜리 동전 다섯 개를 꺼내주었다. 그러자 할머니는 이것도 사가라며 뒤에 놓인 이름 모를 채소 줄기를 내밀었다. 굵고 긴 대였는데, 꺾은 지 오래되었는지 꺾은 부분이 푸릇푸릇 말라 있었다. 처음 보는 채소인지라 아내가, 할머니 이게 뭐예요? 이건 어떻게 해먹는 거예요?, 라고 묻자, 그이는, 장아찌 담가 묵으모 된다, 하신다. 아내가 미심쩍어하며, 간장하고 설탕으로 장아찌 담그는 거예요?, 라고 묻자, 그이는 다시, 장아찌 담가 묵으모 된다, 하신다. 그 정체불명의 채소를 천 원에 사서 장을 나오며 내가, 이게 뭔지 아느냐, 고 아내에게 묻자, 아내는, 나도 몰라, 먹을 수 있는 거니까 팔았겠지, 하며 웃었다.

장터는 노인들의 세상이다. 노인들은 앞에 놓인 플라스틱 바구니들보다 훨씬 더 낡은 육신에 이제 얼마 남지 않았을 생을 담은 채 쪼그리고 앉아 있다. 물론 상인 가운데 중늙은이들도 있고 시장 보러 온 사람 중에는 젊은이들도 있다. 특히 큰 천막을 치고 장사하는 행상은 거의 젊은 축에 드는 사람들이다. 그렇지만 플라스틱 바구니 몇 개 내놓고 푸성귀나 감자, 혹은 과일 몇 알을 팔고 있는 사람은 예외 없이 노인들이다. 그들은 흥해 인근의 신광, 청하 등 시골에서 버스를 타고 온 노인들이다. 그들 가운데 어떤 사람은 도매시장에서 물건을 받아와서 팔기도 한다. 그러나 대부분은 집에서 기른 푸성귀, 감자나 고구마, 살구나 토마토, 그리고 나는 이름도 용도도 알지 못하는 나무껍질이나 약재를 가져와서 파는 것이다.

장터 노인들은 한편 우습고, 한편 인정이 넘치고, 무엇보다 애처롭다. 한 좌판 할머니에게 가서 파와 고추를 사는데, 갓 따온 것 같은 호박이 있어 아내가, 할머니 이 호박 속에 씨 없어요?, 하니, 할머니가, 씨 없다, 그거는 줄호박이 아니라 볶으로 달고 맛있다, 하신다. 그랬더니 바로 옆에 앉아 있던 할머니가 아내가 고른 호박을 보며, 그 정도면 씨가 벌써 들었다, 더 작은 기모 모릴까, 하며 거든다. 아내가 호박을 골라 주인 할머니에게, 할머니, 이 정도면 씨가 없지요?, 새삼 확인하니, 그 할머니는, 씨 없다, 고 다짐하는데, 옆자리 할머니는, 그거는 씨가 있다, 라는 주장을 굽히지 않는다. 두 할머니가 다투지 않는 것이 용하다. 씨가 있다고 주장하던 할머니는 아내가 고추와 호박을 흥정하는 동안에도 계속해서 자기가 다듬어놓은 배추와 열무를 가리키며, 두 가지를 섞어서 담그면 맛있으니 사라고 말한다. 마음 약한 아내는 쌈배추로 쓸 요량으로 할 수 없이 배추 한 다발을 사고 만다. 그래 봤자 일이천 원 더 쓰면 되는 것이니.

한번은 곡식을 사야 할 일이 있었다. 크고 작은 붉은색 플라스틱 대야에 이런저런 곡류를 넣어 펼쳐놓고 파는 노부부에게 갔다. 플라스틱 대야는 멀쩡한 것이 거의 없었고 대부분 여기저기 테이프로 붙였거나 실로 꿰맨 상태였다. 두 노인은 서로 남인 것처럼 멀찌감치 떨어진 채, 거기 앉아 있었다. 흥정은 할머니가 하고, 부대에 담아서 묶어주는 것은 할아버지가 하는 모양이었다. 아내는 쌀과 녹두를 샀다. 이어서 아내가 검정콩값을 묻자 할머니는 아내의 귀에 대고, 요 앞에서는 한 되에 1만 7000원 하는데 다음에 오면 내가 1만 5000원에 줄게, 앞에서 들으면 내가 욕먹으니 말하지 마라, 고 속삭였다. 아내는 검정콩을 한 되 달라고 했다. 그런데 할머니는 무거워서 가져가기 힘들다며 다음에 와서 사가라고 하지 않는가. 내가 좀 멀찍이 떨어져 서 있어서 할머니 눈에 띄지 않았던 모양이다. 크고 작은 비닐봉지를 잔뜩 들고 있던 아내를 걱정했던 것이다. 그랬더니 이 대화를 듣고 있던 할아버지가 갑자기 나서서, 사겠다는 것을 왜 안 파느냐며 할머니를 나무랐다. 그러나 할머니는 물러서지 않고, 무거워서 못 가져간다며 아내를 그냥 보내려 했다. 아내는 검정콩을 팔 것이냐 말 것이냐를 두고 벌어진 이 희한한 다툼을 구경하다가 결국 검정콩을 한 되 사는 데 성공했다.

흥해 장터에서 만나는 것은 포장되지 않은 인간의 모습 그대로다. 팔고 싶은 마음에 무조건 맛있다 싸다 하고, 옆에서 물건을 파니 내 것도 팔고 싶어 흥정 중인데도 끼어들며, 떨이라고 해서 팔고는 뒤에서 다시 물건을 꺼내놓는다. 그러나 장터의 좌판 할머니들 욕심은 오염되지 않은 본능에 가까워 보인다. 인간도 본능에 의해 움직이는 동물이다. 적절한 식욕 없이는 목숨 부지 못하고, 적절한 성욕 없이는 종족이 보존되지 않으며, 적절한 물욕 없이는 문화가 없을 것이다. 그러나 과도한 식욕은 병을 만들고, 절제 없는 성욕은 삶을 파괴하며, 만족을 모르는 물욕은 온갖 죄악을 낳는다. 장터 할머니들이 맛없는 자두 몇 알 맛있다고 하여 팔더라도 그것이 이 사회에 무슨 해악이 되겠는가. 장터 할머니들의 욕심은 어린아이들의 욕심 못지않게 소박해 보인다. 그들은 목숨 부지하고 자식들 키우는 것 이외에 큰 욕심 없이 단순하게 세상을 살았을 것이고, 그만큼 욕심도 단순하지 않겠는가. 푸성귀를 담고 있는 손바닥만 한 플라스틱 그릇만큼이 그들 욕심의 전부일 터인데, 만약 내 욕심을 그 정도로 줄일 수 있다면 내가 죽어 여덟 섬 너 말의 사리를 남길 것 같다.

홍해 장터를 걸어 다니며, 나는 인간의 불평등함을 절감한다. 누가 인간을 평등하다고 했던가. 인간은 평등하지 않다. 같은 비행기를 타고 가더라도 1등석, 2등석, 3등석에 대한 대접이 다르고, 비행기 사고로 같이 죽어도 국적에 따라, 직업에 따라, 나이에 따라 보상금이 다르다. 같은 범죄를 저지르더라도 신분과 지위, 그리고 고용할 수 있는 변호사에 따라 다른 처벌을 받는다. 대통령과 시골 읍장은 평등하지 않으며, 재벌의 자식들과 내 자식들은 평등하지 않다. 그리고 홍해 장터에서 빨간색 플라스틱 바구니에 상추며 쑥갓을 담아놓은 채 앉아 있는 할머니들과 내가 평등하지 않다. 인간의 삶은 켜켜이 쌓아놓은 시루떡처럼 층위가 많다. 내가 거기 어디쯤 있는지는 모르지만, 확실한 것은 장터 좌판 할머니들의 삶은 내 삶보다 훨씬 더 바닥에 가깝다는 사실이다. 바닥에 가까운 삶일수록 힘겹고 고단할 것이다. 그리고 힘겹고 고단한 삶일수록 바라는 것은 소박하고 욕심도 단출할 것이다. 시골 장터에 쪼그리고 앉은 할머니의 상추 한 줌에 담긴 삶의 고단함도 모르는 채 교수는 교과서에서 사회정의를 말하고, 목사는 으리으리한 예배당에서 예수를 전할 것이며, 정치인은 호텔 요릿집에 앉아 서민을 위한 정책을 말할 것이다.

   삶이란 풀어야 할 숙제가 아닐 터인데, 어째서 잘 풀리고 못 풀리는 삶이 이렇게도 다른 것일까. 바닥에 깔린 삶들을 어찌할 것인가. 흥해 장터에 갔다 올 때마다 드는 생각이다.

장터의 좌판 할머니들 욕심은 오염되지 않은 본능에 가까워 보인다. […] 장터 할머니들이 맛없는 자두 몇 알 맛있다고 하여 팔더라도 그것이 이 사회에 무슨 해악이 되겠는가. 장터 할머니들의 욕심은 어린아이들의 욕심 못지않게 소박해 보인다. 그들은 목숨 부지하고 자식들 키우는 것 이외에 큰 욕심 없이 단순하게 세상을 살았을 것이고, 그만큼 욕심도 단순하지 않겠는가. 푸성귀를 담고 있는 손바닥만 한 플라스틱 그릇만큼이 그들 욕심의 전부일 터인데, 만약 내 욕심을 그 정도로 줄일 수 있다면 내가 죽어 여덟 섬 너 말의 사리를 남길 것 같다.

혼자 새벽 네시쯤에 일어나
막막한 속에서 글을 쓰다가
그것도 척척 잘 안 나갈 때는
트럼프를 가지고
패를 뗀다네.
그것은 재수를 점치는 것도 아니고
어린아이처럼
그냥 심심해서 놀기 겸해 하면서
손과 마음을 푼다네.

우주의 크낙한 질서 한옆에는
이렇게 허접쓰레기 같은 일도
끼어야 하는 것인가.
한 사람을 사랑하는 일도
더러는 쉬어야 하고,
우리는 꼭
요긴한 일만 해서 되는 것도 아니고
아무 소용없는 일도 섞여야
그 조화에 묻혀
세상이 더욱 아름다와지느니라.

―박재삼, 〈질서 한옆에는〉(전문)

이명(耳鳴)

귀에 이상 증상이 시작된 것은 대학 시절, 좀 더 정확하게는 군복학 후였던 것으로 기억한다. 어느 날 수업을 마치고 친구들과 같이 점심을 먹기 위해 학생식당에 들어갔는데, 갑자기 왼쪽 귀가 이상했다. 귀에 물이 들어간 것처럼 멍해지더니, 식당 소음이 증폭되면서 배경음처럼 왕왕거리는데, 가까운 사람들의 소리가 그 속에서 고주파음같이 날카롭게 들렸던 것이다. 그 이후에도 평소에는 아무런 이상이 없다가, 학생식당처럼 사람이 많아 시끌벅적한 실내에 가면 그런 증상이 생겼다. 거기에다 확성기음 같은 큰 소리를 들으면 금속성이나 고주파음 같은 소리가 귀에 공명되어 울리는 증상도 나타났다. 그래서 교회나 극장 같은 곳에서 큰 확성기 소리가 날 때는 왼쪽 귀를 손으로 막는 습관이 생겼다. 큰 소리가 들리지 않는 곳에서는 별다른 문제가 없었다.

　이런 증상이 지속되자 학교 학생회관에 있던 진료실을 찾아갔다. 학교 진료실은 중고등학교의 양호실처럼 무료로 이용할 수 있었는데, 이비인후과 진료가 가능했다. 내과 같은 곳은 거의 매일 진료를 했지만, 이비인후과는 일주일에 한두 번 진료가 있었던 것 같다. 나를 진료한 사람은 나보다 몇 살 더 많아 보이지도 않던 젊은 의사였다. 아마 대학병원 레지던트쯤 되는 사람이었을 것이다. 그 의사가 내 귀를 들여다보더니 귀지가 왜 이렇게 많으냐고 핀잔을 주면서 귀지를 긁어냈고, 내 자존심이 무척 상했던 것이 지금도 기억난다. 그는, 학생이 말하는 증상이 무엇인지 잘 모르겠지만 고막에는 이상이 없다, 눈으로 보아서는 아무 문제가 없으니 계속 불편하면 큰 병원에 가서 검사를 받아보아라, 고 귀찮은 듯 말했다. 전혀 도움이 되지 않는 말이었다. 병원 검사는커녕 점심 한 끼 사 먹기도 힘든 형편에 큰 병원에 갈 수는 없었다. 시끄러운 곳에 가지 않으면 별 불편함이 없으니 그냥 지낼 수밖에 없었다.

　이후 약 30년을 그냥 살았다. 그런데 50대 들어서면서 큰 소리를 듣지 않아도 갑자기 귀에서 삐, 하는 고주파음 같은 소리가 들리는 일이 생기기 시작했다. 그 소리는 시도 때도 없이 느닷없이 시작하여, 한동안 들리다가 사라지기도 했고, 커지거나 작아지기도 했으며, 마치 지나가는 자동차 소리처럼 한쪽 귀에서 시작해서 반대편으로 옮겨가기도 했다. 시간이 지나면서 소리가 들리는 횟수와 한번 시작한 소리가 지속되는 시간이 길어졌다. 그리고 처음에는 왼쪽 귀에만 나타나던 증상이 얼마 후 오른쪽에도 나타나기 시작했다. 이명이었다. 이명은 병원에 가도 별다른 도움을 받지 못한다는 사실을 알고 있었기 때문에 그냥 지내보기로 했다. 그러나 증상은 점점 더 심해졌고, 언젠가부터는 이명이 종일 지속되기 시작했다. 귀뚜라미 소리 같기도 하고 스피커에서 나오는 고주파음 같기도 한 소리가 양쪽 귀에서 계속 들렸다. 일정한 정도의 소음이 있는 곳보다는 화장실같이 조용한 곳에 혼자 있으면 더 크고 분명하게 들렸다.

온종일 이명이 지속되면서 동네 이비인후과를 찾아갔다. 기본적인 청력검사를 한 후 의사가 내시경으로 양쪽 귀를 들여다보았다. 청력은 정상이고 고막 등 외이外耳에는 아무런 이상이 발견되지 않는다면서, 의사는 전형적인 이명 증상인 것 같다고 말했다. 그는 이명은 밖에서는 보이지 않는 내이內耳에서 나타나는 증상으로서, 실제의 소리를 듣는 것이 아니고 청신경에 이상이 생겨 나타나는 것이라고 했다. 나는 고주파음이나 벌레 우는 소리 같은 것이 들렸는데, 사람에 따라서는 맥박 소리, 바람 소리, 기계 소리, 그리고 심지어 폭포나 기차 소리 같은 것도 들린다고 한다.

인간의 소리기관은 인체의 기관 가운데서도 유난히 정교한 것에 속한다. 우리 귀는 외부에서 나는 가청 범위의 음파를 외이外耳를 통해 받아들인 후, 그것을 중이中耳에서 증폭해 내이로 보내는데, 내이에서는 증폭된 음파를 뇌가 이해할 수 있는 전기 자극으로 바꾸어 뇌로 보내게 되고, 마지막으로 뇌가 그 전기 신호 데이터를 해석하여 소리를 듣게 된다. 인간은 일정한 영역의 음파만 들을 수 있다. 인간이 들을 수 없는 음파의 영역을 초음파라고 하는데, 개, 박쥐, 돌고래 같은 동물은 초음파도 들을 수 있다고 한다. 눈이 퇴화한 박쥐가 초음파를 이용하여 정교한 비행과 먹이잡이를 하고, 돌고래가 초음파로 서로 교신하는 것은 이미 잘 알려진 사실이다. 인간이 들을 수 있는 영역의 음파라 할지라도 나이나 개인에 따라 들을 수 있는 영역이 다르기도 하다. 일반적으로 나이가 들수록 고주파 영역의 음파를 잘 듣지 못한다. 그래서 휴대전화 벨소리 가운데는 젊은 사람들만 들을 수 있는 것도 있다고 한다. 수업시간에 휴대전화 벨이 울려서 모든 학생이 그쪽을 쳐다보는데, 교수는 그 소리를 전혀 듣지 못해 무슨 일이 일어났는지 의아해하는 일이 있다고 한다.

이명은 없는 소리를 듣는 것이다. 외부에서 귀로 전해지는 소리, 즉 외이와 중이를 통해 전달된 음파가 없음에도 불구하고 우리 뇌가 소리를 인식하는 현상이다. 소리는 없는데 소리가 들리는 기이한 현상. 그것은 내이가 스스로 소리 전기신호를 만들어 뇌에 보내기 때문이다. 내이의 그런 오작동은 매우 다양한 이유에서 발생한다고 한다. 큰 소음 때문에 귀가 심한 충격을 받았거나, 교통사고 같은 사고로 머리를 심하게 다쳤거나, 아니면 고혈압 등으로 인해 내이에 혈액순환 문제가 생겨 이명이 발생할 수 있다. 또한 일부 항생제 등 약물이 이명을 일으킬 수 있기도 하고, 정확한 원인을 모르는 다른 모든 질병과 마찬가지로 스트레스가 원인으로 지목되기도 한다. 이유야 어찌 되었건, 분명히, 그것도 종일 내 귀에 삐, 하는 소리가 들리는데, 그 소리는 원래 없는 것이라니, 인간의 감각이라는 것이 도대체 무엇인가 싶다.

내 이명은 육군 신병 훈련소에서 사격 훈련을 하면서 생긴 것으로 의심된다. 신병 훈련소에서 소총 사격 훈련을 할 때 우리는 M1, M16, 그리고 카빈 소총을 모두 사용하였다. 한국 육군 보병의 주력 개인화기가 교체되는 시기였기 때문에 그랬던 것 같다. 그 가운데서 당시 소총수의 주력무기가 되어 가던 M16은 아주 날카롭고 기분 나쁜 소리가 났다. 이에 비하여 가장 크고 무거운 M1 소총은 격발음이 정말 컸다. 미군들이 이차대전 때부터 사용했다는 M1은 M16이 내는 공기를 찢는 듯 날카로운 소총 소리가 아니라, 가까이서 들으면 마치 대포 소리 같은 묵직한 소리가 났다. 우리는 M1, 카빈, 그리고 M16 순서로 엎드려쏴 자세의 표적사격을 했다.

사선射線에 올라 M1을 처음 쏘았을 때, 마치 무거운 무언가에 머리가 꽝, 하고 부딪힌 느낌과 함께 갑자기 귀가 꽉 막힌 것 같았다. 아무 소리도 들리지 않았다. 그런 멍한 상태에서 탄창을 비울 때까지 계속 사격을 해야 했다. 사격을 마치고 대기열로 돌아간 후에도 귀는 계속 먹먹했다. 그러다가 몇 분이 지났는지, 귀에 들어갔던 물이 빠지면서 다시 소리가 들리는 것처럼, 갑자기 뻥 뚫리듯 청력이 회복되었다. 이후 상대적으로 격발음이 작은 카빈과 M16을 쏠 때는 M1을 쏠 때처럼 한동안 귀가 완전히 들리지 않는 증상은 나타나지 않았다. 그러나 격발을 할 때마다 왼쪽 귀가 순간적으로 멍,

해지면서 솜으로 막아놓은 것같이 먹먹해지는 증상이 몇 초 동안 일어났다가 사라지곤 했다. 총은 오른쪽 뺨에 대고 쏘는데, 왜 왼쪽 귀가 더 큰 충격을 받았는지 모를 일이다. 어쩌면 총소리가 내 이명의 유일한 원인이 아닐 수도 있다. 그러나 어쨌든 그때 내 귀가 큰 충격을 받은 것은 사실이고, 그때쯤부터 큰 소리가 들리면 왼쪽 귀에 이명 현상이 나타나기 시작한 것도 사실이다.

이명은 난치병이다. 한의원 가운데는 이명을 전문적으로 치료한다는 곳들이 있다. 침술, 부황, 탕약 등을 이용해서 치료한다는 것이다. 그러나 평소 한의학을 크게 신뢰하지 않는 나는 한의원에 가보지 않았다. 그 대신 몇 군데 이비인후과를 더 가보았다. 그런데 내가 알게 된 것은 서양의학이 이명 치료에 적극적이지 않다는 사실뿐이었다. 이명 소리가 좀 더 커지면서 불편하기도 하고 걱정도 되어 이명치료 전문병원이라는 곳을 수소문해서 찾아간 적이 있었다. 그곳에서 나는 동네 이비인후과보다 훨씬 더 복잡한 청력검사를 받았다. 모든 검사를 마치고 만난 담당 의사는, 청력에는 이상이 없다, 이명은 의사가 도와줄 수 있는 일이 별로 없다, 고 잘라 말했다. 귀의 혈류를 돕고 신경을 안정시키는 약을 처방해줄 수 있다, 그러나 이명이 상당 기간 진행된 이후에는 큰 효과가 없다, 재활치료가 그나마 효과적인데, 그것도 부작용이 있다, 만약 종양이나 감염 같은 다른 문제가 없다면, 건강과 아무 상관 없으니 걱정하지 말고, 가능하면 의식하지 말고 그냥 살아라, 는 것이었다. 재활치료란 이명 소리 비슷한 음을 지속적으로 들려주어 그 소리에 민감하지 않도록 해주는 방법이었다. 그러나 이 방법은 내가 스스로 이명에 익숙해지는 데 방해가 되기도 한다고 했다.

이명은 특별한 치료법이 없으니 그냥 내 삶의 일부분으로 여기고 사는 수밖에 없다. 이명은 의식하면 의식할수록 크게 들리는 것이니 스트레스 받지 말고, 좋은 음식 먹으며, 그냥 잊고 살아야 한다. 그것이 몇몇 이비인후과에 가보고, 인터넷을 뒤져 이런저런 정보를 찾아보고 내린 결론이었다. 암환자들 가운데, 암을 적대시하고 암과 싸우기보다 암을 친구로 삼아 더불어 산다는 생각으로 살아간다고 말하는 사람들이 있다. 그래야 마음이 편하고, 길고 고통스러운 암 치료 과정을 견디는 데 도움이 된다는 것이다. 다른 고질적이거나 고통스러운 질병을 가진 사람들 가운데도 그런 마음가짐을 가진 사람이 적지 않다. 조지훈은 〈병病에게〉라는 시에서 병을 "휴식을 권하고 생의 외경을 가르치"는 "오랜 친구"라고 하지 않았던가.

장애인들 중에도 장애를 자신의 일부로 자연스럽게 받아들이고 살면 마음이 편하다고 하는 이가 많다. 가까운 선배 가운데 어떤 이는 어릴 때 앓은 소아마비 후유증으로 양쪽에 목발을 짚고 다닌다. 자신의 두 발로는 단 1초도 서 있을 수 없는 2급 장애인이다. 워낙 오랫동안 목발을 짚고 다녀 그런지, 주위 사람들에게도 목발은 마치 원래부터 그의 일부였던 것처럼 여겨진다. 그는 음식점 같은 곳에 앉았다가 나갈 때면, 내 발 좀 가져다줘, 하면서 목발을 찾는다. 지금은 나이가 들어 목발을 짚고 수십 미터 거리 가기도 힘겨워하지만, 젊었을 때는 목발 밑고무가 닳도록 학생시위 현장을 뛰어다

니기도 했다. 평생 목발을 짚고 다녀야 하는 그 불편함이야 오죽하
겠냐 싶지만, 목발을 자신의 발로 여기며 사는 것이다. 어찌 보면
그의 목발은 늘 붙어 있는 내 발보다 오히려 더 나은 면도 있지 않
은가. 필요할 경우에만 사용하는 탈착식이고, 쇠로 만들었으니 비
할 바 없이 튼튼하며, 낡으면 얼마든지 새것으로 바꿀 수 있다.

살다 보면 나에게 크고 작은 고통을 주는 수많은 사람과 마주치
게 된다. 시내에 나가 영화 한 편을 보고 온다고 생각해보자. 아파
트 승강기를 기다리는데 어떤 층에서 멈춰선 승강기가 한참을 움직
이지 않는다. 무슨 일인지 몰라도 누군가 승강기를 붙잡고 있는 것
이다. 예의 있는 사람이라면, 집안 식구가 다 나올 때까지 오랫동안
승강기를 붙잡고 있지는 않을 터인데. 한참 만에 승강기가 내려와
우리가 타도 양해를 구하는 말 한마디 없다. 승강기에서 내려 지하
주차장에 들어가려니 출입구를 차가 가로막고 있다. 주차해서는 안
되는 통로에 누군가 차를 세워놓은 것이다. 그뿐이랴. 우리 차를 몰
고 나가려니 주차금지 구역에 세워진 차 때문에 통과할 수가 없다.
좌회전 한 번이면 나갈 길을 빙 돌아서 나가야 한다.

아파트를 빠져나와 극장까지 가는 길에서 만나게 되는 온갖 마
음 불편한 일은 일일이 다 열거할 수가 없을 정도다. 비보호 좌회전
교차로에서 왼쪽 깜빡이를 켠 채 대기하고 있는데, 신호등이 파란
불로 바뀌어도 좌회전을 해야 할지 말아야 할지 모르겠다. 맞은편
에 서 있던 차가 깜빡이는 켜지 않았는데 움칠움칠할 뿐 나가지를
않으니 직진할 차량인지 아니면 나처럼 비보호 좌회전을 하려는 차

량인지 알 수 없기 때문이다. 내가 멈칫거리고 있으면 이내 뒤에서 빵빵거린다. 우리나라 운전자들처럼 깜빡이는 잘 켜지 않고 경적은 잘 울리는 사람들이 또 있을까 싶다. 왕복 4차선의 시내 길은 불법 주정차 한 차들로 왕복 2차선이 된 지 오래다. 학교 앞 건널목 정지 신호에 서 있으면 나를 비웃듯이 그냥 지나가는 차도 많다. 교차로 같은 곳에서는 그나마 신호를 지키는 편인데, 보행자를 위한 건널 목 신호는 예사로 무시하는 운전자가 많다. 시내 한복판 대로를 달리는데, 갑자기 내가 달리던 바깥 차선이 정체된다. 간신히 중앙차선으로 옮겨가다 보면, 아니나 다를까, 가게에 볼일이 있는지 차 한대가 떡 하니 간선도로 차선 하나를 막고 서 있다.

극장에 들어가 자리 잡고 앉아도 신경 거슬리는 일이 한두 가지 아니다. 영화가 상영 중인데도 주위 어떤 사람이 휴대전화를 끄지 않고 SNS를 계속한다. 휴대전화의 푸르스름한 빛이 어둠 속에서 무척 자극적으로 신경을 거슬린다. 진동으로 해놓았는지 문자가올 때마다 징징 울리는 소리가 나기도 한다. 어떤 아주머니는 영화가 상영 중인데도 대놓고 통화를 하기도 한다. 바로 앞에 앉은 젊은 친구는 옆에 있는 여자와 계속 노닥거려, 큰 머리통이 이리저리 오가며 내 시선과 집중력을 방해한다. 뒤에 앉아 있는 어린아이는 영화가 지겨운지 칭얼대기 시작했고, 내 의자를 계속 발로 찬다. 내가뒤를 돌아보아도 부모는 건성으로 주의를 줄 뿐이다. 한 편의 영화를 보는 동안 이런 일이 한꺼번에 다 일어나지는 않을지라도, 한두 가지는 늘 겪기 마련이다.

길 가다 우연히 마주친 운전자나 극장에서 우연히 내 주위에 앉은 사람들처럼 나와 아무 상관이 없는 사람들로 인해 기분 상하는 일은 그래도 참고 넘어가기 쉽다. 다시 만나지 않을 사람들이니까. 그러나 아무리 피하려고 해도 피하기 어려운 관계에 있는 사람들이 있다. 그런 사람들이 주는 스트레스는 피할 수 없어 그 괴로움이 가중된다. 그 대표적인 예가 직장 동료들이다.

여러 사람이 모인 곳에는 나와 잘 통하는 사람도 있지만 잘 맞지 않는 사람도 있기 마련이다. 아니, 어디를 가더라도 나와 잘 맞는 사람은 없어도, 그 반대인 사람은 반드시 있다. 그것이 내가 지금까지 경험한 세상의 일반적인 이치다. 직장 동료 가운데 대놓고 나와 불화하는 사람은 없을지라도 어딘지 나와 맞지 않아 같이 있으면 불편한 사람은 있다. 그런 사람들은 어떤 사안이 있을 때 내가 이해하기 어려운 방식으로 생각하고, 나와 상충되는 방식으로 판단하며, 나와 전혀 다르게 행동한다. 그런 사람을 항상 피할 수 있다면 다행이지만, 직장생활이라는 것이 어찌 그런 것이랴. 불편한 사람과도 같이 밥 먹고, 같이 회의하고, 우연히 마주치면 웃으면서 인사해야 한다. 밥벌이란 원래 그런 것이다. 소위 지성인이 모였다고 하는 대학교수 공동체도 예외는 아니다.

정말 열심히 공부하는 사람이 의외로 얼마 되지 않는 곳이 대학이다. 나이가 들어 공부는 많이 못 할지라도 학생들 열심히 가르치고, 교수라는 이름값으로 사회에 선하게 기여하는 사람이라면 무슨 문제가 있으랴. 그런데 어느 대학이든지 교수들 가운데 공부보다 학교 행정이나 돈벌이에 더 관심이 많은 사람이 있기 마련이다. 많은 교수는 교내외에 큰 부정과 불의가 있어도 말 한마디 하지 않고 그냥 산다. 거기다 교수들 가운데는 의외로 식견이 좁고 무례한 사람이 많다. 좁은 식견으로 세상 모든 일을 판단하면서, 자기 생각이 옳다는 확신에 가득 차 있다. 물론 나는 그런 사람들과 가능하면 섞이지 않으려 한다. 그러나 내가 아무리 원하고 노력한다 해도 그들과 전혀 상종하지 않고 직장생활을 할 수는 없다.

그래도 직장은 그만두면 그만이고, 언젠가는 퇴직해야 하는 곳이다. 내 마음대로 그만둘 수도 없는 관계도 있다. 사제관계 같은 것이 거기에 속한다. 초중고교 때 만나는 선생들은 내가 선택하는 것이 아니라 일방적으로 주어진다. 선생 이전에 인간으로서 미성숙한 사람을 만났을 때 제자들이 당해야 하는 고통은 이루 말할 수 없다. 나도 그 시절을 생각해보면 정말 그런 사람이 어떻게 교사가 되었을까 싶은 사람이 적지 않다. 아이들이 말을 듣지 않는다고 신발을 입에 물리고 여학생 반 앞에 서 있게 한 국민학교 선생, 조금 떠든다고 불러내어 대걸레 자루를 보여주며 부러질 때까지 때리겠다고 선언한 후 정말로 그 자루가 부러질 때까지 엉덩이를 내리치던 중학교 선생, 교칙 위반으로 적발된 학생에게 처벌 대신 노골적으로 돈을 요구하던 고등학교 선생. 대학이나 대학원에서는 선생을 자기가 선택할 수 있다고 하지만, 자기 선생이 어떤 사람인지 잘 알고 선택하는 경우가 얼마나 되겠는가. 잘못 만난 선생 때문에 성추행을 당하고, 연구비 불법을 저지르고, 대신 논문을 써주어야 하는

경우는 얼마나 많은가. 졸업하여 그런 선생과의 관계가 끝난다고
해도 그런 사람 때문에 당한 고통과 그의 제자였다는 사실은 죽을
때까지 남는다.

잘못된 가족관계로 인한 고통은 수준 이하의 선생 때문에 받는
고통과 비교할 수 없을 정도로 크다. 가족 가운데 한 사람이 문제
를 일으키면 온 가족이 고통받는다. 가족 가운데 한 명이 개차반이
라면 그 부모·형제의 고통은 죽을 때까지 지속된다. 폭력적이고 몰
인격적인 남자가 그 아내는 물론이고 자식들에게 주는 고통은 이루
상상하기 어렵다. 어떤 여자는 바람이 나서, 혹은 살기 힘들다는 이
유로 남편뿐 아니라 자식까지 하루아침에 버리고 떠나버린다. 부
모·자식, 부부, 형제자매의 인연은 매우 끊기 어려운 것이니, 따라
서 거기서 오는 고통도 그만큼 크다.

하루를 살더라도, 나를 괴롭게 하는 사람이나 일들을 마주치지
않고 살기는 어렵다. 눈앞에 있지 않으면서 큰 괴로움을 주는 사람
들도 있다. 물론 어떤 것들은 내가 항의하고, 대화하고, 이해하고,
또는 피함으로써 극복될 수 있는 것들도 있다. 그런 것들에 대해서
는 적극적으로 대처하여 문제를 해결하기 위해 노력할 필요가 있
다. 그런데 우리의 삶을 둘러싼 어려움의 대부분은 내가 어떻게 해
볼 도리가 없는 것이다. 그것은 사회정치적 문제일 수도 있고, 관
습의 문제일 수도 있고, 인간관계의 문제일 수도 있다. 이렇게 끊
임없이 나를 괴롭히지만 나로서는 어쩔 도리가 없는 것들을 '사회
적 이명'이라고 부르고 싶다. 사회적 이명은 병리학적 이명과 마찬

가지로 분명히 증상은 있되 치료책이 마땅치 않은 불편함이다. 사람마다 각기 다른 사회적 이명을 들을 것이다. 우리가 어디에 민감한가에 따라 우리가 느끼는 불편함은 달라질 수밖에 없으니. 깜빡이를 켜지 않고 운전하는 습관이 있는 사람은 다른 사람이 깜빡이를 켜지 않는 것이 크게 신경 쓰이지 않을 수 있다. 담배를 피우는 사람은 거리에 버려진 담배꽁초에 마음 상하지 않을 수 있다. 그러나 세상을 살다 보면, 다양한 형태의 사회적 이명을 경험할 수밖에 없다.

내 귀의 이명처럼, 나이가 들수록 내가 원하지 않아도 내 삶의 일부분으로 받아들이며 살아야 하는 것이 점점 많아진다. 그것은 한편으로 내가 나이가 들면서 사회적 문제에 대해 둔감하게 되어 간다는 뜻일 수 있다. 그러나 다르게 생각해보면, 그것은 나이가 들수록 나도 별것 없는 인간이라는 사실을 인정하며 살아간다는 뜻일 수도 있다.

지금도 양쪽 귀에 이명이 들린다. 글을 쓰느라 신경을 써서 그런지 오늘은 좀 더 심한 것 같다. 이명이란 없는 소리를 듣는 것이다. 내 청신경에 문제가 있어 나에게만 들리는 소리다. 그러니 그 소리는 나만 괴롭히는 소리다. 내 이명은 내가 살아 있을 동안, 나에게만 들리다가, 내가 죽으면서 소멸할 소리다. 그런 면에서 이명은 자격 없는 정치가, 부패한 관료, 부도덕한 목사, 무책임한 부모, 무능력한 교수, 법을 무시하는 시민처럼 많은 사람을 괴롭히는 사회적 이명보다 훨씬 낫다. 그런데 나도 모르는 사이에 내가 다른 사람에게 이명 같은 존재일 수도 있겠다. 아마 그럴 것이다. 내가 일으킨 사회적 이명이 나 하나 사라짐으로 해서 말끔하게 사라지는 정도이기를 바랄 뿐이다.

내 귀의 이명처럼, 나이가 들수록 내가 원하지 않아도 내 삶의 일부분으로 받아들이며 살아야 하는 것이 점점 많아진다. 그것은 한편으로 내가 나이가 들면서 사회적 문제에 대해 둔감하게 되어 간다는 뜻일 수 있다. 그러나 다르게 생각해보면, 그것은 나이가 들수록 나도 별것 없는 인간이라는 사실을 인정하며 살아간다는 뜻일 수도 있다.

지상은 온통 꽃더미 사태沙汰인데
진달래 철쭉이 한창인데
꿈속의 꿈은
모르는 거리를 가노라
머리칼 날리며
끊어진 현絃 부여안고
가도 가도 보이잖는 출구
접시물에 빠진 한 마리 파리
파리 한 마리의 나래짓여라
꿈속의 꿈은

지상은 온통 꽃더미 사태인데
살구꽃 오얏꽃 한창인데

—박용래, 〈꿈속의 꿈〉(전문)

죽천 앞바다 무지개

어느 토요일 오전이었다. 토요일에는 좀 늦게 일어나서 아침을 먹고, 티브이 앞에 달라붙어 KBS 제1방송 〈아침마당〉, 뉴스, 그리고 〈걸어서 세상 속으로〉를 연달아 보는 것이 일상화되어 있다. 요즘 티브이 프로그램 가운데 부쩍 많아진 것이 세계 각지를 다니며 그 지역을 소개하는 프로그램이다. 공중파 방송마다 그런 종류의 프로그램 하나 없는 경우가 없고, 그 많은 케이블 방송도 마찬가지다. 그러니 처음에는 일본이나 중국, 미국이나 유럽의 잘 알려진 관광지를 소개하더니 이제는 북유럽이나 중동 지역은 물론이고 히말라야 산간에서 아프리카와 라틴아메리카의 오지까지 인간이 갈 수 있는 곳이라면 소개되지 않는 곳이 없다. 거기다 피디, 연예인, 여행전문가, 요리사, 교수, 일반인 등 다양한 사람이 등장하여, 같은 장소라도 혹은 평이하게, 혹은 재미있게, 또 혹은 전문성 있게 방문지를 소개한다. 그러다 보니 어느 방송에서 하는 어떤 여행 프로그램일지라도 별로 새로운 것이 없어 보이고, 어느 장소든지 어디선가 본 것 같은 느낌이 들곤 한다. 한동안 우리 부부의 애청 프로그램이었던 〈걸어서 세상 속으로〉도 점점 재미없어지고 있는 것이다.

아니나 다를까, 그날 아침밥을 먹은 후 보던 〈걸어서 세상 속으로〉에서 별 흥미를 느끼지 못한 아내가 티브이 채널을 돌리기 시작했다. 채널이 100개가 넘는다고 하지만, 그 가운데 중년의 부인이 토요일 오전에 볼만한 프로그램이 몇 개나 되겠는가. 아내가 슬슬 짜증을 내기 시작했다. 무언가 해달라는 뜻이다. 나는 아내에게 산이라도 올라갔다 오자고 했다.

우리가 좋아하는 산은 경주 남산이다. 그러나 남산은 경주에 있으니 아무 생각 없이 있다가, 오늘 남산이나 갈까, 하고 향하기는 쉽지 않은 곳이다. 따라서 산에라도 가야겠다는 마음이 들 때 우리 부부가 주로 향하는 곳은 차로 5분 거리에 있는 환호 해맞이공원이다. 이 공원은 포항시가 땅을 제공하고 포항제철이 지역민을 위한 기여 차원에서 많은 돈을 들여서 만든 곳이다. 영일만을 사이에 두고 호미곶과 마주 보는 이곳은 바다와 바로 맞닿아 있는 나지막한 산을 중심으로 조성된 공원이다. 어린이 도서관, 각종 운동시설, 인공폭포, 인공연못, 분수대, 야외 식물원, 동물원, 야외 공연장, 팔각정 쉼터 등이 설치되어 있고, 산 위에도 운동시설과 전망대가 있다. 산 정상 육각정 전망대는 해발 100미터쯤 될까 싶은 곳에 있지만,

그래도 주변에서 가장 높은 곳이다. 사방이 탁 트여 있어, 이 산에 오를 때면 늘 들러서 땀을 식히곤 한다. 전체적으로 볼 때 이 공원은 규모도 크거니와 조경이 잘되어 있고, 무엇보다 산과 바다를 함께 즐길 수 있는 곳이다. 세상 어디에 내놓아도 손색없을 근사한 공원이다.

얼마 전에는 포항 시립미술관도 공원 내에 건립되었다. 시립미술관은 규모는 그렇게 크지 않지만, 현대적이고 아름다운 건축물이라서, 갈 때마다 감탄하곤 하는 곳이다. 미국 워싱턴의 국립미술관이나 뉴욕의 메트로폴리탄 박물관같이 거대한 시설은 그 규모가 너무 커서 한나절에 다 볼 수도 없다. 끝도 없이 미로처럼 이어지는 전시장들을 수많은 관람객에 묻혀서 걷다 보면 쉽게 피곤해진다. 그런 큰 전시장을 구경하며 다니다 보면 반드시 아이들이나 아내와 다투기 마련이다. 거기에 비하면 포항 시립미술관은 아담하니 시설도 아름답고 관람객도 많지 않아 천천히 돌아보고도 즐거운 마음으로 문을 나설 수 있다. 미술관 바깥에는 현대적 조각 작품들이 군데군데 설치되어 있어, 오가는 길에도 눈이 심심하지 않다. 시립미술관은 주로 영남 지역 미술가들의 작품을 전시하는데, 가끔 백남준같은 거장들의 특별전이 열리기도 하며, 정기적으로 전시물을 바꾸기 때문에 볼거리도 결코 식상하지 않다. 더구나 입장료도 무료인지라, 아내와 나는 갈 때마다 납세자로서 보람을 느낀다. 그래서 해맞이공원에 갈 때면 일부러 미술관 화장실이라도 한 번씩 들렀다 가곤 한다.

차를 몰아 환호 해맞이공원으로 나섰다. 공원에 가까워지자 하늘에 먹구름 몰려오는 것이 보이더니, 이내 앞 유리창에 빗방울이 떨어지기 시작했다. 공원 주차장에 도착했더니 가는細 비가 흩뿌리듯 내렸다. 비는 바람에 몰려가는 먹구름에서 뿌리는 것 같았고, 먹구름 사이사이로 푸른 하늘이 보여, 많이 올 것 같지는 않았다. 마침 나는 모자가 달린 바람막이 옷을 입고 있었고 아내는 챙이 둘린 모자를 쓰고 있었다. 우리는 주차장에 서서 잠시 망설이다가 산으로 향했다. 어디로 올라갔다 내려오느냐에 따라 산을 타는 시간이 다르겠지만, 작은 산인지라 제일 긴 코스를 택해도 왕복 1시간 정도면 충분하기 때문에 얼른 올라갔다 오면 되겠다고 생각한 것이다.

산으로 난 산책로를 따라 올라가는데 비가 우박으로 바뀌기 시작했다. 처음에는 빗속에 우박이 약간 섞인 정도였는데, 산을 오를수록 비는 점점 사라지고 쌀알 정도 크기의 우박이 내렸다. 먹구름을 몰고 온 거센 바람을 타고 우박이 가파른 사선斜線으로 쏟아졌다. 쓰고 있던 바람막이 옷 모자 위에 콩 볶는 듯한 요란한 소리가 났다. 산 위로 올라갈수록 바람이 더 세차게 불었다. 그러나 우박은 지속적으로 내리지 않고 확 쏟아졌다가 그치곤 해서, 산행을 하는데 큰 지장이 되지는 않았다. 아내와 나는 비가 계속 온다면 땅이 젖어서 걷기 어렵겠지만, 오가는 우박이라서 괜찮은 것 같다고 하면서 산행을 계속했다. 우리 부부 이외에도 산 위를 걷는 사람들이 있었다. 아마 우리와 비슷한 판단을 하고 올라온 산책객일 터였다.

우리는 산 정상 능선까지 가보려는 계획을 포기하고 도중에 발

길을 돌렸다. 그 산을 수도 없이 올랐지만, 육각정 전망대까지 가보지 못하고 도중에 돌아오기는 처음이었다. 바람이 더욱 거세지고, 우박이 본격적으로 내려 더 이상 가는 것이 무리였다. 돌풍을 타고 얼굴로 내리치는 우박 때문에 얼굴이 따끔거렸고, 눈을 뜨기 어려웠다. 바다 쪽을 보니 돌풍을 맞는 바다가, 마치 정신줄 놓은 것처럼 어지럽게 일렁이고 있었다. 이미 산책로 곳곳에 하얀 우박이 쌓이기 시작하여, 그런 곳을 밟지 않기 위해 발을 조심해서 내디뎌야 했다. 우리 부부는 최대한 빠른 속도로 걸어서 산을 내려온 후, 미술관 화장실에 들르는 것도 포기한 채 곧장 주차장으로 향했다.

차를 타고 집으로 향하는데, 우박 섞인 비가 그치는 것 같았다. 산자락을 벗어나자 문득, 무지개가 보였다. 바닷가 쪽이었다. 무지개가 너무도 가깝고 선명하여 아내와 나는 감탄사를 연발했다. 운전 조심하라는 아내의 걱정과 핀잔 속에서도 힐끗힐끗 무지개를 바라보며 차를 몰았다. 도로가 바닷가 방향으로 향하자 무지개가 바로 앞에 있었다. 비가 거의 그치고 유리창을 새로 닦아놓은 듯 공기는 맑은데, 파란 하늘을 배경으로 아치를 그린, 손에 잡힐 듯 선명한 무지개였다. 우리 아파트 진입로에 접어들었다. 그러나 차창 밖의 무지개가 너무도 크고 아름다워, 아파트 입구 직전에서 차를 멈추었다. 길가에 차를 세우고 내려 무지개를 바라보았다. 바다 쪽에 뜬 무지개는 상가 건물에 가려 잘 보이지 않았다. 뒤따라 차 밖으로 나온 아내에게, 무지개가 바닷가 쪽에 있으니 한번 가보자고 했다.

무조건 무지개 방향을 향해서 가는데, 다시 비와 우박이 섞여 내

리기 시작했다. 무지개는 죽천 바닷가 쪽에 있는 것 같았다. 바닷가
로 다가가자 우박이 거세게 쏟아졌다. 차의 사방 유리창과 천장에
내리치는 우박 소리가 너무 요란해서 아내와 대화하기도 힘들 지경
이었다. 죽천 해변의 주유소에 이르자 바다 쪽으로 무지개가 떠 있
는 것이 보였다. 거대한 무지개였다.

우리는 죽천 바닷가와 바로 맞닿아 있는 주차장에 정차한 채 차
안에서 무지개를 바라보았다. 무지개가 바로 눈앞에 떠 있었다. 완
벽한 반원의 아치였다. 무지개의 한쪽 끝은 북쪽, 즉 죽천 바닷가
의 마을에 걸쳐 있었고, 다른 쪽은 죽천 바다의 남쪽 끝, 야산이 낮
아지며 바다로 이어지는 곳에 닿아 있었다. 죽천 바닷가는 알파벳
C자 형으로 생긴 만(灣)인데, 그 가운데 부분에 간이 해수욕장이 있
다. 만의 북쪽 끝에서 남쪽 끝까지 직선거리로 아마 1.5킬로미터
쯤 될 것이다. 그러니 바다에 떠 있는 무지개는 지름 1.5킬로미터
에 걸쳐 있는 엄청난 크기의 반원이었다. 우리가 주차한 지점은 죽
천 바닷가의 정중앙에 해당되었으므로 우리는 무지개의 정중앙 앞
에 서 있는 셈이었다. 무지개까지의 거리는 약 100미터쯤 되었을
까, 직선거리 1.5킬로미터 너비의 바닷가 한쪽 끝에서 다른 쪽 끝
까지 이어진 무지개는 한 번에 전체를 볼 수도 없을 정도로 컸다.
우리는 바닷가에 있고 무지개는 바다에 있어, 우리와 무지개 사이
에는 어떤 장애물도 없었다. 나는 난생처음으로 완벽한 형태의 거
대한 무지개를, 그것도 바로 눈앞에서 보고 있었다.

우박이 좀 잦아들자 무지개가 더욱 선명했다. 아내와 나는 차에

326

서 내렸다. 차 안에서 감탄사를 연발하던 아내는 눈앞에 펼쳐진 광경에 압도되었는지 아무 소리도 없이 앞만 바라보고 있었다. 나는 무지개를 자세히 살펴보았다. 그 아름답고 거대한 무지개에서 가장 신비로운 부분은 무지개의 시작점-끝점이었다. 무지개는 밑으로 내려올수록, 즉 반원의 시작점-끝점에 이를수록 빛이 희미했다. 무지개의 윗부분은 마치 촘촘한 붓으로 그려놓은 것처럼 선명한 선과 면을 이루고 있었다. 그러나 무지개의 뿌리라고 할까, 발이라고 할까, 시작점이라고 할까, 아니면 끝점이라고 할까, 아무튼 무지개가 지면과 맞닿아 있는 부분은 마치 느슨한 점묘화법으로 그려놓은 것 같았다. 밑으로 내려올수록 빛점의 수가 점점 줄어들더니, 땅 가까이에 이르면서 빛점들이 어느덧 사라졌다. 그랬다. 무지개의 시작과 끝은 따로 없었다. 빛점들은 어떤 분명한 경계에서 생기고 끝나는 것이 아니었다. 무지개가 시작하고 사라지는 지점은 그야말로 모호했다.

나는 무지개의 시작지점 혹은 끝지점을 확인하기 위해서 무지개가 지면과 닿은 부분을 계속 바라보았다. 그러나 아무리 집중해서 쳐다보아도 명확한 경계면을 찾을 수 없었다. 빛점들은 경계도 없이 시작하고 경계도 없이 끝났다. 그렇게 무지개는 시작도 없이 시작하여, 아름다운 일곱 가지 색의 반원을 그린 후, 끝도 없이 끝나는 무엇이었다.

무지개는 무수한 빛 알갱이의 모임이었다. 무지개의 시작지점-끝지점을 관찰하면서, 나는 지상 근처에서 느슨하게 모이기 시작한 빛 알갱이들이 위로 올라갈수록 밀도가 높아지는 것을 확인할 수 있었다. 무지개의 시작지점-끝지점은 마치 해상도가 매우 낮은 사진 같은 모습이어서, 일곱 개의 색깔은커녕, 그냥 반짝이는 빛들의 질서 없는 모임에 불과했다. 그러나 무지개의 거대한 반원은 위로 올라갈수록 해상도가 높아져서, 하늘에 가장 높이 닿아 있는 부분은 빛 알갱이들을 거의 구별할 수 없을 정도로 색이 조밀하고 선명했다. 그런데 자세히 쳐다보면, 그 해상도 높은 부분도 반짝이는 빛 점들이 밀집하여 모여 있다는 사실을 알 수 있었다.

우리 눈앞의 무지개는 우리 뒤에 있는 해의 빛이, 비와 우박이 내리면서 만들어낸 수많은 작은 물방울에 굴절, 분광, 반사되어 나타난 현상이다. 그런데 가만히 생각해보면 우리 눈에 보이는 모든 사물이 그와 마찬가지 아닌가? 우리가 어떤 사물을 볼 수 있는 것은 거기에서 반사된 가시광선을 우리 눈이 감각하기 때문이다. 각 물질은 그것이 반사하는 빛의 파장에 따라 색깔이 정해지는데, 인간이 감각할 수 있는 빛의 파장은 일정한 범위가 정해져 있다. 쉽게 말해서 "빨-주-노-초-파-남-보"의 무지개색 가운데 빨간색 바깥의 파장(적외선)과 보라색 바깥의 파장(자외선)은 우리 눈에 보이지 않는다. 따라서 무지개는 오직 가시광선만 볼 수 있는 인간의 눈이 만들어낸 허상이기도 하다. 자외선을 볼 수 있는 눈을 가진 꿀벌이나 색맹인 고래가 보는 무지개는 인간의 눈에 비친 색이나 모양과 전혀 다를 것이다. 우리 눈에 보이는 모든 사물의 모습과 색은 가시광선이 만들어낸, 마치 무지개와 같은 빛의 조화에 불과한 것이다.

그렇지만 무지개는 분명히 내 눈앞에, 너무도 선명하게, 반원의 거대한 아치를 만들며 서 있었다. 그것은 환상이 아니라 물질적 실체다. 가까이 가서 보면 무지개는 반짝이는 작은 물방울들의 집합에 불과할 것이다. 그러나 그렇다고 해서 무지개가 존재하지 않는 것은 아니지 않은가. 세상의 모든 물체는 작은 단위들의 결합으로 구성되어 있다. 내 몸도 세포로 구성되어 있고, 세포는 분자로 구성되어 있으며, 분자는 원자의 결합으로 만들어져 있다. 그리고 원자는 전자, 양성자, 중성자, 그리고 중간자 같은 소립자로 이루어져 있다. 내 몸도 전자현미경으로 깊이 들여다보면 소립자들의 집합에 불과하다.

작은 단위들의 집합으로 만들어진 큰 단위는 작은 단위들 각각의 질과 양을 합쳐놓은 것과는 전혀 다른 차원의 결과물을 내놓는다. 포항 시립미술관에 전시된 유화작품들은 나무 액자, 화포畵布, 유화물감으로 구성되어 있다. 그리고 유화물감은 여러 종류의 기름과 안료顔料가 섞인 것이다. 물론 액자, 화포, 물감을 원자단위까지 쪼갠다면 그들은 이 세상의 모든 물질과 마찬가지로 모두 소립자로 이루어져 있다. 어쨌든 그런 구성요소들의 최종적 결합체인 그림은 각기 다른 파장의 가시광선이 반사하여 우리 눈에 비친 상像이다. 그렇지만 우리는 유화작품을 허깨비라고 하지 않는다. 그것은 분명히 실체를 가진 무엇이다. 그렇기 때문에 비싼 작품들은 몇천억 원씩 한다. 폴 고갱Paul Gauguin의 유화 〈언제 시집갈래?〉는 2015년 무려

3억 달러(1달러를 1000원으로 계산하면 3000억 원)에 팔리기도 했다. 〈언제 시집갈래?〉의 가치는 그 구성성분들이 개별적으로 가진 가치의 합이 아니다. 그것은 구성성분들이 모여서 만들어지되 그 집합을 넘어서는 어떤 현상적 결과물에서 온다. 우리가 소중하게 여기는 모든 물체는 물론이고, 우리가 혐오하거나 무서워하는 물체들도 다르지 않다.

눈에 보이는 모든 현상 뒤에는 그 현상과는 전혀 다른 질과 양의 물질적 실체가 있기 마련이다. 그런데 어떤 현상과 그것의 바탕이 되는 물질적 실체는, 무지개와 무지개를 만드는 작은 물방울에서 확인할 수 있는 것과 마찬가지로, 서로 일치하지 않는다. 현상과 그 물질적 구성요소와의 복잡한 관계는 비단 눈에 보이는 현상에만 해당하는 것 같지 않다. 예를 들어, 인간의 자의식은 뇌가 있기에 만들어진다. 그런데 뇌는 주요 구성성분인 신경세포(뉴런)와 신경섬유로 만들어진 물질이다. 인지하고, 감각하고, 기억하고, 느끼는 뇌의 작용은 신경세포의 복잡한 생화학적-전기적 작용에 따라 일어난다. 자의식은 그런 뇌 작용의 종합적 결과물일 것이다.

그렇다면 인간의 자의식이란 1조 개라는 뉴런 및 그 작용의 총합일까? 사망한 사람이나 뇌사상태에 빠진 환자의 자의식은 사라진다. 뉴런이 모두 작동을 멈출 때 자의식이 소멸하는 것은 분명해 보인다. 마치 공중의 작은 물방울들이 다 사라지면 무지개가 사라지는 것과 마찬가지로. 그러나 물방울들의 합이 곧 무지개가 아니듯이, 뉴런(작용)들의 합이 곧 자의식일 수는 없지 않을까? 인공지

능Artificial Intelligence 기술이 발달하면서 자의식을 가진 기계가 만들어
질 수 있을 것인지에 대한 과학적-철학적 논의가 한창이다. 이 논
의의 중심에는 인간의 뇌처럼 작동할 수 있는 슈퍼컴퓨터를 만들면
그 컴퓨터가 자의식을 가질 것인가, 하는 문제가 자리하고 있다. 다
시 말해서, 과연 정보의 총합이 어떤 임계점을 넘으면 자의식이라
는 것이 만들어지는가, 하는 질문이다. 인간의 자의식이라는 것이
무엇인지 정말 궁금하다.

　인간은 감각에 의존하여 세상과 만난다. 그런데 인간의 감각기
관은 분명한 한계를 가지고 있다. 앞서 가시광선에 관하여 말했지
만, 인간이 듣지 못하는 초음파의 영역이 있고, 맡지 못하는 냄새가
있으며, 인간의 피부가 감각하지 못하는 미세한 굴곡이 있고, 혀가
느끼지 못하는 맛도 있다. 인간보다 100배나 더 민감한 코를 가졌
다는 개와 인간보다 8배나 멀리 볼 수 있는 눈을 가졌다는 매가 경
험하는 세계는 우리가 경험하는 것과 전혀 다를 것이다. 우리는 감
각기관의 한계 속에서 세상을 인식하고, 그 한계 속에서 살며, 그
한계 속에서 가치를 만들어낸다. 아내는 동백꽃을 무척 좋아하는
데, 적록색약인 나는 무성한 녹색 이파리 사이에 핀 붉은 동백꽃을
잘 구별하지 못한다. 내가 보고, 듣고, 만질 수 있는 것만이 내 세계
인 것이다. 우리는 감각의 세계에 갇혀 있는 포로들이나 마찬가지
다. 그 감옥이 답답해서 조선의 화가 최북崔北, 1712~1760은 자기 눈을
찔러버린 것일까. 물론 그도 한쪽 눈밖에 찌르지 못했다. 아무리 답
답하고 미칠 것 같아도, 그것이 그가 가진 유일한 세계였으니, 한쪽

눈으로라도 보아야 했을 것이다. 이 감각의 세계에 갇혀 있는 것이 아무리 미칠 것처럼 갑갑해도 그것만이 우리의 세계다. 그것이 모든 인간의 한계다.

우리는 보고 느낄 수 있는 것들에 상상력을 덧붙여, 보이지 않고 잡히지 않는 가치를 만들어낸다. 인간이 추구하는 초감각적 가치들이란 대체로 그와 같다. 무지개를 보고 신의 자비와 은총을 떠올리기도 하고, 도무지 손에 잡히지 않지만 꼭 이루고 싶은 꿈을 생각하기도 하며, 피안의 천국으로 건너갈 다리를 상상하기도 하는 것이다. 물방울이 만들어낸 빛의 향연 이외에 아무것도 아닌 것을 가지고.

내 눈앞에 있는 죽천 앞바다의 거대한 무지개는 헛것인 것 같기도 하고 실체인 것 같기도 했다. 헛것이라기에는 너무도 생생했고, 실체라고 하기에는 도무지 덧없는 것 같았다. 색즉시공色卽是空, 공즉시색空卽是色이라는 옛 현인의 놀라운 깨달음은 무지개를 보면서 얻게 된 것일지도 모른다. 눈에 보이는 현상을 얼마나 믿어야 하는 것일까, 보이는 것을 넘어 사물의 본질을 안다는 것은 무엇일까, 현상과 본질의 경계는 어디에 있는 것일까, 아니 있기나 한 것인가.

죽천 앞바다 주차장에 서서, 바다 위에 뜬 무지개를 하염없이 바라보며 넋을 잃고 있는데, 돌풍과 함께 갑자기 우박이 다시 쏟아지기 시작했다. 우박을 맞으며 정신없이 서 있는데, 여보, 우박이 너무 많이 와!, 하는 아내의 다급한 소리가 들렸다. 정신이 든 나는 아내를 따라 급히 차 안으로 들어갔다. 와이퍼를 제일 빠르게 작동시켜도 앞이 보이지 않을 정도로 우박이 쏟아졌다. 그리도 선명하게 보이던 무지개가 순식간에 희미해졌다. 우박소리가 너무 요란해서, 그만 보고 집으로 가자는 아내의 말도 간신히 알아들을 지경이었다. 무지개가 거의 보이지 않을 정도가 되어서야 차를 돌렸다.

우리는 탐험하기를 멈추면 안 된다.
그리고 우리 모든 탐험의 끝은
우리가 시작한 곳에 도착하고
그곳을 처음으로 알게 되는 것이다.

—T. S. 엘리엇Eliot, 〈리틀 기딩Little Gidding〉에서

그는 생각했다. '과거는 잇달아 발생하는 사건들의 끊임없는 사슬로 현재와 연결된다.' 그리고 그는 방금 자신이 그 사슬의 양 끝을 본 것처럼, 한쪽 끝을 건드렸더니 다른 한쪽 끝이 떨리는 것처럼 느꼈다.

—안톤 체호프Anton Chekhov, 〈학생〉에서

유년의 바다로 돌아와서

마음속에 품고 사는 것 가운데 실천에 옮기는 것, 실현되는 것은 얼마 되지 않는다. 사람들이 머릿속에 그리는 삶과 실제 살아가는 삶은 두 개의 구별된 세상인지도 모르겠다. 물론 둘은 어떤 식으로든 연결되어 있다. 만약 그 둘의 연결고리가 완전히 끊어져 분리된다면 과대망상, 현실도피, 이중인격 등 병리적 현상으로 나타날 것이다. 마음속은 상상의 세계다. 상상은 돈도 들지 않고 노동의 수고도 필요하지 않은 일이니, 우리는 그야말로 무한히 상상할 수 있다. 상상 속에서라면 눈 깜짝할 동안에 억만장자가 되어볼 수도 있고, 세상을 먼저 떠난 사람들과 다시 만날 수도 있으며, 우주의 운명을 좌지우지해볼 수도 있다. 그러나 그렇게 머릿속으로 상상한 것 가운데 현실이 될 수 있는 것은 매우 제한되어 있다. 어떤 유행가는 "그리워하면 언젠간 만나게 되는 어느 영화와 같은 일들이 이루어져 가기를" 바랐다. 그러나 단지 생각한다고 언젠간 이루어지는 것은 영화 속에서나 가능한 일이다.

포항에서 살기 시작하면서부터 해보고 싶은 일들이 있었다. 그 가운데 하나는 50년 전 나와 어머니가 살던 내 유년의 바다, 즉 가덕도 대항에 가보는 일이었다. 가덕도는 부산에서 잠시 배를 타면 갈 수 있고, 부산이 포항에서 멀지 않으니 가보고 싶었던 것이다. 그러나 포항에서 17년을 사는 동안 대항 바닷가는 마음속에서 늘 출렁이되, 단 한 번도 눈앞의 현실로 나타나지 않았다. 인터넷을 통해 거제도가 부산의 일부가 되었고, 가덕도와 부산 사이에 다리가 놓여 배를 타지 않고도 가덕도에 쉽게 갈 수 있다는 사실을 알게 되었다. 그러나 컴퓨터 모니터에 떠오르는 가덕도 지도를 보면서, 과연 내가 살던 곳이 대항이 맞는지조차 확신하기 어려웠다. 왜냐하면 그 시절을 생각하면 언제나 대항과 천가라는 두 이름이 머릿속에 떠오르는데, 지도를 보면 두 곳 모두에 초등학교가 있어서, 내가 어느 쪽에 살았는지도 알 수 없었기 때문이다. 대항 쪽이 분교인 것으로 보아서 천가가 대항보다 더 큰 마을이라는 정도만 짐작할 수 있었다.

대항이라는 유년의 바닷가는 시간의 먼지가 쌓이면서 기억의 지층 밑으로 점점 더 내려앉았고, 가덕도 행行은 머릿속에서만 맴돌 뿐 좀처럼 실천되지 않았다. 그 유년의 바닷가는 아득한 그리움이기는 해도, 머릿속뿐만 아니라 분명히 현실에서도 실재하였으니,

언제든지 마음만 먹으면 해소할 수 있는 그리움이었다. 그러나 진정으로 소중한 물건은 가능하면 손대지 않고 고이 두고자 하는 것과 마찬가지로, 진정으로 그리운 것은 그리움 그대로 머릿속에 간직하고자 하는 마음이 우리 속에 있는 모양이다. 나는 포항에 살면서 강원도 바닷가, 지리산, 제주도는 물론이고 가덕도와 지근거리라고 할 수 있는 부산과 통영까지 드나들면서 가덕도에는 가지 않았다.

모든 일에는 때가 있는 것인지, 아니면 그리움이 넘치면 더 이상은 머릿속에 가두어둘 수 없기 때문인지, 어느 날 내 입에서 가덕도에 한번 가보자는 말이 나왔다. 나들이를 좋아하는 아내는 흔쾌히 응했다. 여름방학이 거의 끝나갈 때였다. 인터넷에서 확인한 대항분교 주소를 내비게이션에 입력하고 길을 나섰다. 천가와 대항 두 곳 가운데 아무래도 대항이 더 익숙해서 그쪽을 먼저 가보겠다고 마음먹은 것이다. 우리는 도중에 부산에서 유명하다는 냉면집에 들러 30분을 기다려 냉면 한 그릇씩 먹고 다시 가덕도로 향했다. 가덕도는 얼마 전 건설된 거가대교로 이어지는 왕복 4차선 거가대로로 부산과 연결되어 있었다. 대항은 거가대교 톨게이트 직전, 그러니까 가덕도 마지막 출구로 나가야 했다.

내비게이션이 인도하는 대로 대항초등학교를 향해 가면서, 나는 가덕도 전체가 하나의 커다란 산이라는 사실을 처음으로 알았다. 거가대로는 섬의 고지高地를 따라 나 있었고, 대항은 수백 미터 밑이었다. 따라서 거가대로에서 대항으로 이어지는 차로는 급경사의 내리막이었다. 가덕도는 제일 높은 봉우리인 해발 459미터의 연대봉을 위시하여 300미터가 넘는 봉우리들을 가진 꽤 큰 산이어서, 부산 일대에서 많은 등산객이 찾는 곳이었다. 대항을 비롯하여 천성, 성북 등은 그 경사 급한 산 아래에 자리 잡은 작은 포구 마을들이었다.

맑게 갠 늦여름의 오후, 대항을 향해 내리막길을 가면서 바라보는 남해는 푸르고 아름다웠다. 대항에 가까워질수록 가슴이 두근거렸다. 그러나 막상 도착했을 때 내 눈앞에 펼쳐진 대항의 모습은 당황스럽게도 낯설었다. 손바닥만 한 포구인 대항에 도착하여 내비게이션이 "목적지 부근입니다"라고 단호히 말하는 지점까지 갔지만, 어디에도 학교는 보이지 않았다. 우리는 일단 길가에 차를 세우고 주위를 살펴보았다. 내가 기억하는 대항은 우리가 살던 나무로 지은 관사官舍, 돌담을 경계로 연결되어 있던 초라한 집들, 즐비하던 감나무, 사철 꽃이 만발했던 대항국민학교 교정, 우리의 놀이터였던 자갈 해안가, 종소리와 트럼펫 소리가 들려오던 교회당이다. 그러나 내 기억 속의 넓은 자갈 해안은 차들이 다닐 수 있는 콘크리트 도로로 변해 있었고, 그 도로를 따라, 바닷가 어디서나 볼 수 있는 빛바랜 횟집과 잡화점, 낚시용품점이 연이어 자리 잡고 있었다. 그 너머로는 가옥과 연립주택이 가득했다. 바다는 콘크리트 도로와 바로 접해 있었고, 내 기억에는 없는 접안시설이 해안 가운데 자리 잡고 있었다. 접안시설 양쪽으로 관광객용 낚싯배들이 정박해 있고, 그 초입에 주차장이 있는 것으로 보아, 낚시꾼이 많이 찾아오는 모양이었다.

주차장 입구에 촌로 한 명이 앉아 있는 모습이 눈에 띄었다. 아마 주차장 관리인인 모양이었다. 그에게 다가가, 여기 초등학교가어디 있습니까?, 라고 물었다. 그이는 힐끗 한번 쳐다보더니, 저 안으로 가소, 라며 머릿짓으로 방향을 표시하며 퉁명하게 답했다. 그가 머릿짓 한 방향이 애매하여, 저기 저 길 말입니까?, 라고 되물었지만 이미 고개를 돌린 그는 쳐다보지도 않고 머리를 끄덕였다. 더이상 물어볼 엄두가 나지 않아, 그가 머릿짓한 곳이라고 짐작되는쪽으로 가보았다. 차 한 대가 간신히 들어갈 수 있을 정도로 좁은골목길이 있었다. 8월 말의 햇볕은 사정없이 쏟아지는데 얼마나 걸어야 할지 알 수 없었다. 우리는 차를 그 근처에 다시 세워놓은 후,트렁크에서 우산을 꺼내 들고 햇볕을 가리며 골목길로 들어갔다.

한 100미터나 걸었을까. 아무래도 이 길이 아닌 것 같다는 생각이 들어 막 돌아서려는데, 왼쪽으로 학교 건물 같은 것이 얼핏 보였다. 내 기억 속의 학교는 바닷가를 마주한 채 홀로 서 있는 도도한건물이었다. 바닷가와 학교 사이에는 집 한 채 없어서, 학교 운동장에서 바닷가로 바로 연결되었다. 그러나 그동안 학교와 바닷가 사이에 마을이 형성되었고, 그 집들에 가로막혀 바닷가에서 학교가보이지 않았던 것이다. 약간 오르막의 진입로를 오르자 운동장이펼쳐졌다. 운동장 건너, 콘크리트 계단 위에 교사校舍가 보였다. 교문을 지나 운동장으로 들어갔다. 꼭 50년 만이었다. 멀리도 돌아왔구나.

폐교였다. 운동장에는 버린 어구漁具들이 마구 나뒹굴었고, 군데

군데 잡풀이 무성했다. 교사는 운동장보다 꽤 높은 곳에 있었다. 마치 한 번도 와본 적 없는 것같이 낯설게 변한 대항에서 그나마 내 기억과 유사한 것이 바다를 향해 서 있는 그 교사였다. 그래 바로 여기가 맞는구나. 반갑고도 고마웠다. 그리고 가슴 아팠다. 50년 동안 찾아오지 않는 자식을 기다리다 늙어 죽은 어느 어머니처럼, 교사는 생명력을 잃은 채 거기 무덤처럼 웅크리고 있었다. 교사로 올라가는 콘크리트 계단 앞에서 나는 그냥 되돌아가고 싶었다. 버려져 황폐해진 교사를 올려다보니, 차마 가까이 가서까지 그 추한 모습을 자세히 보고 싶지 않았다. 마음속에 간직했던 소중한 것이 현실에서 추한 모습으로 나타날 때, 차라리 외면하고 싶어지는 모양이었다. 아내에게 그냥 가자고 했다. 그러나 아내는, 여기까지 왔는데, 한번 보지도 않고 왜?, 라며 자기가 앞장서서 계단을 오르는 것이 아닌가.

교사 출입문은 잠겨 있었다. 외벽에는 커다란 시계 하나가 어느 때였을지 모를 시각에 멈춰 있었다. 군데군데 벗겨진 페인트칠은 검버섯처럼 보기 흉했다. 출입문 유리를 통해 건물 안을 살펴보니 액자며 게시판 따위가 여전히 벽에 붙어 있었다. 바닥은 예전의 반질반질한 마룻바닥이 아니라 콘크리트였다. 교사 앞의 긴 화단은 잡초밭이었다. 거기에 사시사철 아름다운 꽃이 피었고, 수많은 꿀벌이 모여들었다는 사실이 믿기지 않았다. 바다 쪽을 바라보았다. 건물들 너머로 남해 푸른 바다가 보였다. 50년 동안 내 머릿속에 넘실거리던 바로 그 바다였다. 바다는 50년 전의 그 바다인데, 그 시절의 어머니보다 훨씬 더 나이 들어 버린 초로의 소년은 잡초밭으로 변한 50년 후의 학교에 서서 사라져버린 50년의 행방을 찾고 있었다.

어머니의 흔적을 찾기 위해 천가로 향했다. 대항초등학교가 천가초등학교의 분교였으니 폐교가 된 대항의 기록이 천가에 남아 있으리라 생각했다. 천가는 대항보다 훨씬 큰 마을이었다. 근사한 현대식 건물의 천가초등학교 행정실에 들어갔다. 사정을 말하니 중년의 여직원이 관심을 보이며 사연을 다시 물었다. 약 50년 전 어머니께서 대항국민학교에서 근무하셨는데, 그 기록을 확인하고 싶어서 왔다, 고 말했다. 그랬더니 그이는 자신도 원래 대항 사람인데, 대항초등학교가 폐교되면서 이곳으로 왔다면서, 대항의 모든 기록이 그곳에 다 보관되어 있다고 말했다. 그러면서 인사기록은 함부로 보여줄 수 없으니 내가 아들이라는 것을 증명할 수 있는 가족관계증명서를 바로 앞 면사무소에 가서 한 부 발급받아 오라고 했다. 내가 가족관계증명서를 떼어 와서 주민등록증과 함께 내밀자, 그이는 어머니의 성함을 확인한 후, 몇 년도에 근무하셨느냐고 다시 물었다. 나는 대항을 떠난 직후 서울로 가서 국민학교에 입학한 것으로 기억하고 있었기에, 그것을 기준으로 짐작하여 연도를 알려주었다.

그 중년의 여직원은 고맙게도 얼음매실차를 타 와서 아내와 나에게 주면서, 자기가 찾을 동안 잠시 기다리라고 하며 문서보관실로 들어갔다. 그러고는 한참 동안 나오지 않았다. 찾기 어려운 모양이다가 못 찾는 모양이다로 바뀌고, 슬슬 미안한 마음이 들어 그만 찾으라고 말해야겠다는 생각이 들기 시작할 때쯤 그이는 몇 권의 낡은 서류철을 들고 나왔다. 그이는 그것이 인사발령 원부原簿들이라고 했다. 어머니가 근무했을 것으로 추정되는 연도에 해당하는 인사발령 원부들이었다. 한글은 거의 없이 대부분 한문으로 기록된 원부를 죽 넘기는데, 익숙한 이름이 눈에 들어왔다.

어머니는 경상남도교육감의 명에 따라 1964년 3월 3일부터 1966년 3월 9일까지 대항국민학교에서 근무했다. 그 만 2년 동안 나와 동생은 어머니와 함께 대항에서 살았다. 반세기가 넘도록 내 기억 속에 넘실대는 그때의 삶이 1964~1966이라고 간단히 표시된다니, 허무했다. 그러나 100년을 산다고 해도 인간의 삶이란 결국 비석 위의 생몰연도 하나로 간략히 축소되고 마는 것이니, 2년의 삶이야 말할 것도 없겠다. 우리의 인생은 숫자 두 개로 나타낼 수 있을 만큼 보잘것없다. 그러나 다시 생각해보면 그것은 세상의 그 어떤 상징체계로도 담을 수 없을 만치 거대한 것이기도 하다. 대항에서의 내 유년이 그랬고, 그 이후의 50년이 그랬다. 대항을 떠난 이후 50년의 시간은 사라지지 않은 채 내 육체에 쌓여 있고, 내 기억 속에 녹아 있다.

유년의 바다 대항에 다시 돌아오니 내 삶의 시작점에 다시 돌아온 것 같다. 시작이 있는 모든 것은 끝이 있다. 내 삶의 두 지점 사이 어딘가에 서서 나는 시작을 되돌아보고 끝을 생각한다. 시작은 희미하고, 끝은 시계視界 너머에 있다. 먼 길을 왔구나. 길은 평탄하지 않았고 장애물도 많았다. 이정표는 없는데 갈래 길은 많았다. 길이라고 생각해서 접어들었다가 숲 속을 헤매기도 하고 막다른 곳에서 돌아오기도 했다. 길 같지 않은 길을 가다가 막 돌아서려는 순간, 앞에 대로가 나타나기도 했다. 어려서는 걷는 게 재미있어 걸었고, 젊어서는 여러 갈래 길을 만나 방황하기도 했다. 걷다 보니 재미는 사라지고 어디로 가야 한다는 생각도 희미해졌다. 단지 걷는 일이 몸에 익어 계속 길을 갈 뿐이다. 나는 어디쯤 와 있는 것일까. 여전히 내 좌표座標를 가늠하기 어렵다. 확실한 것은 지금까지 걸어온 길보다 앞으로 걸어야 할 길이 훨씬 더 짧다는 사실뿐이다.

뒤돌아보니 나 혼자 온 길이 아니었음을 알겠다. 많은 사람의 사랑과 정성이 나를 만들고, 키우고, 보듬어 여기까지 왔다. 세상 모든 사람이 다 그렇지 않겠는가. 지구 위 모든 사람은 조금씩 조금씩 서로 영향을 주고받으며 연결되어, 각 사람의 삶이 모든 사람의 삶과 연결되어 있다. 어디 사람들끼리만 그러한가. 인간의 삶은 해와 달, 구름과 강, 숲과 그 속의 동물, 길에 핀 은방울꽃, 가지금불초, 벌개미취와 연결되어 있다. 그리고 태양은 은하수를 통해 온 우주와 연결되어 있다. 개미 한 마리, 강아지풀 한 송이, 싸리나무 한 그루, 그리고 놀이터의 아이들… 대체할 수 없이 소중한 존재들이다.

늦가을 햇볕이 따뜻하다.

파이어스톤 도서관에서 길을 잃다
― 일상과 그 너머에 대한 인문적 성찰

ⓒ 류대영, 2016

초판 1쇄 인쇄 2016년 11월 18일
초판 1쇄 발행 2016년 11월 25일

지은이 류대영
책임편집 손성실
편집 조성우
마케팅 이동준
디자인 권월화
사진 12p ⓒ 춘천시문화재단 기증자 토마스 누조Thomas Nuzzo
       40p 원작 경향신문 제공 민주화운동기념사업회
용지 월드페이퍼
제작 (주)상지사P&B
펴낸곳 생각비행
등록일 2010년 3월 29일 | 등록번호 제2010-000092호
주소 서울시 마포구 월드컵북로 132, 402호(성산동, 4층)
전화 02) 3141-0485
팩스 02) 3141-0486
이메일 ideas0419@hanmail.net
블로그 www.ideas0419.com

ISBN 979-11-87708-04-9 03300